新编公文写作丛书

新编公文写作通解、格式与规范处理全书

胡珊瑚◎主编

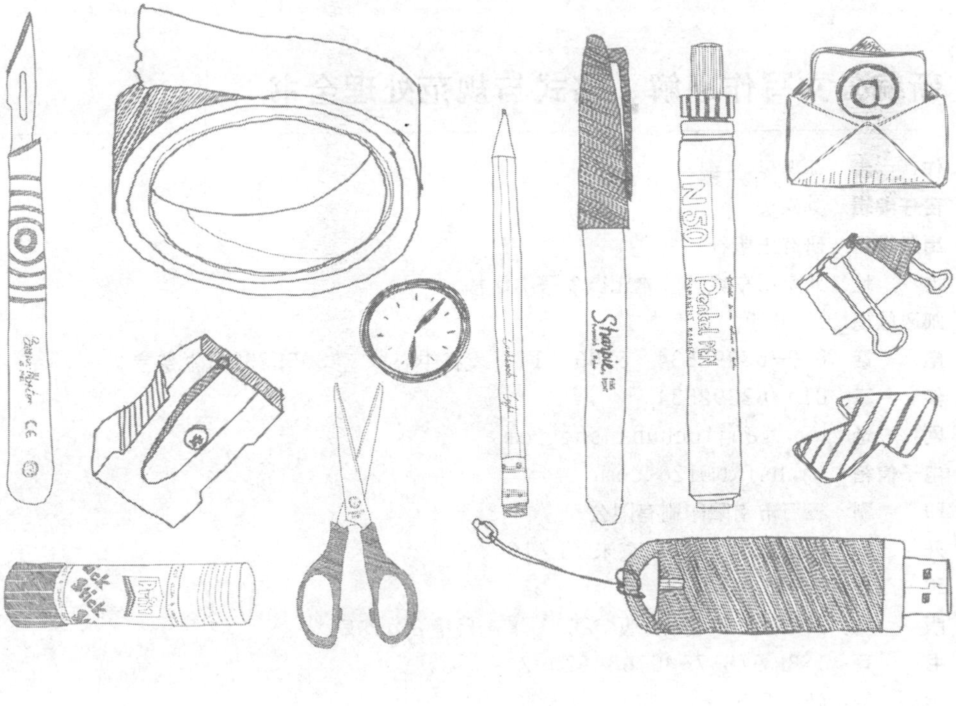

中国出版集团 研究出版社

图书在版编目（CIP）数据

新编公文写作通解、格式与规范处理全书 / 胡珊瑚主编．—北京：研究出版社，2016. 9

ISBN 978-7-80168-970-2

Ⅰ．①新… Ⅱ．①胡… Ⅲ．①公文—写作 Ⅳ．①H152. 3

中国版本图书馆 CIP 数据核字（2016）第 124241 号

新编公文写作通解、格式与规范处理全书

作　　者　胡珊瑚 主编
责任编辑　刘姝宏
出版发行　研究出版社
地　　址　北京市东城区沙滩北街 2 号中研楼
邮政编码　100009
电　　话　010-63292534　63057714（发行中心）　63055259（总编室）
传　　真　010-63292534
网　　址　www.yanjiuchubanshe.com
电子信箱　yjcbsfxb@126.com
印　　刷　三河市南阳印刷有限公司
开　　本：710 毫米×1000 毫米　1/16
印　　张：22.75
版　　次：2016 年 9 月第 1 版　2017 年 4 月第 2 次印刷
书　　号：ISBN 978-7-80168-970-2
定　　价：45.00 元

本书编委会

主　编　胡珊瑚

编　委　（排名不分先后）

胡占国　胡占有　周　燕　刘占家　郑　義

张凤雲　刘云锋　刘　唱　张红伟　江本有

霍　然　刘玉林　张国柱　张国军　薄文中

薄　浩　周本唐　周小敏　王　扩　王树唐

王春唐　崔　赤　郑　建　景军丽　孙少伟

马　保　崔大勇

目　录

上　编　公文写作通解

第一章　党政机关公文格式标准释义 ……………………………… 002

◎公文、文书、文件三个概念有什么异同？ ……………………… 002

◎党政机关公文的标准定义是什么？ ……………………………… 002

◎按公文内容的机密程度划分，公文的种类有哪些？ …………… 003

◎公文有哪些特点？ ………………………………………………… 003

◎公文格式的意义有哪些？ ………………………………………… 004

◎公文的作用有哪些？ ……………………………………………… 004

◎新标准与原标准有哪些异同点？ ………………………………… 005

◎公文格式的组成要素有哪些？ …………………………………… 006

◎公文由哪几部分组成？ …………………………………………… 006

◎公文有哪些特定的格式？ ………………………………………… 007

◎发文机关有哪些具体要求？ ……………………………………… 007

◎公文制发文号有哪些具体要求？ ………………………………… 007

◎公文标题有哪些作用？ …………………………………………… 008

◎公文标题有哪些结构形式？ ……………………………………… 008

◎公文的副标题如何制定？ ………………………………………… 009

◎公文中关于标点符号的用法有哪些具体要求？ ………………… 009

◎什么是红头文件？ ………………………………………………… 009

◎什么是白头文件？ ………………………………………………… 010

◎什么是公布文件？ ………………………………………………… 010

◎什么是内部文件？ ………………………………………………… 010

◎什么是公文的特定作者？ ………………………………………… 010

◎什么是公文的特定阅者？ ………………………………………… 010

◎什么是公文处理？ ………………………………………………… 011

◎公文处理要坚持什么原则？ ……………………………………… 011

◎什么是公文撰拟的专任、职述与代拟？ ………………………… 015

◎什么是草稿？ …………………………………………………………… 015
◎什么是定稿？ …………………………………………………………… 015
◎什么是正本？ …………………………………………………………… 015
◎什么是副本？ …………………………………………………………… 016
◎什么是存本？ …………………………………………………………… 016
◎什么是试行本？ ………………………………………………………… 016
◎什么是暂行本？ ………………………………………………………… 016
◎什么是修订本？ ………………………………………………………… 016
◎什么是公文的文体？ …………………………………………………… 016
◎什么是公文语体？ ……………………………………………………… 016
◎什么是公文的时效性？ ………………………………………………… 017
◎什么是公文的强制性？ ………………………………………………… 017
◎什么是公文的程式性？ ………………………………………………… 017
◎什么是公文的真实性？ ………………………………………………… 018
◎什么是公文的实用性？ ………………………………………………… 018
◎什么是公文的表达方式？ ……………………………………………… 018
◎什么是公文修辞？ ……………………………………………………… 019
◎公文对纸型有哪些要求？ ……………………………………………… 019
◎公文抬头的规格是什么？ ……………………………………………… 019
◎公文版面尺寸如何设置？ ……………………………………………… 020
◎公文中表格如何编排？ ………………………………………………… 020
◎什么是制文机关？ ……………………………………………………… 020
◎什么是公文的法定作者？ ……………………………………………… 020
◎什么是受文机关？ ……………………………………………………… 021
◎什么是正文？ …………………………………………………………… 021
◎什么是公文的用印和签署？ …………………………………………… 021
◎成文日期和印发日期有什么不同？ …………………………………… 021
◎公文如何划分密级？ …………………………………………………… 022
◎联合行文如何用印？ …………………………………………………… 022
◎什么是附注？ …………………………………………………………… 022
◎什么是附件说明？如何编排附件说明？ ……………………………… 022
◎什么是签发人和版记？ ………………………………………………… 023
◎公文的页码标注有哪些要求？ ………………………………………… 023
◎公文保密等级的字体有什么要求？ …………………………………… 023
◎公文紧急程度的字体有什么要求？ …………………………………… 023

◎公文文头的字体和格式有什么要求? …… 023
◎公文发文字号的编排和字体有什么要求? …… 024
◎公文签发文的编排和字体有什么要求? …… 024
◎公文标题的编排和字体有什么要求? …… 024
◎公文主送机关的编排和字体有什么要求? …… 025
◎公文正文编排和字体有什么要求? …… 025
◎公文附件编排和字体有什么要求? …… 025
◎公文作者的字体有什么要求? …… 025
◎公文印发日期的编排和字体有什么要求? …… 025
◎公文注释的编排和字体有什么要求? …… 025
◎公文抄送机关的编排和字体有什么要求? …… 026
◎印发机关和印发日期的编排和字体有什么要求? …… 026
◎公文中计量单位、标点符号和数字的用法有哪些? …… 026
◎公文排版规格与印制装订要求有哪些? …… 026
◎公文运用表达方式的含义有哪些? …… 027
◎公文运用表达方式的作用有哪些? …… 027
◎提高公文写作水平需要注意学习哪些方面的知识? …… 027
◎书面体公文的修辞手法有哪些? …… 029
◎如何收集公文材料? …… 029
◎如何鉴别公文材料? …… 030
◎如何整理公文材料? …… 030
◎如何厘清公文材料的条理? …… 030
◎如何分析公文材料? …… 030
◎公文主旨的含义有哪些? …… 031
◎什么是公文主旨的三要素及其作用? …… 031
◎怎样起草和修改公文? …… 032
◎什么是公文处理工作? …… 035
◎公文处理工作应坚持的原则有哪些? …… 035
◎各级党政机关应如何对待公文处理工作? …… 035
◎党政机关公文的种类有哪些? …… 035
◎公文中使用汉字、符号有哪些要求? …… 036
◎公文的行文、行文关系和行文要求有哪些? …… 036
◎向上级机关行文,应当遵循哪些规则? …… 036
◎向下级机关行文,应当遵循哪些规则? …… 037
◎同级党政机关行文有哪些原则? …… 037

◎哪种情况下可以联合行文？ …… 037
◎联合行文应注意哪些问题？ …… 037
◎公文的拟制包括什么？ …… 038
◎起草公文的基本要求有哪些？ …… 038
◎公文文稿签发前审核工作的重点是什么？ …… 038
◎未通过审核的公文应如何处理？ …… 038
◎重要公文应如何签发？ …… 039
◎公文办理包括哪几个方面？ …… 039
◎收文办理的主要程序是什么？ …… 039
◎发文办理的主要程序是什么？ …… 039
◎涉密公文应如何管理？ …… 040
◎公文应如何归档？ …… 040
◎公文管理需要注意什么？ …… 040
◎公文的印发需要注意什么？ …… 040
◎公文的复制、汇编需注意什么？ …… 041
◎公文的撤销和废止的流程是什么？ …… 041

中　编　公文写作格式

第二章　决议、决定、命令(令)的写作 …… 044
第一节　决　议 …… 044
一、决议的概述 …… 044
二、决议的写作技巧 …… 045
三、决议的写作格式 …… 045
四、决议的模板 …… 046
五、决议的范例解析 …… 047
六、决议的写作范例 …… 049
◎公布性决议 …… 049
◎批准性决议 …… 051
第二节　决　定 …… 052
一、决定的概述 …… 052
二、决定的写作技巧 …… 054
三、决定的写作格式 …… 054
四、决定的模板 …… 054
五、决定的范例解析 …… 055

六、决定的写作范例 …… 056
◎表彰性决定 …… 056
◎公布性决定 …… 057
◎部署性决定 …… 058
◎任免性决定 …… 059
第三节 命令(令) …… 060
一、命令的概述 …… 060
二、命令的写作技巧 …… 061
三、命令(令)的写作格式 …… 062
四、命令(令)的模板 …… 063
五、命令(令)的范例解析 …… 063
六、命令(令)的写作范例 …… 064
◎公布令 …… 064
◎行政令 …… 064
◎任免令 …… 065
◎嘉奖令 …… 065

第三章 公报、公告、通告的写作 …… 066
第一节 公 报 …… 066
一、公报的概述 …… 066
二、公报的写作技巧 …… 067
三、公报的写作格式 …… 067
四、公报的模板 …… 068
五、公报的范例解析 …… 068
六、公报的写作范例 …… 069
◎新闻公报 …… 069
◎会议公报 …… 070
第二节 公 告 …… 071
一、公告的概述 …… 071
二、公告的写作技巧 …… 073
三、公告的写作格式 …… 073
四、公告的模板 …… 074
五、公告的范例解析 …… 074
六、公告的写作范例 …… 075
◎事项性公告 …… 075

◎强制性公告 …… 076
◎知照性公告 …… 077
◎会议公告 …… 077
第三节　通　告 …… 078
一、通告的概述 …… 078
二、通告的写作技巧 …… 078
三、通告的写作格式 …… 079
四、通告的模板 …… 080
五、通告的范例解析 …… 080
六、通告的写作范例 …… 081
◎联合通告 …… 081
◎表彰通告 …… 082
◎事项性通告 …… 083

第四章　意见、通知、通报的写作 …… 084
第一节　意　见 …… 084
一、意见的概述 …… 084
二、意见的写作技巧 …… 085
三、意见的写作格式 …… 086
四、意见的模板 …… 086
五、意见的写作范例 …… 087
◎规划性意见 …… 087
◎指导性意见 …… 089
第二节　通　知 …… 090
一、通知的概述 …… 090
二、通知的写作技巧 …… 091
三、通知的写作格式 …… 092
四、通知的模板 …… 092
五、通知的范例解析 …… 093
六、通知的写作范例 …… 096
◎指示性通知 …… 096
◎任免性通知 …… 097
◎紧急通知 …… 097
第三节　通　报 …… 097
一、通报的概述 …… 097

二、通报的写作技巧 …… 098
三、通报的写作格式 …… 099
四、通报的模板 …… 100
五、通报的范例解析 …… 100
六、通报的写作范例 …… 103
◎表彰性通报 …… 103
◎情况性通报 …… 104
◎批评性通报 …… 105

第五章 报告、请示、批复的写作 …… 107
第一节 报 告 …… 107
一、报告的概述 …… 107
二、报告的写作技巧 …… 108
三、报告的写作格式 …… 109
四、报告的模板 …… 110
五、报告的范例解析 …… 111
六、报告的写作范例 …… 111
◎情况报告 …… 111
◎工作报告 …… 114
◎专题报告 …… 116
第二节 请 示 …… 118
一、请示的概述 …… 118
二、请示的写作技巧 …… 120
三、请示的写作格式 …… 120
四、请示的模板 …… 121
五、请示的范例解析 …… 122
六、请示的写作范例 …… 124
◎请求批准的请示 …… 124
◎请求指示的请示 …… 125
◎请求解决问题的请示 …… 125
第三节 批 复 …… 126
一、批复的概述 …… 126
二、批复的写作技巧 …… 128
三、批复的写作格式 …… 129
四、批复的模板 …… 130

五、批复的范例解析 …… 130
六、批复的写作范例 …… 133
◎指示性批复 …… 133

第六章　议案、函、会议纪要的写作 …… 134
第一节　议　案 …… 134
一、议案的概述 …… 134
二、议案的写作技巧 …… 135
三、议案的写作格式 …… 136
四、议案的模板 …… 137
五、议案的范例解析 …… 137
六、议案的写作范例 …… 138
◎建议性议案 …… 138
◎任免性议案 …… 140
第二节　函 …… 140
一、函的概述 …… 140
二、函的写作技巧 …… 141
三、函的写作格式 …… 142
四、函的模板 …… 143
五、函的范例解析 …… 144
六、函的写作范例 …… 147
◎告知性函 …… 147
◎委托函 …… 148
◎商洽函 …… 148
第三节　会议纪要 …… 149
一、会议纪要的概述 …… 149
二、会议纪要的写作技巧 …… 151
三、会议纪要的写作格式 …… 151
四、会议纪要的模板 …… 152
五、会议纪要的范例解析 …… 152
六、会议纪要的写作范例 …… 156
◎交流性会议纪要 …… 156
◎一般会议纪要 …… 157

第七章 条例、章程、制度的写作……158
第一节 条 例……158
一、条例的概述……158
二、条例的写作技巧……159
三、条例的写作格式……160
四、条例的模板……160
五、条例的写作范例……161
◎行政管理条例……161
第二节 章 程……163
一、章程的概述……163
二、章程的写作技巧……164
三、章程的写作格式……164
四、章程的模板……165
五、章程的范例解析……166
六、章程的写作范例……168
◎协会章程……168
第三节 制 度……170
一、制度的概述……170
二、制度的写作技巧……170
三、制度的写作格式……171
四、制度的模板……171
五、制度的范例解析……172
六、制度的写作范例……174
◎档案管理制度……174
◎办公会议制度……177

第八章 规定、办法、细则的写作……179
第一节 规 定……179
一、规定的概述……179
二、规定的写作技巧……180
三、规定的写作格式……180
四、规定的模板……181
五、规定的范例解析……181
六、规定的写作范例……184
◎组织管理规定……184

第二节　办　法 …… 185
一、办法的概述 …… 185
二、办法的写作技巧 …… 185
三、办法的写作格式 …… 186
四、办法的模板 …… 186
五、办法的范例解析 …… 188
六、办法的写作范例 …… 190
◎印章管理办法 …… 190
第三节　细　则 …… 191
一、细则的概述 …… 191
二、细则的写作技巧 …… 192
三、细则的写作格式 …… 192
四、细则的模板 …… 193
五、细则的范例解析 …… 193
六、细则的写作范例 …… 197
◎工作细则 …… 197

第九章　规则、公约、守则的写作 …… 199
第一节　规　则 …… 199
一、规则的概述 …… 199
二、规则的写作要求 …… 199
三、规则的写作格式 …… 200
四、规则的模板 …… 200
五、规则的范例解析 …… 201
六、规则的写作范例 …… 203
◎工作规则 …… 203
第二节　公　约 …… 204
一、公约的概述 …… 204
二、公约的写作技巧 …… 204
三、公约的写作格式 …… 205
四、公约的模板 …… 205
五、公约的范例解析 …… 205
六、公约的写作范例 …… 207
◎民间公约 …… 207
◎行业公约 …… 207

第三节 守 则 …… 209
一、守则的概述 …… 209
二、守则的写作技巧 …… 209
三、守则的写作格式 …… 209
四、守则的模板 …… 210
五、守则的范例解析 …… 210
六、守则的写作范例 …… 211
◎工作守则 …… 211

第十章 规程、指示、布告的写作 …… 213
第一节 规 程 …… 213
一、规程的概述 …… 213
二、规程的写作技巧 …… 213
三、规程的写作格式 …… 213
四、规程的模板 …… 214
五、规程的范例解析 …… 214
六、规程的写作范例 …… 215
◎会议规程 …… 215
第二节 指 示 …… 216
一、指示的概述 …… 216
二、指示的写作技巧 …… 217
三、指示的写作格式 …… 218
四、指示的模板 …… 218
五、指示的范例解析 …… 218
六、指示的写作范例 …… 220
◎一般性指示 …… 220
◎部署性指示 …… 221
第三节 布 告 …… 223
一、布告的概述 …… 223
二、布告的写作技巧 …… 223
三、布告的写作格式 …… 224
四、布告的模板 …… 225
五、布告的范例解析 …… 225
六、布告的写作范例 …… 226
◎法规性布告 …… 226

第十一章　计划、规划、安排、总结的写作 …… 228
第一节　计　划 …… 228
一、计划的概述 …… 228
二、计划的写作技巧 …… 229
三、计划的写作格式 …… 230
四、计划的模板 …… 231
五、计划的范例解析 …… 233
六、计划的写作范例 …… 235
◎年度工作计划 …… 235
◎季度工作计划 …… 236
第二节　规　划 …… 237
一、规划的概述 …… 237
二、规划的写作技巧 …… 237
三、规划的写作格式 …… 237
四、规划的模板 …… 238
五、规划的写作范例 …… 238
◎建设规划 …… 238
第三节　安　排 …… 240
一、安排的概述 …… 240
二、安排的写作技巧 …… 241
三、安排的写作格式 …… 241
四、安排的模板 …… 241
五、安排的写作范例 …… 242
◎民主生活会安排 …… 242
第四节　总　结 …… 243
一、总结的概述 …… 243
二、总结的写作技巧 …… 245
三、总结的写作格式 …… 247
四、总结的模板 …… 247
五、总结的范例解析 …… 248
六、总结的写作范例 …… 250
◎年度工作总结 …… 250
◎半年工作总结 …… 251

下 编 公文规范处理

第十二章 发文办理 …… 256
第一节 拟 稿 …… 256
一、拟稿的基本要求 …… 256
二、认真填写发文稿纸 …… 256
三、拟稿注意事项 …… 256
四、撰写公文的过程和方法 …… 257
第二节 文稿的审核 …… 258
一、文稿审核的含义 …… 258
二、文稿审核的方法 …… 259
三、文稿审核的重点 …… 260
四、文稿审核的步骤 …… 261
第三节 文稿的签发 …… 261
一、签发的权限规定 …… 261
二、签发的原则 …… 262
三、签发的程序 …… 263
四、签发的格式 …… 263
五、做好签发工作应注意的问题 …… 264
第四节 文稿的复核 …… 265
一、复核的含义 …… 265
二、复核工作的重点 …… 265
第五节 缮印与用印 …… 266
一、公文缮印方式 …… 266
二、公文缮印材料 …… 266
三、公文缮印格式与标题排列 …… 266
四、公文校对 …… 268
五、公文用印 …… 268
第六节 登记与分发 …… 269
一、发文登记 …… 269
二、公文分发 …… 271
第七节 发文文稿管理 …… 272
一、底稿的保存 …… 272
二、会签意见的保存 …… 272

三、签发及审签意见的保存 …… 272
四、联合发文的文稿保存 …… 272
五、送印文稿的管理 …… 272
六、文稿与印成件一并保存 …… 272

第十三章　收文办理 …… 273
第一节　收文签收、登记与审核 …… 273
一、收文签收 …… 273
二、收文登记 …… 274
三、收文的审核 …… 275
第二节　拟　办 …… 275
一、拟办概述 …… 275
二、拟办范围 …… 276
三、拟办意见 …… 276
第三节　批　办 …… 277
一、批办的范围 …… 277
二、批办方法 …… 278
三、批办时的注意事项 …… 278
第四节　分送与传阅 …… 279
一、分送的含义 …… 279
二、分送时应注意的问题 …… 279
三、传阅的含义 …… 280
四、传阅的方式 …… 280
第五节　承办、催办与查办 …… 281
一、公文的承办 …… 282
二、公文的催办 …… 284
三、公文的查办 …… 285
四、查办和催办的区别 …… 286
第六节　办　复 …… 286
一、函复 …… 286
二、口头答复 …… 286
三、传送领导批示 …… 286
四、就地研究处理 …… 287
五、统筹回复 …… 287

第十四章 立卷和归档 …… 288
第一节 立 卷 …… 288
一、公文立卷概述 …… 288
二、公文的分类 …… 288
三、公文立卷的作用 …… 291
四、公文立卷的原则 …… 291
五、公文立卷的基本要求 …… 293
六、公文立卷的程序 …… 294
七、公文组卷的方法 …… 295
第二节 归 档 …… 296
一、公文的归档范围 …… 296
二、公文的归档时间 …… 297
三、公文的归档要求 …… 297
四、办理归档手续 …… 298
第三节 组卷过程 …… 298
一、案卷的组成步骤 …… 298
二、归档文件的整理单位与装订 …… 301
三、归档文件的分类和排列 …… 302
四、归档文件的编号 …… 303
五、归档文件的编目 …… 304
六、归档文件的装盒 …… 306

第十五章 日常管理 …… 308
第一节 管理制度 …… 308
一、保密制度 …… 308
二、登记制度 …… 308
三、分类归卷制度 …… 309
四、阅文制度 …… 309
五、公布和翻印制度 …… 309
六、催办查办制度 …… 309
七、清退制度 …… 309
八、销毁制度 …… 309
九、移交归档制度 …… 310
十、借阅利用制度 …… 310
第二节 信息加工 …… 310

一、公文信息加工的原则 …… 310
二、公文信息加工的方式 …… 311
第三节　平时归卷 …… 311
一、平时归卷的含义 …… 311
二、平时归卷的方法 …… 311
三、平时归卷的作用 …… 312
第四节　办结处置 …… 312
一、公文的立卷归档 …… 312
二、公文的清退 …… 313
三、公文的销毁 …… 313
四、公文的暂存 …… 314
第五节　处理过程管理 …… 314
一、发文办理的管理 …… 314
二、收文办理的管理 …… 315
三、公文归档的管理 …… 315
四、公文的组织管理 …… 315
五、文件的管理方法 …… 316

附录一　党政机关公文处理工作条例 …… 319
附录二　党政机关公文格式(GB/T 9704—2012) …… 326

上编

公文写作通解

第一章　党政机关公文格式标准释义

◎公文、文书、文件三个概念有什么异同？

在机关工作活动中，常常出现“公文”“文书”和“文件”这三种概念同时使用的情况，如文书、文书处理、文书工作，文件、文件拟写、文件往来，公文、公文格式、公文立卷等。这些概念有时还可以通用，如文书处理也可称为文件处理、公文处理，文件往来也可称为文书往来、公文往来，公文格式也可称为文件格式、文书格式等。这就说明，在机关工作中，文书、文件和公文这三个概念的基本含义是一致的，都是指国家机关及其他社会组织在工作活动中形成和处理的收入文件、发出文件以及机关内部所使用的文件材料，即公务文书。根据不同情况、不同场合，分别使用这三个概念。从这个意义上说，文书、文件和公文三者之间是可以通用的。

但是，在实际工作中，由于历史沿革和使用习惯以及其他原因，在不同的场合往往强调不同的方面，有着不同的称呼和用法。

文书一词，在人们日常生活和公务活动中使用得极为普遍和广泛。它可以作为所有文件材料的总称，既可以指公务文书，也可以指私人文书，是一个整体概念。文书还可以指一种职业，如某某人在做文书工作，也可以指职务名称，如文书、文书科科长、文书处处长等。

文件同文书一样，有时也可以指文件材料的总称。如一次大型会议，会议结束之后，要将会议文件立卷归档保存。这里说的文件，即指会议形成的有规范格式的正式文件，如会议纪要、决议等，也包括会议进行中的简报、领导讲话、代表发言、会议记录，甚至还包括录音、录像、照片等有关资料。但是，对于一些重要的文件，如中共中央文件、国务院文件等具有规范格式的正式文件，人们往往都郑重地称之为“文件”，而不称文书或公文。就某一单份的文件来说，人们也习惯地称之为一份文件，而不叫一份公文或一份文书。

至于公文的概念，它的特指范围是很清楚的，是指各级机关单位为了办理公务而产生的文书或者文件，从这个意义上说，它是公务文书或者公务文件的简称。

◎党政机关公文的标准定义是什么？

党政机关公文是党政机关实施领导、履行职能、处理公务的具有特定效力和规范体式的文书，是传达贯彻党和国家的方针政策，公布法规和规章，指导、布置和商洽工作，请示和答复问题，报告、通报和交流情况等的重要工具。

◎按公文内容的机密程度划分，公文的种类有哪些？

《中华人民共和国保守国家秘密法》第十条 国家秘密的密级分为绝密、机密、秘密三级。

绝密级国家秘密是最重要的国家秘密，泄露会使国家安全和利益遭受特别严重的损害；机密级国家秘密是重要的国家秘密，泄露会使国家安全和利益遭受严重的损害；秘密级国家秘密是一般的国家秘密，泄露会使国家安全和利益遭受损害。

第十一条 国家秘密及其密级的具体范围，由国家保密行政管理部门分别会同外交、公安、国家安全和其他中央有关机关规定。

军事方面的国家秘密及其密级的具体范围，由中央军事委员会规定。

国家秘密及其密级的具体范围的规定，应当在有关范围内公布，并根据情况变化及时调整。

◎公文有哪些特点？

公文和其他实用文体比较，具有以下五个明显的特点。

1. 鲜明的政治性和高度的思想性

公文是国家各级政权机关、各企事业单位、各组织机构的指挥意图、行动意图的系统记录，直接反映了国家政权、单位、组织的政治意向和根本利益。因此，公文的政治性质取决于国家的政治性质。我国是人民民主专政的社会主义国家，我国公文有鲜明的政治性和高度的思想性，集中体现在为广大人民群众的根本利益服务、为发展社会主义事业服务、为提高工作效率服务上。

2. 法定作者

公文体现着国家及各级组织、单位的管理职能，因此必须由法定作者在法定范围内行使职权时制定和颁发。所谓法定作者，是指依法成立并能以自己的名义行使法定的权力和担负义务的组织，各级党政机关、社会团体、企事业单位都是合法存在的法定作者。

3. 法定的权威性和行政约束力

公文是针对法定作者在法定范围内行使职权制定和发布的，代表着制发机关的法定权威，因此，公文，特别是下行公文，就更具有法定的权威性，有着行政领导和行政指挥的作用。公文的这一特点，是任何其他文字材料都不具备的。尊重公文的权威性，承认它的行政约束力，是保证党和国家及各级组织和单位的方针、政策、规章制度、计划等得以顺利贯彻实施的重要前提。

4. 特定的格式

公文是国家及各级组织、单位发挥管理职能的书面工具，国家规定了统一的公文格式及严格的行文规范，写作中要注意严谨，不能随心所欲。

5. 广泛的使用性

与其他实用文相比，公文没有专业特性，因此不分行业和地区，所有机关、团体、单位都能使用，也都要使用，是目前使用范围最广的一类文体。

◎公文格式的意义有哪些？

1. 降低公文成本

公文是人类活动中为处理各种事务的需要而形成和使用的具有规范体式和法定效用的信息记录，其作用主要是记载事项、约束行为、传递信息、反映情况、指导工作。公文格式若出现不规范、不标准的情况，往往会影响其作用的发挥，从而耽误公文下发的时效性或造成文件贻误，从而造成不应有的损失。

2. 便于发挥公文的作用

公文的作用在于领导工作、规范行为、联系公务及传递信息，在现代社会，高效的工作是完成既定任务、实现既定目标的前提与保证。如果公文格式不规范、不标准，公文的实际作用就得不到应有的发挥，工作效率必然受到影响。

3. 便于公文的归档和检索

在公文立卷工作中有一个很重要的环节，就是编制文件检索，统一、规范的公文格式便于进行档案管理，提高公文检索处理的速度，避免检索文件的遗漏，方便日后查阅和管理。

◎公文的作用有哪些？

1. 领导和指导的作用

公文的内容反映党政机关或企事业、单位组织工作的意图，所以具有领导和指导工作的作用。在传达贯彻党和国家的方针政策、发布行政法规和规章方面、统一上下级思想及行动方面，通过公文来进行上传下达。各级组织可以认真领会上级组织的精神意图并按照这一精神意图进行工作，开展活动，公文本身就体现了上级对下级的领导和指导作用。

2. 宣传和教育的作用

公文既是推动工作的工具，也是对广大干部群众进行宣传教育，使他们提高认识、统一思想的武器。所以公文虽然与报纸、图书上的宣传教育材料不同，但也具有一定的宣传教育作用。特别是一些纲领性文件、重大政策性文件和党政领导同志的批示、指示及各级组织的决定，其宣传教育作用十分明显。

3. 联系和关照的作用

国家机器包括了党政各级机关。企事业单位和各团体有各自的系统，各系统机关又有各自相应的权限范围，要保持国家机器、企事业单位、各团体正常运转，需要各系统之间有互相配合、互相促进的关系。这种相互之间的关系包括上下级机关之间的纵向联系，也包括各同级机关之间的横向联系。这种联系的纽带之一就是公文。与联系作用紧密相关的是知照作用，即公文是为了把有关事项通知、关照对方，使之了解情况，使机关之间得以保持联系、互通信息，从而有秩序地开展工作。

4. 依据和凭证的作用

公文反映了制发机关的意志、愿望和要求，收文机关要贯彻落实这一意图，就必须以公文来作为依据，根据公文的内容要求开展工作、处理问题。一方面，上级机关所发的公文对下级机关来说，无疑都是工作依据；另一方面，下级机关所发的公文，如请示、报告等，对上级机关来说，同样也有依据作用。上级机关就是根据这些上行的公文来了解下情，作为制定正确决策的参考依据，或作为有针对性地答复问题、指导具体工作的凭证。

5. 规范和制约的作用

公文作为管理国家的重要工具，其权威性和法定性赋予了它规范和制约社会行为和公民活动的作用，正所谓“国有国法，家有家规”。公文中有许多法规、命令、条例、告示、公告等，不仅规范和制约着机关单位工作人员的行为活动，甚至直接规范和制约着人们日常生活中的行为活动。例如《北京市关于禁止燃放烟花爆竹的规定》一经发布，便具有法律效力，任何人都不得违反。又如，一些在公共场所不准乱扔垃圾的公告和规定等，也具有制约人们某些行为的作用，同时它们也是保证社会秩序稳定的武器之一。

◎新标准与原标准有哪些异同点？

1. 版头部分

（1）密级、紧急程度从右标注变左标注，“急件”改为“加急”；

（2）所有文件格式的红头“上留白”（至版心）由25mm扩大至35mm，取消上行文“上留白”（至版心）80mm的特殊格式；

（3）发文机关标志“文件”二字可加可不加；

（4）联合上行文签发人每行排一人改为排二人。

2. 主体部分

（1）成文日期由汉字改为阿拉伯数字；

（2）落款处增加发文机关署名；

（3）特定发文机关标志的普发性公文和电报可以不加盖印章。

3．版记部分

（1）取消主题词；

（2）版记中的文字从3号字改为4号字。

◎公文格式的组成要素有哪些？

党政机关公文格式的组成要素主要包括版头、份号、密级、紧急程度、发文字号、签发人、标题、主送机关、正文、附件、发文机关署名、成文日期、印章、印发传达范围、抄送单位、印制版记。

◎公文由哪几部分组成？

1．发文机关

发文机关应当写全称或者规范化简称。

2．秘密等级

秘密公文应当分别标明“绝密”“机密”“秘密”，其秘密等级的书写位置一般在正文的左上角，但是，并不是所有公文都要划分等级。

3．紧急程度

紧急文件应当分别标明“特急”“急件”，紧急电报应当分别标明“特急”“加急”“平急”，其书写位置与密级相同。如果一份公文须同时注明紧急程度和秘密等级，一般将紧急程度写在秘密程度等级的下面。

4．发文字号

公文的发文字号是为了便于登记、分类、保管和查询。发文字号由机关代字、年份、序号三要素组成，例如，“国发〔××××〕××号”，其顺序不能颠倒。年份必须用方括号括起来，不能略写。如果是联合行文，只标明主办机关发文字号。机关代字要科学、清楚、易解，并且不要与其他机关发生混淆，一般均由领导部门统一规定。党政机关的代字多为“人发”“人政发”，职能部门的代字常为“××字”。

5．签发人

签发人在下行文和平行文的文面上一般看不到。上报的公文，应当在首页注明签发人的姓名，如上行文的报告、请示应在发文字号的右边，由主管领导签署姓名，以示对文件的负责和批准，其书写位置与发文字号在同一水平线上。

6．标题

标题是公文的眉目，位于公文正文上方的最醒目处。其作用是通过标题可以概括地了解公文的性质、要求和公文内容所反映的主要问题，便于进行文书处理，完整的标题应由发文机关、事由和文种三部分组成。

7. 发文机关

应写在标题的最前面。

8. 事由

是文件内容反映的中心问题，应写在标题的中间部分。事由部分，通常是由介词“关于”和一个高度概括公文内容的词组共同组成的介词结构来表示的。它们在标题的语言结构中充当文种的定语。

9. 文种

应写在标题的最后部分，在事由和文种之间加个“的”字。文种是根据行文目的、行文关系和内容性质的需要而决定的，必须准确使用，不得随便混淆使用。除发布或批转法规性公文外，标题一般都不用标点符号。

10. 主送机关

主送机关是指公文的主要受文机关，即要求其主办、答复或知晓文中事项的单位。

◎公文有哪些特定的格式？

公文一般由秘密等级和保密期限、紧急程度、发文机关标识、发文字号、签发人、标题、主送机关、正文、附件说明、成文日期、印章、附注、附件、抄送机关、印发机关和印发日期等部分组成。

其中必备项目有：发文机关标识、发文字号、标题、主送机关、正文、成文日期、印章、印发机关和印发日期等。

◎发文机关有哪些具体要求？

发文机关就是公文制发的机关。一般正式文件由发文机关全称或规范化简称后面加“文件”二字组成，对一些特定的公文可只标识发文机关全称或规范化简称，发文机关标识上边缘至版心上边缘的距离为25mm。对于上报的公文，发文机关标识上边缘至版心上边缘的距离为80mm。发文机关标识推荐使用小标宋体字，用红色标识。字号由发文机关以醒目美观为原则酌定，但最大不能等于或大于22mm×15mm。联合行文时应使主办机关名称在前，“文件”二字置于发文机关名称右侧，上下居中排布；如联合行文机关过多，必须保证公文首页显示正文。

◎公文制发文号有哪些具体要求？

公文的发文字号，就是发文机关按照发文顺序编排的顺序号。

发文字号由发文机关代字、年份、发文顺序号加“号”组成。年份、序号用阿拉伯数字；年份标全称，用六角括号〔〕括入；序号不编虚位（即1不编为01或001），不加“第”字。

联合行文时，使用主办机关的发文字号。

发文字号编排在发文机关标识下空两行的位置。

下行文在序号前加“发”，上行文不得加“发”。

发文字号之下4mm处印一条与版心等宽的红色分隔线。

◎公文标题有哪些作用？

1．传神

向阅者传递公文的基本精神和中心思想。作者撰写公文都具有其一定的主旨，即写作主体通过公文的全部内容所表现出来的一种贯穿全文的基本精神与中心思想，如制文的原委、目的及其主张等。假若一份公文没有标题，阅者只能在通读全篇密密麻麻的文字之后，才知道这份公文的基本精神与中心思想是什么，这就会给阅者把握公文的主旨带来很大困难。公文有了标题，标题中的“事由”主要用于揭示公文的主旨，人们一看“事由”，就知道公文的基本精神和中心思想，可以提高阅读公文的效率。

2．显性

显露公文的性质、特点。公文标题中都标注有文种名称，公文的阅者通过看标题中的文种，就可以准确地把握这份公文的性质和特点。

3．好记

标题是一份公文的名字，有了这个名字，收发机关才便于登记管理。

4．方便使用

正因为标题是公文的名字，在日常查询、起草公文和讲话时引用起来非常方便，一提标题人们就会自然想到是哪份公文，而且也便于事后立卷、归档。

◎公文标题有哪些结构形式？

公文标题一般由发文机关、事由与文种名称三个部分构成，我们通常称这种完整的公文标题为标准式的公文标题。一般来说，在发文机关与事由之间要加介词“关于”，在事由与文种名称之间要加一个助词“的”。从语法结构上看，公文标题通常是由一个偏正词组构成的，以文种名称为中心词，前面以发文机关名称和事由为限制成分。凡是有红色版头的文件，由于版头中已标明发文机关名称，故在标题中可以省略。除标准的公文标题外，按照惯例还可以有以下四种特殊形式：

（1）由发文机关和文种名称，或由事由和文种名称两部分组成的公文标题，一般称此种标题为“双项式”标题。

（2）由发文机关、被批转（或转发）文件的标题、文种名称三个要素组成的公文标题，一般称为“转文式”标题。

(3) 新闻式的公文标题主要会在简报、调查报告和讲话稿等文种中使用到，这类标题表现得很随意，文字比较活泼，有的只有一个标题，有的则有正副两个标题，其中正标题一般用来揭示正文的中心内容，副标题则用以说明反映情况的单位、时间、人物和事件。

(4) 附加括号式的标题，即在标准式公文标题的下面正中位置加一个圆括号，括号内注明某年某月某日，经某某会议讨论通过或批准的字样。这种标题主要适用于经会议集体讨论通过，且无红色版头又无主送机关标志的决定、决议以及条例、规定、制度、办法等法规性文件。

◎公文的副标题如何制定？

1. 看是否准确恰当。小标题对于本段所写的内容主旨而言，必须概括得准确无误、恰如其分。

2. 看是否明确集中。拟定小标题，要特别注意不能过于杂乱，而要力求明确集中，写得越单一越好。

3. 看是否照应总标题。拟定小标题，要注意与全文总标题相呼应。

4. 看是否合乎逻辑。拟定小标题，必须注意讲究逻辑性。

◎公文中关于标点符号的用法有哪些具体要求？

公文的标题，即一级标题的末尾，一般不加标点符号。公文内部的标题，即二、三级标题的末尾，如果是居中标题，一般也不加标点符号；如果是缩两格标题，并且标有序号（如1. 2. 3，第一，第二，第三,），可以加句号。公文内部的段首题，即用公文自然段落的第一个句子所做的标题，其末尾可以加句号；如果不加句号，可以在段首题与其后的公文内容之间空一格。

公文标题的内部，除用书名号和引号外，尽量不用标点符号。

公文标题中含有两个以上标题时，一般只用两个书名号。从外到内，第一个用双书名号，第二个用单书名号，第三个以后可不再用书名号。

在公文正文中出现的公文名称，如果使用全称，应加书名号。

◎什么是红头文件？

“红头文件”并非法律用语，而是指各级政府机关，多指中央一级下发的带有大红字标题和红色印章的文件的俗称。

从制定机关的权限来看，行政法规的制定机关是国务院，规章的制定机关是省、自治区、直辖市人民政府，较大的市人民政府，以及国务院各部门、各直属机构和具有行政管理职责的直属事业单位。而一般“红头文件”，有行政管理权的行政机关在行政管理工作需要时就可以制定。

广义的“红头文件”，就是从字面上理解的、带红头和红色印章的，既包括行政机关直接针对特定公民和组织而制发的文件，也包括行政机关不直接针对特定公民和组织而制发的文件，以及行政机关内部因明确一些工作事项而制发的文件。狭义的“红头文件”专指行政机关针对不特定的公民和组织而制发的文件，这类文件对公众有约束力，涉及他们的权利和义务，也就是法律用语所称的行政法规、规章以外的其他具有普遍约束力的规范性文件。公众所关心和关注的，应该是指狭义上的“红头文件”，现在公司大多将其作为机密文件、任职文件、紧急文件的别称。

◎什么是白头文件?

白头文件是区别于红头文件而言的，是指那种非正式的，发文机关没有用红色标识的，用于一般日常性通知之类的文书的俗称。

白头文件主要由以下五个部分构成：一是标题，二是送达单位，三是正文，四是落款，五是印章。

◎什么是公布文件?

公布文件一般可直接公之于众，无保密要求；受文者不仅包括各种机关团体等社会组织，而且包括个人甚至主要是个人，所涉及事项性质重要且具有普遍意义或重复发生的特点；除少部分公文为重要消息只需国内或国内外各方面广泛知晓外，大部分公文对有关方面的行为具有强制约束力，要求严格遵守施行；有关规范多为政策且是反复适用的，所涉及的是多数人和普遍性事务而非特定具体的人或事，有效适用期限虽不如规范性公文长，但比一般的领导指导性公文要长远；公文公布形式多样，可直接张贴、广播，也可在报刊上发表。

◎什么是内部文件?

一是指在组织系统、单位内部运行的公文，更确切地说，是指除了向社会公开发布的文件［如公告、公报、通告、命令（令）、法令、法规等］之外，均可归为内部文件；二是指仅限机关、单位内部工作人员阅读，不可外传的文件。

◎什么是公文的特定作者?

公文必须有法定的作者，即依法成立并能以自已的名义行使权力和担负义务的组织及其代表人，因此，公文的作者不是什么人都可以充当。

◎什么是公文的特定阅者?

公文行文的对象也是特定的，从起草文件开始就明确阅者是谁，这种特定性是其他文体所不具备的。

◎什么是公文处理？

公文处理是包括公文拟制、办理、管理、立卷归档在内的一系列衔接有序的工作。

◎公文处理要坚持什么原则？

《党政机关公文处理工作条例》规定："公文处理工作应当坚持实事求是、准确规范、精简高效、安全保密的原则。"

根据公文处理的基本原则，结合办文工作实际，对公文处理工作有以下要求。

1. 必须坚持实事求是的思想路线和工作作风

实事求是是我们党的思想路线的核心，也是我们党一切工作的基本方法。作为党政机关单位实施领导、履行职能、处理公务工具的公文，当然必须坚持实事求是的科学态度，大力弘扬求真务实的工作作风。"实事求是"，是在办文工作中继承和发扬我们党的思想路线和优良传统的基本文德、文品、文风。

公文处理工作坚持实事求是，应做到以下几点。

（1）行文应当确有必要。要根据实际需要发文，不必发的坚决不发，可发可不发的文不发，能够通过其他方式解决问题的不发文，不搞形式主义。必须发的公文也要严格按制发数量与发文范围来发，杜绝乱发滥送，避免重复行文。

（2）拟文应当切合实际。要坚持对领导负责和对人民群众负责的一致性，深入调查研究，吃透两头。要充分论证，广听意见，抓住实质研判问题，既要如实反映领导意图，按领导指示办事，又要从实际出发，如实反映群众意愿。一切从实际出发，分析问题实事求是，所提政策措施和办法切实可行，注重针对性和可操作性。向领导和上级报告工作、反映情况，向群众介绍工作、通报形势，都要真实、准确，据实反映。既不夸大，也不缩小；既要报喜，也要报忧。要说真话，不说假话；说实话，不说空话。

（3）办文应当讲求实效。要依据上级规定精神，紧密结合本地、本部门现实情况，注意总结办文经验，严格规范办文流程，着力提高办文水平，确保发出的每一份公文都经得起实践的检验，都能够得到认可和落实。

2. 必须依法行文

依法治国、依法行政，是我们国家的基本国策。《条例》一再强调，公文应当做到符合国家法律法规。作为实施领导和管理工具、依法行政工具的公文，理所当然地必须坚持依法行文。

（1）要依法确定发文机关和单位。公文作者必须依法成立并具有法定职权，必须在作者职权范围内依法制发公文，越权制发无效。

（2）公文内容要合法，这是依法行文的关键。

（3）公文特别是党政机关公文的文种，必须按有关法律、法规和规章的规定选用。

（4）制发公文必须履行法定生效程序与审批手续，例如法规、规章文书，都有法定的制发程序，必须遵循。不少经济文书如合同、经济联合体章程等，要履行法定手续才能生效。

只有做到上述几点，才能确保公文的法定地位和作用。

3. 必须准确规范，保证行文质量

准确是公文处理工作的生命线，规范是保证公文质量的前提，准确规范要求做到：

（1）严把公文质量关。要强化责任意识和质量意识，切实把准确规范的要求贯穿于公文起草、审核、印制等各个环节，体现到公文的思想内容、文字表述等各个方面，“举轻若重”，严谨细致，精益求精，努力实现零差错、零失误。

（2）严把公文程序关。遵守程序是公文准确规范的重要保障。要严格遵循《条例》在公文文种、公文格式、行文规则、公文管理等方面的要求，按程序、按规矩办理公文，以公文处理的规范化和办文的高质量，确保公文的严肃性和权威性。

（3）严把公文出入关。要按照《条例》的规定，坚持标准、从严要求，把好关口。既要按《条例》关于发文复核、印制、核发的规定把好发文关，不让质量不合格的公文发出去；又要按《条例》关于收文签收、登记、初审的要求，把好收文关，不让不符合行文规则和起草要求的公文收进来，以确保公文处理的整体质量。

为达到这一要求，必须科学而严密地组织公文处理工作，严格执行各项规章制度。要明确各个工作环节的职责、指标，建立目标管理制度，权责清楚；严格评比，赏罚分明。文书处理人员必须不断提高理论与业务水平以及文字能力，熟悉机关的业务与职权范围以及机构设置、人员配备情况，并养成踏实、细致、认真负责的工作作风。

4. 必须精简高效，提高公文处理工作的效率

精简高效是改进机关单位作风的客观要求，直接关系到党政机关单位的工作效能，也是确保公文质量的必然要求。这是对公文处理工作时间的要求。

（1）要尽量少发文、发短文，做到少而精。要压缩和控制发文数量，限制公文篇幅，倡导短风、狠刹长风；要树立公文信息的经济观，提倡行文简洁通畅，做到要言不烦、意尽言止，能精则精，能简则简。无论文件、简报，都要大力倡导说实话、说新话、说管用的话，千万不要说空话、虚话、套话，也不要说

可有可无、不痛不痒的话。

（2）公文处理要迅速及时，讲求效率。要切实增强效率观念，减少公文运转层次，简化手续，优化办文工作流程，完善运行机制，促进收发文各环节快速运转，最大限度地缩短公文处理时间，加快传递和办理；要根据公文内容的不同，区别主次先后和轻重缓急，对重要件随到随办，确保不积压、不拖延、不误事；对紧急件要坚持急件急办、特件特办，对有明确办理时限要求的要在规定时限内办理完毕，以免延时误事；要加强催办和督促检查，保证公文及时处理，承办落实，及时办复。

（3）要科学、合理地划分机关单位公文处理部门和各业务部门在公文处理过程中的职责范围、工作任务，建立科学的工作秩序、公文处理工作程序，使办文工作忙而不乱，井然有序，高效优质。要及时解决由于分工不合理、职责不清导致互相扯皮、彼此推诿、无人负责而使公文积压拖延的问题。

（4）推行公文标准化，加快推进机关信息化建设，进一步推广电子文件和二维条码的应用，降低运行成本，提高运行效率。要充分发挥政务信息网络信息覆盖广、渠道多、运转快等特点和优势，能通过政务信息渠道报送的就通过信息渠道报送，不再通过书面文件简报渠道报送。

（5）要建立健全应急办文机制，制定应急预案，对办文中出现的突发事件能够规范、及时、妥善地处理。

（6）公文处理工作人员要加强工作责任心，讲究工作方法，树立时间观念，讲求工作效率，保证公文及时处理。

5．必须实行集中统一管理

《条例》规定："各级党政机关办公厅（室）主管本机关的公文处理工作，并对下级机关的公文处理工作进行业务指导和督促检查。""党政机关公文由文秘部门或者专人统一管理。"集中统一管理是公文处理工作得以规范、顺利运行的基本保障。

（1）统一领导。由机关秘书长或办公厅（室）主任集中统一领导、统一组织安排本单位公文处理工作。

（2）建立机构。《条例》规定，要"设立文秘部门或者由专人负责公文处理工作"。

（3）建章立制。各级各类机关单位都要依据《条例》和《党政机关公文格式》规定的国家标准和上级有关规定，结合本单位办文实际，建立健全本机关单位公文管理制度，确保管理严格规范，充分发挥公文效用。如建立健全并执行统一的岗位责任制、行文制度、公文办理、运转制度、保密制度、催办查办制度、立卷归档制度等，以实现公文处理制度化、规范化、科学化。

（4）集中管理。机关单位无论大小，都要由公文处理部门（或者指定的专人）集中统一管理公文，包括公文的收发、登记、分发、拟办、审核、印制、销毁、归档，其他部门和人员不得私自签收、拆取、保存和销毁公文。机关领导或其他部门代收的文件、会议材料、代拟的文稿，都应交公文处理部门（或者指定的专人）统一登记处理。

6. 必须确保公文处理工作安全保密

安全保密是公文处理工作的底线，公文尤其是涉密公文，在拟制、办理、管理的每一个环节都有安全保密问题，任何环节出现失误都可能给工作造成被动，甚至给党和国家的事业带来重大损失。在公文处理工作中，要确保公文绝对安全，保证公文不丢失、被窃、毁损，要确保秘密文件绝对安全，不失密、泄密。

（1）认真遵守《中华人民共和国保守国家秘密法》等保密法律、法规和有关安全保密的规定，建立健全本单位公文安全保密制度，增强保密观念，树立保密意识，认真执行保密纪律，严格控制知密范围。

（2）要严格遵守《条例》关于公文处理工作必须安全保密的相关规定。

涉密公文应当根据涉密程度分别标注“绝密”“机密”“秘密”和保密期限并标注份号，涉密公文应当在符合保密要求的场所印制，涉密公文应当通过机要交通、邮政机要信、城市机要文件交换站或者收发件机关机要收发人员进行传递，通过密码电报或者符合国家保密规定的计算机信息系统进行传输。

设立党委（党组）的县级以上单位应当建立机要保密室和机要阅文室，并按照有关保密规定配备工作人员和必要的安全保密设施设备。

公文确定密级前，应当按照拟定的密级先行采取保密措施；确定密级后，应当按照所定密级严格管理；绝密级公文应当由专人管理；公文的密级需要变更或者解除的，由原确定密级的机关或者其上级机关决定，涉密公文公开发布前应当履行解密程序。非涉密公文在履行公开发布程序前，也要做好安全保密工作，严禁未经批准就在网上公开。

复制、汇编机密级、秘密级公文，应当符合有关规定并经本机关负责人批准。绝密级公文一般不得复制、汇编，确有工作需要的，应当经发文机关或者其上级机关批准。

涉密公文应当按照发文机关的要求和有关规定进行清退或者销毁，销毁涉密公文必须严格按照有关规定履行审批登记手续，确保不丢失、不漏销，个人不得私自销毁、留存涉密公文。

（3）要加强安全设施，加强办公自动化新形势下的公文保密工作。要加大保密设施设备的投入，加强保密教育培训，强化保密管理措施，经常开展保密检查，强化公文保密责任制、问责制，坚决杜绝失密、泄密事件发生，要妥善处理好政务公开与安全保密的关系。

7. 必须反对文牍主义、形式主义和官僚主义

在公文处理中，要反对无论大事小事一律依赖公文解决，以公文为万能的文牍主义，反对只顾发文不管贯彻执行，不抓督促检查的形式主义，反对脱离实际、照本宣科、照抄照转、不顾民情、高高在上瞎指挥的官僚主义。

（1）简政放权，充分调动各级部门的创造性与积极性，使其在自己的职责范围内各司其职，改变事权过于集中的弊端，减少党政机关发文数量。

（2）改进工作作风，深入调查研究，提高公文写作质量，提倡写短文、写实文，反对说假话、大话、空话。严格把关，认真审核，提高发文质量，控制发文数量。

（3）认真执行公文处理的有关规定，严格控制公文流向，避免滥抄滥送；对于越级越权行文、多头主送、一文多事、涉及其他部门职权范围且未经协商取得一致意见而贸然行文的公文，要退回发文单位或控制处理。

（4）各级机关单位领导人员要提高政治、业务素质，树立正确的办文观念，改进作风，深入实际，加强调查研究，掌握更多的信息流通手段和渠道，获取有效信息，以提高领导管理水平。

◎什么是公文撰拟的专任、职述与代拟？

“专任”是指公文的撰拟必须由指定的专人担负；

“职述”，是指由担负某种职务的人去拟定与其职务相称的公文；

“代拟”是指一级领导机关或领导者个人授权由别人代拟公文。

◎什么是草稿？

又称“草稿”“草案”“未定稿”。尚未成熟和定型的公文，是公文的原始稿件。无实际执行效用，只是修改、讨论和审批的基础。依其修改次序和不同功用，有“初稿”“二稿”“三稿”“修改稿”“讨论稿”及“征求意见稿”等名称。

◎什么是定稿？

公文的定稿是经过对草稿的修改和审核，经负责人签发或经会议讨论通过的正式完成稿。定稿的内容一经确定，即具备正式公文的效用，是制作正式公文文本的标准依据，不经法定责任者的认可，任何人不得修改。定稿的外形特征有法定的生效标准，如签发、会议讨论通过等标志，有的还标明“定稿”“最后完成稿”等稿本标记。

◎什么是正本？

根据已签发的定稿制发的正式文件，称为“正本”，其突出特点是盖有发文

机关的印章或有领导人的亲笔签署文字，以证实文件的效力。

◎什么是副本？

凡是根据公文正本复制、誊抄的其他稿本均称为副本，副本又称抄本，作用主要是代替正本供传阅、参考和备查使用。

◎什么是存本？

公文的存本，是指发文机关印制一份文件的正本后留在本机关的除草稿、定稿以外的印制本。

◎什么是试行本？

试行本是规范性公文正本的一种特殊形式，即试验推行本，在规定的试验推行期间具有正式公文的法定效用，主要适用于发文机关认为公文内容待一段时间的实践检验后可能将予修订的情况下使用的文本。试行本的外形特征主要是在公文标题中加注稿本标记，一般是在文种后用括号注明“试行”字样。

◎什么是暂行本？

暂行本也是规范性公文正本的一种特殊形式，即暂时推行本，在规定的暂行期间具有正式公文的法定效用。

◎什么是修订本？

规范性公文正本的另一种特殊形式，是已发布生效的公文，经实践检验重新予以修正补充后再发布的文本。

◎什么是公文的文体？

公文的文体，是指公文的表达方式和语体特征，也就是在公文写作中运用语言陈述事情、说明问题所采取的具体方法和特点。人们在长期的写作实践中，为了反映纷繁复杂的社会生活，适应不同的交际需要，经过不断的总结和创造，逐步形成了不同的表达方式。通常写作的表达方式有叙述、描写、抒情、议论和说明五种，不同的表达方式又决定了不同的文体分类。人们根据表达方式的不同，一般将文章分为应用文体和文艺文体两大类。公文属应用文体，它具有应用文体的一般特点，即具有实用性、严肃性和程式性。但公文文体又与一般的应用文体不同，在表达方式和语言运用上有它自身的特点。

◎什么是公文语体？

语体在修辞学上的使用有两个意思，一是指语体文，即白话文，与文言文相对；二是指语言的功能风格，它是人们在不同的社会生活领域内进行交际时，由不同的语言环境所形成的一系列使用语言材料特点的综合，通常所说的语体主要是指后者。语体可分为说话语体和书面语体两大类，后者又具体分为科学语体、艺术语体、政论语体和事务语体。公文语体是事务语体的分体之一，它是人们在公务活动中形成并使用的。公文语体以实用为目的，这就决定了它的语体风格是平实、简明、庄重的。由于公文是讲实用的，在运用语言时就必须把着眼点放在明确表意和加快交流速度上，这就要求写得平实、简明；又由于公文具有一定的权威性，在运用语言时必须考虑如何保证执行办理的效力，这就要求写得庄重。

◎什么是公文的时效性？

时效性是指任何一份文件都具有一定的时效，没有时效的文件是不存在的。时效的产生，除文件中明确规定生效的时间外，所有文件都以“成文日期”为生效时间。文件时效的丧失，一般有两种情况：一是明确宣布被某一新的文件所代替，从新的文件产生之日起，原某一旧文件的时效即行停止；二是随着客观形势的变化，有些文件的时效自然地被终止。

值得注意的是时效性与时限性的区别。有时时效性与时限性是一致的，例如在有些法规性公文的实施告一段落后，新的法规性文件随之诞生，其中有些内容在停止执行后或许还有效力，在这种情况下，时效性与时限性是一致的；如果没有效力，则二者就有所不同。时限性讲的是时间限度，超过时间，其作用即行丧失；而时效性讲的是效力，超过时间，其效力即社会作用仍然存在。

◎什么是公文的强制性？

党政公文、法律文书的强制性集中表现为它的执行作用，它要求人们“令则行、禁则止”。行政公文具有法定效力，在法定的时间与空间范围内，能够对受文者的行动产生强制性影响，具有行政约束力，受文单位和个人必须按其要求遵照执行。特别是法律文书，其对受文单位和人员在法定时间和空间范围内具有更为明显的强制作用，任何单位或个人都不得违反，否则就要承担因此带来的后果。

◎什么是公文的程式性？

程式性是指公文的惯用格式、写作层次与转述来文的方式。惯用格式即指具有一定的写作格式，这种格式有的是国家公文法规中明文规定的，有的则是约定俗成的，如文件、条据、诉状、合同、契约、讣告、启事、海报、专用书信等无不具有不可随意改变的一定格式。写作层次，主要是指公文在篇章结构上的一系列技术性要求，诸如标题摘由、篇前摘要、段头显旨、分项标号、分层列段等。

转述来文的方式，是指转述公文时，要加“文件头”，以之作为主件，将文件“运载”出来，被转述的文件则列为“附件”；在公文处理实践中，明确规定下级转述上级的来文称作“转发”，上级转述下级的来文称作“批转”，平级机关之间相互转述来文也叫“转发”。拟定“文件头”，一般要写明三点内容：一是表明对被批转、转发文件的态度，二是强调被批转、转发文件内容的意义，三是提出贯彻或办理的要求，要注意讲究针对性，做到开宗明义，讲究实效。

◎什么是公文的真实性？

党务公文的真实性，要求的是事实上的真实与方针政策上的真实，这是党务公文写作的一大特点。事实上的真实，系指党务公文中所反映的事物是实实在在存在的，而且任何一个细节都必须是存在的，不得有丝毫的出入，是绝对的真实；方针政策上的真实，即党和国家方针政策的制定是以客观存在的实际为科学依据的，正确的方针政策体现着事物发展的客观规律性，党务公文的内容只有符合党和国家的方针政策，才能符合客观规律。党务公文的真实性，是事实真实与方针政策真实的有机统一。

◎什么是公文的实用性？

公文的实用性是与文艺作品的非实用性相对而言的。公文的实用性主要表现在：

1. 在内容上，要把现实的针对性与马列主义、毛泽东思想、邓小平理论、“三个代表”重要思想、科学发展观以及习近平同志的一系列重要讲话紧密结合在一起，以发现、提出、解决现实存在的问题为其写作目的。

2. 在形式上，具有一套为其内容服务的相应的体式，包括写作结构、格式、语言，都带有一定的惯用性。在内容上要求得体，这就是公文实用性的精髓。

◎什么是公文的表达方式？

公文既要记述概要、叙述清楚，又要议论发挥、剖析义理，还要说明措施、提出要求。因此，公文的表达方式是以叙述为基础、议论为手段、说明为目的，三者综合运用。

由于公文的内容制约了表达方式的采用，因此当公文的主要内容不一样时，其表达方式就各有侧重。具体来讲，以反映情况为主要内容的公文，表达方式侧重于叙述；以阐明道理为主要内容的公文，表达方式侧重于议论；以提出要求为主要内容的公文，表达方式侧重于说明。

与记叙文的表达方式相比较，公文中的叙述带有显著的概括性。公文中叙述事物，不像记叙文的断面特写、细节刻画、气氛渲染，而是直述本质、明确无误。公文中叙述事件，不像记叙文那样详写事情发展变化的具体过程，描绘复杂、曲折的生动情节，而是概括反映全貌，明白叙说梗概。公文中表述情感，不如记叙文奔放或细腻，而是庄重、鲜明。

与议论文的表达方式相比较，公文中的议论带有直接的目的性。任何议论都是为了得出相应的结论，证实某一问题，都带有目的性，但议论文（如社论、评论、学术论文）旨在影响读者，并非针对某一具体事项提出要求，所以带有泛论的属性。而公文中的论述是为解决实际工作中某一问题、围绕既定要求而发，不允许偏离目的，旁及与要求无关的内容，更不得放言空论。

说明，是公文的主要表达方式，每篇公文中都有完整的说明文字，但就总体而论，公文综合运用了这三种表达方式，所以它不同于说明文。

◎什么是公文修辞?

公文在写作过程中主要涉及的是词语的修辞、句段修辞、篇章修辞等形式，词语修辞即在表达同一意思时选用不同的词语，如同义词的选用、近义词的辨析、反义词的否定式的运用，等等。由于文体的作者选用了适当的词，从而恰到好处地传达了行文机关的意图和感情。而篇章修辞主要是整段整篇运用修辞，这种情形在公务文书写作中并不多见。

句段修辞，即公务文书中的单复句和句群所选用的修辞，此种修辞在公务文书中较为常见，公务文书中常见的句段修辞主要有：

排比。即把结构相同或相反、语气一致、字数相当、意思相关的句子或句子成分排列起来，这种修辞格能使公务文书内容气势充沛、文意畅通、感情深厚。

层递。即用结构相似的句子表示一层层递进的事理。它能够由浅入深、由易到难、由轻到重、由低到高地把所有要表达的公务文书的内容表达清楚，使公务文书层次清楚、轻重分明。

除此以外，公务文书的修辞还有很多，比如比喻、顶真、互文、夸张等，在这里就不一一而论了。

◎公文对纸型有哪些要求?

公文用纸一般使用纸张定量为60g/m ~ 80g/m 的胶版印刷纸或复印纸。纸张白度80% ~90%，横向耐折度≥15 次，不透明度≥85%，pH 值为7.5 ~9.5。

公文用纸采用 GB/T 148 中规定的 A4 型纸，其成品幅面尺寸为210mm ×297mm。

◎公文抬头的规格是什么?

公文抬头，即公文的主送机关，应左顶格置于正文之上、标题下空一行，左侧顶格用3号仿宋体字标识，最后一个主送机关名称后标全角冒号。主送机关可以用全称，也可以用规范化的简称。对不同系统的机关，应根据主送或抄送对象，按照党、政、军、群、人大机关、政协机关、法院、检察院、各民主党派的顺序分行排列（见附件格式一）。没有抬头的公文，主送机关标于抄送机关之上。如主送机关名称过多而使公文首页不能显示正文时，应将主送机关名称移至版记中的抄送之上。

◎公文版面尺寸如何设置？

公文用纸天头（上白边）为37mm ± 1mm，公文用纸订口（左白边）为28mm ±1mm，版心尺寸为156mm ×225mm。

◎公文中表格如何编排？

公文如需附表，对横排A4纸型表格，应将页码放在横表的左侧，单页码置于表的左下角，双页码置于表的左上角，单页码表头在订口一边，双页码表头在切口一边。

公文如需附A3纸型表格，又当最后一页为A3纸型表格时，封三、封四（可放分送，不放页码）应为空白，将A3纸型表格贴在封三前，不应贴在文件最后一页。

在实际工作中，有些公文需要附一些表格。为使表格装排得规范，本标准对表格如何放置做了较为明确的规定。对于横排A4表格的页码，应将页码放在横表的左侧，单页码置于表的左下角，双页码置于表的左上角，单页码横表表头在订口一边，双页码横表表头在切口一边。这样放置可保证连续编排的表格可以依次顺序向下看，否则有可能出现单双页表格全部放在钉口一边或切口一边，阅读公文就要反复颠倒来看，很不方便。

公文如需附A3表格，也就是表格的开本比较大，而且是作为公文正文的最后一页时，为避免表格的脱落，应使表格处于封三之前的位置，而不应将表格贴在封四上。

◎什么是制文机关？

制文机关即发文机关。文件名称（又称版头）一般由发文机关称谓加“文件”二字组成，位于文头中央，用套红大字，俗称“红头文件”，发文机关应用全称或规范化简称。联合行文，主办机关名称排在前，协办机关名称排在后。

◎什么是公文的法定作者？

是指依据宪法和其他有关法律、章程、决定成立的并能以自己的名义行使法定的职能权力和担负一定的任务、义务的机关、组织或代表某个团体及个人的人。

◎什么是受文机关？

受文机关是指公文发往的机关，分为主送机关与抄送机关。主送机关是指负有办文责任的机关，非普发性的下行文及上行文、平行文，在一般情况下其主送机关只有一个，即这份文件的接受办理者。只有普发性的下行文，才可以有若干个主送机关。准确认定公文的主送机关，是文件发出后能否得到及时贯彻处理的一个关键性问题。主送机关的书写位置在标题之下，正文之上，靠左顶格，后加冒号。抄送机关是指需要了解公文内容的机关。对于抄送机关，不论是上级、平级或下级，均称为“抄送”。过去那种分列“抄报”“抄送”“抄发”的做法已不复存在。抄送机关的书写位置，在公文末页的最下端，靠左空一字格，其上下各印一条隔离线，两条横线之间写抄送机关名称，要按照先上级，后平级，再下级机关的次序排列，在最后一个抄送机关名称后标句号。

◎什么是正文？

公文的正文一般分三部分：

第一部分是开头，称引据部分，简要说明发文的原因和依据。

第二部分是主体，是公文主体部分，要求重点突出，条理清晰。

第三部分是结语，简要提出要求和希望。一般根据上行、下行、平行的不同文种，采用不同的结语，如“是否妥当，请予指示”“此令”“特此函复”等。

◎什么是公文的用印和签署？

用印就是给公文盖章，它是公文格式的一个重要组成部分，也是公文产生法定效力的一种标志。除“会议纪要”（因其有特定的版式）和以电报形式发出的以外，公文均应加盖印章。公文盖印的依据是领导人的签发字样，未经领导人签发的公文不得用印。印章与公文落款要一致，用印要注意清晰、端正、位置准确。一般的用印方法是：骑年压月、上大下小。签署，是以机关领导人的名义发文，由签发公文的领导人亲笔在公文落款处签字，大批印发的公文可使用签章。国家行政机关公文加盖印章的要求是：当印章下弧无文字时，采用下套方式，即仅以下弧压在成文时间上（因其无发文机关署名）；当印章下弧有文字时，则采用中套方式，即用印章中心线压在成文时间上。

◎成文日期和印发日期有什么不同？

成文日期亦称制文日期，是公文生效时间的根据之一。凡公文都要准确清楚地标识成文日期，它直接关系到一篇公文的时效。对其确定一般依这样的标准进行：会议通过的公文，以会议通过的日期为准；领导人签发的公文，以签发日期为准；联合行文，以最后签发机关领导人的签发日期为准；法规体公文，以批准日期为准；电报及一般信函，以实际发出日期为准。成文日期要用阿拉伯数字将年、月、日标全，年份应标全称，月、日不编虚位（即 1 不编为 01）。

发文日期又称印发日期，是指公文的印制和发出日期，标识这一要素是为了准确反映公文的生成时效，对其确定要以公文付印的日期为准，用阿拉伯数码标识于公文版记部分“抄送机关”之下的位置。要特别注意成文日期与印发日期在时间上的同一性和差异性，即二者可能一致，也可能不一致。但在不一致时，印发日期只能晚于成文日期，而绝不可能提前。

◎公文如何划分密级？

《中华人民共和国保守国家秘密法》对公文保密期限有规定：除另有规定外，绝密级文件保密期限不超过三十年，机密级文件保密期限不超过二十年，秘密级文件保密期限不超过十年。

“绝密”是最重要的国家秘密，泄露会使国家的安全和利益遭受特别严重的损害；“机密”是重要的国家秘密，泄露会使国家的安全和利益遭受严重的损害；“秘密”是一般的国家秘密，泄露会使国家的安全和利益遭受损害。

◎联合行文如何用印？

当联合行文需加盖两个印章时，应将成文日期拉开，左右各空 7 字；主力、机关印章在前，两个印章均压成文日期，印章用红色。只能采用同种加盖印章方式，以保证印章排列整齐。两印章间互不相交或相切，相距不超过 3mm。

当联合行文需加盖三个以上印章时，为防止出现空白印章，应将各发文机关名称（可用简称）按加盖印章的顺序排列在相应位置，并使印章加盖或套印在其上。主办机关印章在前，每排最多排三个印章，两端不得超出版心；最后一排如余一个或两个印章，均居中排布；印章之间互不相交或相切，在最后一排印章之下右空两字标识成文时间。

◎什么是附注？

附注一般是对公文的发放范围、使用时需注意的事项加以说明，不是对公文的内容作出解释或注释。对公文的注释或解释一般在公文正文中采取句内括号或句外括号的方式解决，这一点在使用附注时要加以注意。

◎什么是附件说明？如何编排附件说明？

附件说明包括公文附件的顺序号和名称。公文如有附件，在正文下空一行左空二字用3号仿宋体字标识“附件”，后标全角冒号和名称。如果附件名称的字数超过一行，回行时与冒号后面的第一个字对齐。附件超过一个的，应使用序号(阿拉伯数字加圆点，如“附件：1. ××××××”)，第二个附件的序号和名称与第一个对齐。附件名称后不加标点符号，附件说明处的标题应与正文内的提法、附件本身的标题一致。

附件包括公文正文的说明、补充、参考资料等。一般情况下，每一个附件都应在正文结束后，另起一页放置。附件应与公文正文一起装订，并在附件左上角第一行顶格标识“附件”，有序号时标识序号（如“附件2”）；附件的序号和名称前后应保持一致。如附件与公文正文不能一起装订，应在附件左上角第一行顶格编排公文的发文字号并在其后标识附件（或带序号）。

◎什么是签发人和版记？

签发人即签发文件人的姓名，标注在发文字号右侧适当位置，居右空一字。文件上标注签发人的姓名，有利于增加决策的透明度，有利于基层和广大干部群众对决策的监督，进一步增强公文签发者的责任感。如有多个签发人，主办单位签发人姓名置于第一行，其他签发人姓名从第二行起在主办单位签发人姓名之下按发文机关顺序依次顺排。

◎公文的页码标注有哪些要求？

一般用4号半角宋体阿拉伯数字，编排在公文版心下边缘之下，数字左右各放一条一字线，一字线上距版心下边缘7mm。单页码居右空一字，双页码居左空一字。公文的版记页前有空白页的，空白页和版记页均不编排页码。公文的附件与正文一起装订时，页码应当连续编排。

◎公文保密等级的字体有什么要求？

如需标注密级和保密期限，一般用3号黑体字，顶格编排在版心左上角第二行，保密期限中的数字用阿拉伯数字标注。

◎公文紧急程度的字体有什么要求？

如需标注紧急程度，一般用3号黑体字，顶格编排在版心左上角；如需同时标注份号、密级和保密期限、紧急程度，按照份号、密级和保密期限、紧急程度的顺序自上而下分行排列。

◎公文文头的字体和格式有什么要求？

统一使用A4型纸张（210mm×297mm）。

1．上行文、下行文、平行文

发文机关标志：标志上边缘距上页边为72mm，推荐使用红色5号小标宋体字。

红色分割线：距上页边大致为114mm，距左页边28mm、右页边26mm，线长156mm，线粗推荐使用0.35mm～0.5mm。

2．纪要

纪要标志：由“×××纪要”组成，标志上边缘距上页边为72mm，推荐使用红色小标宋体字，大小自定。

红色分割线：距纪要标志下边缘5行处（大致为52mm，可以根据实际需要确定），距左页边28mm，右页边26mm，线长156mm，线粗推荐使用0.35mm～0.5mm。

3．信函

发文机关标志：标志上边缘距上页边为30mm，推荐使用红色小标宋体字，大小自定。

红色双线：发文机关标志下边缘向下4mm处居中印一条上粗下细的红色双线，距下页边20mm处居中印一条上细下粗的红色双线，线长均为170mm，线两端距左右页边均为20mm。

文头的字体：大号黑体字、黑变体字或标准体、宋体字套色（一般为红色）。

◎公文发文字号的编排和字体有什么要求？

编排在发文机关标志下空两行位置，居中排布。年份、发文顺序号用阿拉伯数字标注；年份应标全称，用六角括号“〔〕”括入；发文顺序号不加“第”字，不编虚位（即1不编为01），在阿拉伯数字后加“号”字。

上行文的发文字号居左空一字编排，与最后一个签发人姓名处在同一行。

发文字号的字体：一般采用3号或4号仿宋体。

◎公文签发文的编排和字体有什么要求？

由“签发人”三字加全角冒号和签发人姓名组成，居右空一字，编排在发文机关标志下空两行位置。“签发人”三字用3号仿宋体字，签发人姓名用3号楷体字。

如有多个签发人，签发人姓名按照发文机关的排列顺序从左到右、自上而下依次均匀编排，一般每行排两个姓名，回行时与上一行第一个签发人姓名对齐。

◎公文标题的编排和字体有什么要求？

一般用2号小标宋体字，编排于红色分隔线下空两行位置，分一行或多行居中排布；回行时，要做到词意完整，排列对称，长短适宜，间距恰当，标题排列应当使用梯形或菱形。

◎公文主送机关的编排和字体有什么要求？

编排于标题下空一行位置，居左顶格，回行时仍顶格，最后一个机关名称后标全角冒号。如主送机关名称过多导致公文首页不能显示正文时，应当将主送机关名称移至版记，如需把主送机关移至版记，除将“抄送”二字改为“主送”外，编排方法同抄送机关。既有主送机关又有抄送机关时，应当将主送机关置于抄送机关之上一行，行之间不加分隔线。

主送机关的字体一般采用3号仿宋体。

◎公文正文编排和字体有什么要求？

公文首页必须显示正文。一般用3号仿宋体字，编排于主送机关名称下一行，每个自然段左空二字，回行顶格。文中结构层次序数依次可以用“一、”“(一)”“1.”“(1)”标注；一般第一层用黑体字，第二层用楷体字，第三层和第四层用仿宋体字标注。

◎公文附件编排和字体有什么要求？

如有附件，在正文下空一行左空二字编排“附件”二字，后标全角冒号和附件名称。如有多个附件，使用阿拉伯数字标注附件顺序号（如“附件：1. ××××”），附件名称后不加标点符号。附件名称较长须回行时，应当与上一行附件名称的首字对齐。

附件的字体常用3号或4号仿宋体。

◎公文作者的字体有什么要求？

公文作者的字体字号与正文相同。

◎公文印发日期的编排和字体有什么要求？

用阿拉伯数字将年、月、日标全，年份应标全称，月、日不编虚位（即1不编为01）。

◎公文注释的编排和字体有什么要求？

标注位置在成文日期的左下方，文尾部分，用圆括号括入。一些文件阅读（传达）范围仅限于正文前所列主送机关，或在正文中对阅读（传达）范围已有明确规定的，不必再标注阅读（传达）范围。一般的决议、指示、通知、通报等领导性文件和通常的行政、业务问题的非机密性文件，不需要特别规定阅读（传达）范围。下级机关对上级领导机关的请示或报告，也不能规定阅读范围。

注释的字体小于正文的4号仿宋体。

◎公文抄送机关的编排和字体有什么要求？

如有抄送机关，一般用4号仿宋体字，在印发机关和印发日期之上一行，左右各空一字编排。“抄送”二字后加全角冒号和抄送机关名称，回行时与冒号后的首字对齐，最后一个抄送机关名称后标句号。

如需把主送机关移至版记，除将“抄送”二字改为“主送”外，编排方法同抄送机关。既有主送机关又有抄送机关时，应当将主送机关置于抄送机关之上一行，行之间不加分隔线。

◎印发机关和印发日期的编排和字体有什么要求？

印发机关和印发日期一般用4号仿宋体字，编排在末条分隔线之上，印发机关左空一字，印发日期右空一字，用阿拉伯数字将年、月、日标全，年份应标全称，月、日不编虚位（即1不编为01），后加“印发”二字。版记中如有其他要素，应当将其与印发机关和印发日期用一条细分隔线隔开。

◎公文中计量单位、标点符号和数字的用法有哪些？

公文中计量单位的用法应当符合GB 3100、GB 3101和GB 3102（所有部分），标点符号的用法应当符合GB/T 15834，数字用法应当符合GB/T 15835。

◎公文排版规格与印制装订要求有哪些？

1．制版要求

版面干净无底灰，字迹清楚无断划，尺寸标准，版心不斜，误差不超过1mm。

2．印刷要求

双面印刷，页码套正，两面误差不超过2mm。黑色油墨应当达到色谱所标BL100%，红色油墨应当达到色谱所标Y80%、M80%。印品着墨实、均匀，字面不花、不白、无断划。

3．装订要求

公文应当左侧装订，不掉页，两页页码之间误差不超过4mm，裁切后的成品尺寸允许误差±2mm，四角成90度，无毛茬或缺损。

骑马订或平订的公文应当：

（1）订位为两钉外订眼距版面上下边缘各70mm处，允许误差±4mm；

（2）无坏钉、漏钉、重钉，钉脚平伏牢固；

（3）骑马订钉锯均订在折缝线上，平订钉锯与书脊间的距离为3mm～5mm。

包本装订公文的封皮（封面、书脊、封底）与书芯应吻合、包紧、包平，不脱落。

◎公文运用表达方式的含义有哪些？

公文既要记述概要、叙述清楚，又要议论发挥、剖析义理，还要说明措施、提出要求，因此，公文的表达方式是以叙述为基础、议论为手段、说明为目的，三者综合运用。

由于公文的内容制约了表达方式的采用，因此当公文的主要内容不一样时，其表达方式就各有侧重。具体讲，以反映情况为主要内容的公文，表达方式侧重于叙述；以阐明道理为主要内容的公文，表达方式侧重于议论；以提出要求为主要内容的公文，表达手段侧重于说明。

◎公文运用表达方式的作用有哪些？

与记叙文的表达方式相比较，公文中的叙述带有显著的概括性。公文中叙述事物，不像记叙文的断面特写、细节刻画、气氛渲染，而是直述本质、明确无误。公文中叙述事件，不像记叙文那样详写事情发展变化的具体过程，描绘复杂、曲折的生动情节，而是概括反映全貌，明白叙说梗概。公文中表述情感，不是记叙文那种奔放或细腻，而是庄重、鲜明。

与议论文的表达方式相比较，公文中的议论带有直接的目的性。任何议论都是为了得出相应的结论，证实某一问题，都带有目的性。但议论文（如社论、评论、学术论文）旨在影响读者，并非针对某一具体事项提出要求，所以带有泛论的属性。而公文中的论述是为解决实际工作中某一问题，围绕既定要求而发，不允许偏离目的，旁及与要求无关的内容，更不得放言空论。

说明是公文的主要表达方式，每篇公文中都有完整的说明文字，但就总体而论，公文综合运用了这三种表达方式，所以它不同于说明文。

◎提高公文写作水平需要注意学习哪些方面的知识？

1．提高政策水平

就某种意义讲，公文的撰写过程即是执行政策、依靠政策、理解政策、表达政策的过程，所以撰写者必须具有较高的政策水平，要了解有关的方针政策，熟悉有关的法律规定，善于把握政策新动向，否则，写出的公文将会失败。例如有个城建开发公司，在请示中把大片保证城市居民蔬菜供应的菜田作为建房用地，因没有了解国家在这方面的新规定，致使请示碰壁。

2. 拓宽知识领域

公务活动涉及社会各方面，因素复杂多样，所以就要求撰写者要具备多方面的知识，否则就不能适应公务活动的需要，很难设想，一个知识面很窄的撰写者会写出较好的公文。因此，要求撰写者尽可能地通晓政治、经济、哲学、管理等各方面的知识，甚至对于社会学、心理学、公关学、行政学等也要知晓。当然，不是要求每个撰写者都成为全才或各方面的专才，也不要求将每门知识都掌握得深透，只是要求撰写者知识面越宽越好，从实际出发，尽量拓宽知识领域，打好坚实的知识基础，并有必备的合理的知识结构。

3. 精通业务知识

公文是为了解决生活中、工作中的实际问题而撰写的。每个单位、部门都有自己的业务与工作要求，只有熟悉了有关的情况，在写作时才能把事情叙述清楚，把道理讲明白，把要求提明确。很难想象，一个从事公文的写作者，对行政机关的实际不了解，又不懂行政管理的规律，能写出符合行政实际的公文。又如拟订一份购销合同，不仅要了解《中华人民共和国合同法》，而且还要熟悉销售一方与生产一方的情况，如销售一方的销售地点、商店分布、价格情况、贮存仓库等，生产一方产品的质量、规格、发货地点、运输情况、售后服务等。如果不熟悉有关情况，拟出来的合同就不可能合理。

4. 要有写作基本功

应用文写作虽有自身的特点与格式，但又必须遵守一般文章写作的规律，如提炼观点、选择材料、安排结构、锤炼语言、起草修改，以及根据目的内容采取记叙、议论、说明等方法。如果不掌握这些写作基础知识和基本功，就会失去写好应用文的基础，因此，必须打好语文基础，练好写作基本功。

5. 要有逻辑思维

公文写作是以逻辑思维为主，是在认识过程中借助于概念、判断、推理去反映现实，用科学抽象的概念揭示事物本质，表述认识现实的结果。逻辑思维在自己的运动过程中，极力舍弃思维对象的外在感性形态，而努力去把握它的内在本质，舍弃思维对象之间的偶然联系，积极地把握它们的必然联系。逻辑思维与形象思维往往是既有区别而又相辅相成的，但在公文写作中是以逻辑思维为主的。

掌握公文写作的思维特点，是写作公文的关键，因为公文具有鲜明的思维过程的规定性。

6. 学以致用

公文写作是为了解决日常生活、学习与工作中的实际问题，也就是说，学公文写作是为了“用”，因此，在学习时既要掌握应用文写作的理论，又要联系生活、学习与工作中的问题进行思考、研究、探讨，以便找到解决的办法，使学与用结合起来，统一起来。

要理解公文写作的性质、特点、作用、写法，还要多读一些党中央、国务院以及省、市党政机关发布的合乎规范的文书，了解它们在思想内容、表达形式、写作方法、版面设计等方面是如何处理的。如果接触到一些不规范的文书，也要进行思考与分析，从中吸取教训。此外，还要阅读一些有关的论著，以开拓思路，扩大眼界。

写作是一种技能，技能是要经过反复实践才能获得的。学习公文写作理论重在实践，只有通过实践，才能把知识转化为能力，形成熟练的技巧。做好教材所提出的练习是一种实践，除此以外，还要结合日常所遇到的事情来写，如开会时做记录，会后编简报、写纪要，讲话前写讲稿，开学之初订学习计划，学期结束时写总结，开展社会调查时写调查报告，等等。要多写多练才能掌握公文写作的技能技巧，成为一个文笔高手。

◎书面体公文的修辞手法有哪些？

文书以实用为目的，主要表达方式是叙述、议论、说明，不要求抒情、描写，不追求语言的艺术化，不用或少用夸张、婉曲、比拟、含蓄等积极修辞手段，为使语言明白、通畅、稳密，主要采用消极修辞。

消极修辞并不意味着不讲究辞章，不追求语言美，而是摒弃华丽辞藻，以质朴流畅的语言、明确的叙事表意，于平淡中见神采，显示精练美、平直美、朴实美，这比藻饰铺陈更见功力。因此说，“文章不难于巧，而难于拙，不难于曲，而难于直，不难于细，而难于粗，不难于华，而难于实”。

为增强文势，显示事理程度上的差异，也常适当运用排比、对偶、反复等修辞手法，但在缜密、严谨上多下功夫。

◎如何收集公文材料？

公文写作者要得心应手地完成各类写作任务，首先必须收集材料。

收集材料首先要注意广泛性，收集上下左右和本单位已有的公文、简报、总结、大事记、规章制度等。要求各业务职能部门提供、报送材料，通过参观学习、出席会议、函索、交换等手段，收集其他机关、系统、行业的材料，剪辑、摘要各类报纸、内部刊物、书籍上的材料。

收集材料还应注意政策性，注意收集党和国家的方针、政策、法令、法规及上级下发的材料，收集有关领导的讲话、指示，以便在撰文中引证、查考，作为提出本地区、本行业、本单位具体实施办法的依据。

收集材料还应体现实用性，要根据本系统、本行业、本单位的权限、职能、隶属、业务关系，划定收集范围，提高材料的质量和效益。

◎如何鉴别公文材料？

调查者不能简单地有闻必录，把所记载的情况都当作可靠材料，而应下一番审查、验证功夫。

1. 审定材料来源，分清是提供者的亲身经历，还是得之于传言。

2. 考察提供者与所述事项有无直接、间接利害关系，剔除出于个人动机而夸大、缩小、杜撰的部分。

3. 衡量提供者的思想政策水平和观察、领悟、表述能力，弥补其因经历局限、认识片面、词不达意而造成的偏差。

4. 将不同来源的材料相互印证、比较对照，以鉴别真伪、正误。

◎如何整理公文材料？

写作调查的主要任务是掌握情况以充实材料，掌握情况是手段，用于写作是目的，为方便日后撰文时采用，需要下一番功夫。

1. 割舍累赘、重复、空洞无物的文字记载，以免玉石混杂。

2. 凡相对独立的某一情况，应删削可有可无的语句、文字，简明扼要地摘录其实在内容。

3. 凡适用性广的重要情况，皆摘抄成卡片，每张卡片限载某一结论或事例、数据，可分可合，灵活方便。

4. 凡比较零散、细碎的情况，应适当概括、汇总、统计，以利定量分析，反映整体面貌。

◎如何厘清公文材料的条理？

一次调查中，对一个点的情况，须根据内在联系，写成条理清晰的综合材料，使之一目了然。对几个点上同一方面的情况，应适当横向比较。

◎如何分析公文材料？

在把握事实的基础上，分析材料的类型、用途，批注简短结论，以方便日后撰写文稿时选用。

1. 性质分析。性质分析是指适用于宏观方面的材料，还是适用于微观方面的材料；是概括性情况，还是具体事例；是内部控制的保密材料，还是可普遍采用的公开材料。

2. 主次分析。主次分析是反映个别、特殊、局部的情况，还是具有一般、共性、全局意义的代表性材料；是正常态势，还是反常特例；是说明某一问题的主干材料，还是辅助性材料。

选出的材料要做到三个结合：

1. 新旧结合。以反映现状的材料为主，又有反映既往情况的材料，以利新老相参、今昔对比。

2. 正反结合。服务于同一结论，正面材料能确立论点、阐明道理；反面材料能提供反证、增进深度，以利正反相成。

3. 点面结合。点上的典型材料利于见微知著，面上的概况材料利于统观全局，写作时可以点面相援。

◎公文主旨的含义有哪些？

公文的主旨是通过公文的全部思想内容表现出来的一种贯穿全文的基本观点和中心思想。公文的主旨和文艺作品的主题不同，公文的主旨不是“从场面和情节中自然地流露出来的”，而是以事论理，直截了当地点明主张什么、反对什么，把观点明白无误地告诉阅者，因此，公文主旨在写作前就必须十分明白地确定下来。主旨确定了，文章才有方向，才能坚定不移地去按照主旨组织文章。公文的主旨可控制全篇，决定公文成败。

◎什么是公文主旨的三要素及其作用？

公文的主旨包括三方面因素：

首先是公文的中心思想，也就是公文要表示的意见、要求、办法、主张、措施等。一篇公文无论是长是短，无论是什么文种，都是为解决某一问题而写，都是为了解决公务活动中的现实问题而写，这些解决现实问题的意见、要求、办法、措施、主张就是公文中心思想的体现。

其次是公文所述事项的背景、原委，这些背景和原委就是公文主旨产生的基础。

最后是公文的写作目的，一般公文都要在一开篇就用“自我说明”的方式直接表述清楚该文的写作目的。

中心思想、背景和原委、写作目的这三个要素是公文主旨的完整体现。有些公文，如决定、通告、指示性通知、指导性通报、大型会议纪要及机关应用文中的综合性总结和综合性的调查报告都采取“三要素”共同组合的形式确立公文的主旨。公文主旨除靠三个要素组合体现外还有两种不同情况：一是只有一个要素，只写出写作目的或只体现中心思想，比如批转、转发、公布性通知等仅有写作目的一个要素，但这个要素就是全文主旨的完整体现。像一些内容单一的指令、命令、公告、通告、批复等全文只有中心思想一个要素的，主旨通过中心思想体现。二是有些公文则采用写作目的和中心思想组合体现主旨，或者仅有背景和中心思想两个要素组合，比如“请示”往往没有写作目的。

总之，公文的背景、原委是公文主旨的前因，目的则是公文主旨中的期望达到的结果成分，中心思想是公文主旨的核心，三要素从各个不同侧面服务于主旨的确立。

一篇公文只表达一个思想，提出和解决一个问题，沟通一种情况，不可表达两个或更多的中心思想，主旨不可分散。

对公文主旨的表述一定要态度明朗，观点明确。是则是，非则非，清清楚楚，明明白白，毫不含糊。在公文的观点中或语言使用上丝毫的模糊、泛泛之谈都会使阅者不知所从，使某些人有机可乘。

◎怎样起草和修改公文？

1．写作前的构思

写作活动是一项创造性的精神劳动。起草阶段，是写作的“实践”阶段。写作主体时必须思想高度集中，潜心思索。这如同演员演戏，一个演员要把戏演得精彩，总是千方百计地进入角色。起草公文时，需要写作者身临其境，全神贯注，全身心进入角色，为行文一气呵成创造良好的心境。有时，在行文中也会发生阻隔，但只要进入角色，也能集中精力一鼓作气，攻克难关，进入“柳暗花明又一村”的境界。因此，写作的行文阶段需要最佳精神状态。假若“走神跑戏”，心猿意马，甚至想入非非，要写好公文是不可能的。

2．抓住灵感

经过艰苦的构思过程，公文框架结构已经建立起来，思路豁然贯通，神思飞动，文思泉涌，中枢神经高度兴奋，“灵感”来临。这时，就应“趁热打铁”，一气呵成，让汹涌奔腾的思潮一泻无余，“好钢用在刀刃上”。这样，不仅能发挥理论水平、知识积蓄和写作才能，而且能增强公文的整体感，取得最佳写作效果。错过“灵感”来临时机再去捕捉，就要大费周折。

有鉴于此，那种写写改改、折腾来折腾去的做法，既浪费时间，又写不出水平，是起草不得法。特别是在字句上下功夫过多，是起草的大忌，必须避免。因为这样会把起草过程拉得很长，断断续续，被日常工作和琐碎事务穿插其间，随着思考对象的频繁变换，起草者思绪分散，注意力转移。在间隔的几段时间内所起草的文稿，极易内容交叉、语意重复或衔接不紧、角度移异，从而在全篇和谐、各部分协调等方面有严重缺陷，日后修改势必耗时费力。

3．掌握方法

有些文稿的起草受多方面牵制，特别是会议总结、调查报告等综合性文稿，许多素材须随着工作活动的逐步展开才能获得，总体情况依赖各方面的提供、汇总，关键观点、结论有待领导讨论敲定。而一旦材料汇齐，文稿使用时限也接踵而至，来不及从容推敲、提炼、构思，易形成先等后赶的局面。为防止延迟误事或草率成篇，应不待万事俱备就先行动笔，将撰草时间提前。

根据纲目，可将通篇分为几大部分，每一部分再分为若干单元，每一单元做一卡片，分别编号。随着工作进程的展开，对材料充分和思考成熟的单元先行另页撰草成文，而绕过材料不足、筹思未熟或尚无定论的单元，留待条件具备后再写。等各单元全部完成，再从头至尾串联起来，调整内容、修改文字、贯通语气，集各段为全文。

4. 重复修改

任何公文写作者，无论经验如何丰富、才思如何敏捷，撰草中总难免有思虑不周、疏漏失误之处。其原因在于：

（1）文稿应是对所述工作情况的本质真切、概括的反映，是对规律性的正确、深刻、全面的认识。但是，公文写作的受制性、时限性等特点，决定了执笔人必须遵循机关指令撰草。即或是面对不完全熟悉的情况，作为写作任务，既无可推托，也不能旷日持久。因此，可能会对领导意图理解有偏差，对实际情况掌握不全，形成“意不称物”的缺陷，修改就是深化认识、更正补充、正确表述的过程。

（2）即或撰文人事前将领导意图吃得很透，对实际情况摸得很准，思想认识正确无误，在把它转化为文字的过程中，也难免会“文不达意”，修改也是使文字表述切合初衷的重要一环。

（3）构思中对层、段、句、词酝酿得越细密、深入，在脑海中的串联也就越复杂，局部印象也就越不稳定。故此，起草时需要力求速成，然后再从不同角度、方面对文稿进行全面检查。从这一写作规律出发，主动修改自己起草的文稿，实际上是起草的延续和深化。

5. 怎样修改

修改公文主要从观点、主题、材料、结构、语言五个方面认真推敲。

（1）观点是否正确。修改文章要注意文稿的基本观点是否正确，是否符合辩证唯物主义，如有片面的、绝对化的内容务必要纠正。文中所提的要求、号召、措施等也必须符合党和国家的方针、政策、法令，否则必须修改。

（2）主题是否明确。一篇公文在写作前就必须有十分明确的目的，要说明和解决什么问题，务必表述清楚。要想检验主题是否明确，首先看文稿是否抓住了重点问题，并且针对重点问题作出了明确的回答，全文是否句句段段都围绕这一重点问题展开，这是大问题。如果文稿中这方面有问题，一定要全面认真改稿。其次要注意一篇公文只能有一个中心，不能什么都写，什么问题都想一起解决，这样会贻误主要问题的解决。因此，发现这样的问题要删去多余的，坚持只在主要问题上下功夫。最后要注意考虑所选材料是否能说明问题，如果材料与主题不符将会闹笑话，会大大减弱文章的说服力，因此所选材料要典型，否则就必须更换。有了重点问题，有了充分的能说明问题的材料，还要有充分的科学的分析论证，使观点与材料融为一体，使材料、事例紧扣观点，充分论证，观点鲜明，有论有据。

（3）材料是否可靠。公文中的材料必须确凿，材料与实际情况必须完全吻合。因为公文中的材料是观点赖以生存的关键，材料不实，观点站不住脚，文稿也就全军覆没了。因此，文稿动笔前就必须审查材料的真实、确切程度，写完后还必须再三审核，否则文笔再精彩，公文也无法产生说服力和权威性。

（4）结构是否完整、清晰。修改公文要注意公文格式是否正确、完整，各文种的不同特点是否准确，并在文中体现出来了。此外还要检查公文层次是否清楚，是否符合大多数人的思维习惯，段与段的联系是否紧密，首尾是否相照应，过渡是否自然，有没有重复或与全文中心脱节之处，如有以上结构上的问题，必须逐一改正。

（5）语言是否准确、简练、流畅。首先公文语言要准确，模棱两可的公文让人看了不知所从。因此，在修改时发现有概念含混不清，容易产生歧义的必须修改，比如“免职”不含贬义写成含贬义等。再比如公文中的数量词要准确，在语言运用上限制要明确。其次公文用语要得体，如修改时发现在各文种中出现与该文种口气、提法、感情色彩不适宜、不得体的情况必须修改。公文语言要朴实，不赶时髦，不滥用修饰语，注意端正文风。在使用专用名词、时间、地点、人名、数字时要注意规范，不可以乱用简称。用到时间的表述务必用“××××年××月××日”“上午××点××分”“下午××点××分”或以每日 24 小时计写作“××日××点”的形式。

6. 修改方式

公文修改方式有调、删、增、换四种。

（1）调。即做一些结构、叙述、词序等方面的调整。

①结构调整。重新安排各层次、段落顺序，以切合文稿在逻辑和主旨上的表述需要。

②叙述调整。改变同一段文字的内在表达顺序，如结论前置、先分后总等，条理清楚地反映单位制文意图，吸引收文者的注意，便于理解和办理。

③词序调整，使文句顺畅。

（2）删。即将不紧密的观点、表述不明的观点及可有可无的段、句、字删除。

①将与主旨无关或联系不紧密的分支观点删去，使中心突出。

②凡不具体、不确切、不足以说明观点的例证，虽能说明观点，但平淡、一般、不典型、无代表性的例证，皆在砍削之列，使观点鲜明。

③删掉一切可有可无的段、句、字。

（3）增。增加推理、例证，作出交代。

①充实。观点、例证虽都正确但缺乏融汇，要适当增加符合逻辑的推理、论述，使理由充分、坚实。

②丰润。对抽象议论过多的论点，要填补贴切的例证作为依据。

③照应。对转折生硬之处增加过渡段、句、词，对须交代清楚的事项作必要说明，以免读者感到突兀、迷惘。

（4）换。换也称改，是删、增方式的综合运用。

①主旨深化。对立意肤浅、混浊不清的中心思想，通过深入挖掘或改换角度，使其集中鲜明。

②文意合并。将内容相近、语意重复的几段文字改写为一段。

③例证更换。将说不明白的例子删除，增补能说明问题的例证。

④语言润色。使语气得体合度，文字精练生动。

◎什么是公文处理工作？

公文处理工作是指公文拟制、办理、管理等一系列相互关联、衔接有序的工作。

◎公文处理工作应坚持的原则有哪些？

公文处理工作应当坚持实事求是、准确规范、精简高效、安全保密的原则。

◎各级党政机关应如何对待公文处理工作？

各级党政机关应当高度重视公文处理工作，加强组织领导，强化队伍建设，设立文秘部门或者由专人负责公文处理工作。

各级党政机关办公厅（室）主管本机关的公文处理工作，并对下级机关的公文处理工作进行业务指导和督促检查。

◎党政机关公文的种类有哪些？

党政机关公文种类主要有：

1. 决议。适用于会议讨论通过的重大决策事项。

2. 决定。适用于对重要事项作出决策和部署、奖惩有关单位和人员、变更或者撤销下级机关不适当的决定事项。

3. 命令（令）。适用于公布行政法规和规章、宣布施行重大强制性措施，批准授予和晋升衔级，嘉奖有关单位和人员。

4. 公报。适用于公布重要决定或者重大事项。

5. 公告。适用于向国内外宣布重要事项或者法定事项。

6. 通告。适用于在一定范围内公布应当遵守或者周知的事项。

7. 意见。适用于对重要问题提出见解和处理办法。

8. 通知。适用于发布、传达要求下级机关执行和有关单位周知或者执行的事项，批转、转发公文。

9. 通报。适用于表彰先进、批评错误、传达重要精神和告知重要情况。

10. 报告。适用于向上级机关汇报工作、反映情况，回复上级机关的询问。

11. 请示。适用于向上级机关请求指示、批准。

12. 批复。适用于答复下级机关请示事项。

13. 议案。适用于各级人民政府按照法律程序向同级人民代表大会或者人民代表大会常务委员会提请审议的事项。

14. 函。适用于不相隶属机关之间商洽工作、询问和答复问题、请求批准和答复审批事项。

15. 纪要。适用于记载会议主要情况和议定事项。

◎公文中使用汉字、符号有哪些要求？

公文使用的汉字、数字、外文字符、计量单位和标点符号等，按照有关国家标准和规定执行。民族自治地方的公文，可以并用汉字和当地通用的少数民族文字。

公文用纸幅面采用国际标准 A4 型，特殊形式的公文用纸幅面，根据实际需要确定。

◎公文的行文、行文关系和行文要求有哪些？

行文应当确有必要，讲求实效，注重针对性和可操作性。

行文关系根据隶属关系和职权范围确定，一般不得越级行文，特殊情况需要越级行文的，应当同时抄送被越过的机关。

◎向上级机关行文，应当遵循哪些规则？

1. 原则上主送一个上级机关，根据需要同时抄送相关上级机关和同级机关，不抄送下级机关。

2. 党委、政府的部门向上级主管部门请示、报告重大事项，应当经本级党委、政府同意或者授权，属于部门职权范围内的事项应当直接报送上级主管部门。

3. 下级机关的请示事项，如需以本机关名义向上级机关请示，应当在提出倾向性意见后上报，不得原文转报上级机关。

4. 请示应当一文一事，不得在报告等非请示性公文中夹带请示事项。

5. 除上级机关负责人直接交办的事项外，不得以本机关名义向上级机关负责人报送公文，不得以本机关负责人名义向上级机关报送公文。

6. 受双重领导的机关向一个上级机关行文，必要时应抄送另一个上级机关。

◎向下级机关行文，应当遵循哪些规则？

1. 主送受理机关，根据需要抄送相关机关，重要行文应当同时抄送发文机关的直接上级机关。

2. 党委、政府的办公厅（室）根据本级党委、政府授权，可以向下级党委、政府行文，其他部门和单位不得向下级党委、政府发布指令性公文或者在公文中向下级党委、政府提出指令性要求。需经政府审批的具体事项，经政府同意后可以由政府职能部门行文，文中须注明已经政府同意。

3. 党委、政府的部门在各自职权范围内可以向下级党委、政府的相关部门行文。

4. 涉及多个部门职权范围内的事务，部门之间未协商一致的，不得向下行文；擅自行文的，上级机关应当责令其纠正或者撤销。

5. 上级机关向受双重领导的下级机关行文，必要时抄送该下级机关的另一个上级机关。

◎同级党政机关行文有哪些原则？

同级党政机关、党政机关与其他同级机关必要时可以联合行文，属于党委、政府各自职权范围内的工作，不得联合行文。

党委、政府的部门依据职权可以相互行文。

部门内设机构除办公厅（室）外不得对外正式行文。

◎哪种情况下可以联合行文？

以下部门、机关和单位可以联合行文：

一是同级政府、同级政府各部门可以联合行文；

二是上级政府部门与下一级政府可以联合行文；

三是政府与同级党委和军队机关可以联合行文；

四是政府部门与相应的党组织和军队机关可以联合行文；

五是政府部门与同级人民团体和具有行政职能的事业单位也可以联合行文。

◎联合行文应注意哪些问题？

联合行文要注意的内容是：

1. 行文的各机关部门必须是同级的。

2. 联合行文对于共同贯彻执行有关方针、政策或兴办某些事业，是非常有利的。

3. 几个平行机关或部门联合行文，应将相对应的各机关都列为主送机关。

4. 联合行文应当确有必要，且单位不宜过多。

◎公文的拟制包括什么？

公文拟制包括公文的起草、审核、签发等程序。

◎起草公文的基本要求有哪些？

1. 符合党的路线方针政策和国家法律法规，完整准确地体现发文机关意图，并同现行有关公文相衔接。

2. 一切从实际出发，分析问题实事求是，所提政策措施和办法切实可行。

3. 内容简洁，主题突出，观点鲜明，结构严谨，表述准确，文字精练。

4. 文种正确，格式规范。

5. 深入调查研究，充分进行论证，广泛听取意见。

6. 公文涉及其他地区或者部门职权范围内的事项，起草单位必须征求相关地区或者部门意见，力求达成一致。

7. 机关负责人应当主持、指导重要公文的起草工作。

◎公文文稿签发前审核工作的重点是什么？

公文文稿签发前，应当由发文机关办公厅（室）进行审核。审核的重点是：

1. 行文理由是否充分，行文依据是否准确。

2. 内容是否符合党的理论路线、方针政策和国家法律法规，是否完整准确地体现发文机关意图，是否同现行有关公文相衔接，所提政策措施和办法是否切实可行。

3. 涉及有关地区或者部门职权范围内的事项是否经过充分协商并达成一致意见。

4. 文种是否正确，格式是否规范，人名、地名、时间、数字、段落顺序、引文等是否准确，文字、数字、计量单位和标点符号等用法是否规范。

5. 其他内容是否符合公文起草的有关要求。

需要发文机关审议的重要公文文稿，审议前由发文机关办公厅（室）进行初核。

◎未通过审核的公文应如何处理？

经审核不宜发文的公文文稿，应当退回起草单位并说明理由；符合发文条件但内容需做进一步研究和修改的，由起草单位修改后重新报送。

◎重要公文应如何签发？

公文应当经本机关负责人审批签发，重要公文和上行文由机关主要负责人签发。党委、政府的办公厅（室）根据党委、政府授权制发的公文，由授权机关主要负责人签发或者按照有关规定签发。签发人签发公文，应当签署意见、姓名和完整日期；圈阅或者签名的，视为同意，联合发文由所有联署机关的负责人会签。

◎公文办理包括哪几个方面？

公文办理包括收文办理、发文办理和整理归档。

◎收文办理的主要程序是什么？

1. 签收。对收到的公文应当逐件清点，核对无误后签字或者盖章，并注明签收时间。

2. 登记。对公文的主要信息和办理情况应当详细记载。

3. 初审。对收到的公文应当进行初审。初审的重点是：是否应当由本机关办理，是否符合行文规则，文种、格式是否符合要求，涉及其他地区或者部门职权范围内的事项是否已经协商、会签，是否符合公文起草的其他要求。经初审不符合规定的公文，应当及时退回来文单位并说明理由。

4. 承办。阅知性公文应当根据公文内容、要求和工作需要确定范围后分送。批办性公文应当提出拟办意见报本机关负责人批示或者转有关部门办理；需要两个以上部门办理的，应当明确主办部门，紧急公文应当明确办理时限。承办部门对交办的公文应当及时办理，有明确办理时限要求的应当在规定时限内办理完毕。

5. 传阅。根据领导批示和工作需要将公文及时送传阅对象阅知或者批示。办理公文传阅应当随时掌握公文去向，不得漏传、误传、延误。

6. 催办。及时了解掌握公文的办理进展情况，督促承办部门按期办结，紧急公文或者重要公文应当由专人负责催办。

7. 答复。公文的办理结果应当及时通知来文单位，并根据需要告知相关单位。

◎发文办理的主要程序是什么？

1. 复核。已经发文机关负责人签批的公文，印发前应当对公文的审批手续、内容、文种、格式等进行复核；需做实质性修改的，应当报原签批人复审。

2．登记。对复核后的公文，应当确定发文字号、分送范围和印制份数并详细记载。

3．印制。公文印制必须确保质量和时效，涉密公文应当在符合保密要求的场所印制。

4．核发。公文印制完毕，应当对公文的文字、格式和印刷质量进行检查后分发。

◎涉密公文应如何管理？

涉密公文应当通过机要交通、邮政机要通信、城市机要文件交换站或者收发件机关机要收发人员进行传递，通过密码电报或者符合国家保密规定的计算机信息系统进行传输。

◎公文应如何归档？

需要归档的公文及有关材料，应当根据有关档案法律法规以及机关档案管理规定，及时收集齐全、整理归档。两个以上机关联合办理的公文，原件由主办机关归档，相关机关保存复制件。机关负责人兼任其他机关职务的，在履行所兼职务过程中形成的公文，由其兼职机关归档。

◎公文管理需要注意什么？

各级党政机关应当建立健全本机关公文管理制度，确保管理严格规范，充分发挥公文效用。

1．党政机关公文由文秘部门或者专人统一管理，设立党委（党组）的县级以上单位应当建立机要保密室和机要阅文室，并按照有关保密规定配备工作人员和必要的安全保密设施设备。

2．公文确定密级前，应当按照拟定的密级先行采取保密措施。确定密级后，应当按照所定密级严格管理，绝密级公文应当由专人管理。

公文的密级需要变更或者解除的，由原确定密级的机关或者其上级机关决定。

◎公文的印发需要注意什么？

公文的印发传达范围应当按照发文机关的要求执行，需要变更的，应当经发文机关批准。

涉密公文公开发布前应当履行解密程序，公开发布的时间、形式和渠道，由发文机关确定。

经批准公开发布的公文，同发文机关正式印发的公文具有同等效力。

◎公文的复制、汇编需注意什么？

复制、汇编机密级、秘密级公文，应当符合有关规定并经本机关负责人批准。绝密级公文一般不得复制、汇编，确有工作需要的，应当经发文机关或者其上级机关批准，复制、汇编的公文视同原件管理。

◎公文的撤销和废止的流程是什么？

公文的撤销和废止，由发文机关、上级机关或者权力机关根据职权范围和有关法律法规决定。公文被撤销的，视为自始无效；公文被废止的，视为自废止之日起失效。

涉密公文应当按照发文机关的要求和有关规定进行清退或者销毁。

不具备归档和保存价值的公文，经批准后可以销毁。销毁涉密公文必须严格按照有关规定履行审批登记手续，确保不丢失、不漏销，个人不得私自销毁、留存涉密公文。

机关合并时，全部公文应当随之合并管理；机关撤销时，需要归档的公文经整理后按照有关规定移交档案管理部门。

工作人员离岗离职时，所在机关应当督促其将暂存、借用的公文按照有关规定移交、清退。

新设立的机关应当向本级党委、政府的办公厅（室）提出发文立户申请，经审查符合条件的，列为发文单位，机关合并或者撤销时，相应进行调整。

中编

公文写作格式

第二章　决议、决定、命令（令）的写作

第一节　决　议

一、决议的概述

1. 决议的含义

决议作为党政领导机关用于重要决策事项的公文，是在党政等领导机构的会议上研究、讨论后形成的，代表着发文机关的意志，一经发布，其下属必须严格遵守，认真落实，不得违背，具有很强的权威性。

决议必须经会议讨论，并经表决通过之后才能形成。与“决定”相比，“决议”的使用范围要稍微狭窄一些，“决议”的对象比“决定”更具原则性，没有“决定”具体。

2. 决议的特点

（1）权威性。决议是经过党的会议讨论通过才能生效，并由党的领导机关发布的，是党的领导机关意志的反映。决议的内容事关重要决策事项，一经公布，全党、全国上下都必须坚决执行。

（2）指导性。决议表述的观点和对事项的评价都具有指导意义。

3. 决议的种类

根据决议内容大致可分为如下几类。

（1）公布性决议。是指为公布某项法规、提案而使用的“决议”。

公布性决议非常接近“决定”的作用，但也有不同之处。那就是它的内容还有进一步提请更高级会议与机关审议的必要，不像“决定”的内容那样已成定论，要求下属机关必须贯彻执行。

（2）纪要性决议。是指会议对某一重要事项或对某一系列事项作出的决议。

（3）批准性决议。是指国家或党政机关会议对议案表示肯定或否定意见的文件，目的是要公布议案审议的进程、结果。有人又将这种类型的决议称为“认可性决议”。

批准性决议的内容，可以是批准负责人在某次会议上所作的工作报告，批准会议上审议讨论的文件，也可以是会议上讨论处理的工作事项等。

（4）阐述性决议。是指将某些重大结论的具体内容加以展开阐述时常用的一种公文，属于针对某一专题性的问题作充分说明的大型公文，具有极大的权威性和指导性。

二、决议的写作技巧

1. 文风要庄重严谨。忠于会议的主旨，把握会议的中心。写作上要叙议结合，定性准确，评价恰当，激发人们执行决议的积极性和自觉性。

2. 文字要简明扼要。一般不写过程，只写清楚什么时间，召开什么会议，作出了什么决议就可以。重点放在决议事项上。当然，内容是否简明扼要，并不是以篇幅长短作为衡量标准的，决议篇幅是长是短，要根据决议的内容和担负的任务来定。

3. 格式书写要规范。包括标题、通过决议的日期、会议名称、决议正文等，都应按决议的规范标准去写。决议为普发性公文，一般没有主送机关和落款。

4. 注意成文的时效性。一般决议都要在会议期间提交讨论通过，因此，时间性强，要求成文迅速、及时。

三、决议的写作格式

标　题	决议标题的写法有以下三种形式： 1. 发文机关 + 主要内容 + 文种。 2. 会议名称 + 主要内容 + 文种。 3. 主要内容 + 文种。
日　期	决议的成文日期需加括号标于标题之下居中位置。具体写法有以下两种： 如果公文标题中已包括会议名称，括号内只需写明“××××年××月××日通过”字样即可；如果公文标题中没有会议名称，括号内要写明“××委员会第×次会议××××年××月××日通过”字样。

正　文	决议的正文由开头、主体、结尾三部分组成。 1. 开头。写决议的根据，一般要写明会议听取了什么、学习讨论了什么、审议了什么、批准或通过了什么、自何时生效等。 2. 主体。决议主体部分的内容比较复杂，因此写法也较灵活。如果是批准事项或通过文件的决议，相对比较简单，这部分多是强调意义，提出号召和要求；如果是安排工作的决议，要写明工作的内容、措施、要求，内容复杂时，要明确分出层次并列出各层次的小标题，或者分条撰写；如果是阐述原则问题的决议，主体部分要有较多的议论，多采用夹叙夹议的写法，把道理说深说透。 3. 结尾。决议的结尾部分可有可无。有时主体结束，全文也就自然结束了，不必再专门撰写结尾；有时需要写一个结尾，多以希望、号召收结全文。

四、决议的模板

有限责任公司关于股权转让的股东会决议

××有限责任公司第××届第××次股东会决议（关于股权转让方面）

时间：××××，地点：××××，股东参加人员：×××，主持人：×××，记录人：×××

应到会股东××人，实际到会股东××人，代表额数100%，会议以当面方式通知股东到会参加会议。全体股东经过讨论，会议通过以下决议：

一、同意转让方××将其在××有限责任公司××%的股份转让给受让方××。

二、同意修改后的章程。

三、本协议一式三份，一份报工商机关，有关各方各执一份。

四、本决议经到会股东签字（盖章）后生效。

全体股东签字盖章：

××××年××月××日

五、决议的范例解析

【范例】

全国人民代表大会常务委员会
关于开展第七个五年法治宣传教育的决议

（2016 年 4 月 28 日第十二届全国人民代表大会常务委员会第二十次会议通过）

2011 年至 2015 年，我国法制宣传教育第六个五年规划顺利实施，法治宣传教育在服务经济社会发展、维护社会和谐稳定、建设社会主义法治国家中发挥了重要作用。为深入学习宣传习近平总书记关于全面依法治国的重要论述，全面推进依法治国，顺利实施“十三五”规划，全面建成小康社会，推动全体公民自觉尊法学法守法用法，推进国家治理体系和治理能力现代化建设，从 2016 年至 2020 年在全体公民中开展第七个五年法治宣传教育，十分必要。通过开展第七个五年法治宣传教育，使全社会法治观念明显增强，法治思维和依法办事能力明显提高，形成崇尚法治的社会氛围。特作决议如下：

一、突出学习宣传宪法。坚持把学习宣传宪法摆在首要位置，在全社会普遍开展宪法宣传教育，重点学习宣传宪法确立的我国的国体、政体、基本政治制度、基本经济制度、公民的基本权利和义务等内容，弘扬宪法精神，树立宪法权威。实行宪法宣誓制度，组织国家工作人员在宪法宣誓前专题学习宪法。组织开展“12·4”国家宪法日集中宣传活动，教育引导一切组织和个人以宪法为根本活动准则。

二、深入学习宣传国家基本法律。坚持把学习宣传宪法相关法、民法商法、行政法、经济法、社会法、刑法、诉讼与非诉讼程序法等法律法规的基本知识，作为法治宣传教育的基本任务，结合学习贯彻创新、协调、绿色、开放、共享发展理念，加强对相关法律法规的宣传教育。在全社会树立宪法法律至上、法律面前人人平等、权由法定、权依法使等基本法治理念。

三、推动全民学法守法用法。一切有接受教育能力的公民都要接受法治宣传教育。坚持把全民普法和守法作为依法治国的长期基础性工作，加强农村和少数民族地区法治宣传教育，以群众喜闻乐见、易于接受的方式开展法治宣传教育，引导公民努力学法、自觉守法、遇事找法、解决问题靠法，增强全社会厉行法治的积极性、主动性和自觉性。大力弘扬法治精神，培育法治理念，树立法治意识，共同维护法律的权威和尊严。

四、坚持国家工作人员带头学法守法用法。坚持把各级领导干部带头学法、模范守法、严格执法作为全社会树立法治意识的关键。健全国家工作人员学法用法制度，将法治教育纳入干部教育培训总体规划。坚持把依法办事作为检验国家工作人员学法用法的重要标准，健全重大决策合法性审查机制，推行政府法律顾问制度，推动行政机关依法行政，促进司法机关公正司法。坚持把尊法学法守法用法情况作为考核领导班子和领导干部的重要内容。

五、切实把法治教育纳入国民教育体系。坚持从青少年抓起，制定青少年法治教育大纲，设立法治知识课程，完善法治教材体系，强化学校、家庭、社会“三位一体”的青少年法治教育格局，加强青少年法治教育实践基地建设，增强青少年的法治观念。

六、推进社会主义法治文化建设。把法治文化建设纳入现代公共文化服务体系，繁荣法治文化作品创作推广，广泛开展群众性法治文化活动。大力弘扬社会主义核心价值观，推动法治教育与道德教育相结合，促进法律的规范作用和道德的教化作用相辅相成。健全公民和组织守法信用记录，建立和完善学法用法先进集体、先进个人宣传表彰制度。

七、推进多层次多领域依法治理。坚持法治宣传教育与法治实践相结合，把法律规定变成引领保障经济社会发展的基本规范。深化基层组织和部门、行业依法治理，深入开展法治城市、法治县（市、区）、民主法治示范村（社区）等法治创建活动，提高社会治理法治化水平。

八、推进法治宣传教育创新。遵循现代传播规律，推进法治宣传教育工作理念、方式方法、载体阵地和体制机制等创新。结合不同地区、不同时期、不同群体的特点和需求，分类实施法治宣传教育，提高法治宣传教育的针对性和实效性，力戒形式主义。充分发挥报刊、广播、电视和新媒体新技术等在普法中的作用，推进互联网+法治宣传教育行动。建立法官、检察官、行政执法人员、律师等以案释法制度，充分运用典型案例，结合社会热点，开展生动直观的法治宣传教育。加强法治宣传教育志愿者队伍建设。深化法律进机关、进乡村、进社区、进学校、进企业、进单位等活动。

九、健全普法责任制。一切国家机关和武装力量、各政党和各人民团体、企业事业组织和其他社会组织都要高度重视法治宣传教育工作，按照“谁主管谁负责”的原则，认真履行普法责任。实行国家机关“谁执法谁普法”的普法责任制，建立普法责任清单制度。健全媒体公益普法制度，落实各类媒体的普法责任，在重要频道、重要版面、重要时段开展公益普法。把法治宣传教育纳入当地经济社会发展规划，进一步健全完善党委领导、人大监督、政府实施、部门各负其责、全社会共同参与的法治宣传教育工作体制机制。

十、加强组织实施和监督检查。各级人民政府要积极开展第七个五年法治宣传教育工作，强化工作保障，做好中期检查和终期评估，并向本级人民代表大会常务委员会报告。各级人民代表大会及其常务委员会要充分运用执法检查、听取和审议工作报告以及代表视察、专题调研等形式，加强对法治宣传教育工作的监督检查，保证本决议得到贯彻落实。

【点评】

该篇决议要素齐全、文体使用规范、写法独特。

1. 要点齐全。该篇决议由标题、题注和正文组成，要素齐全。

2. 这是一份公布性决议，文种使用规范。整篇决议层次清晰严密，语言简明得体，首尾呼应，浑然一体，有很强的权威性和感召力。

六、决议的写作范例

◎公布性决议

【范例】

关于加强检察机关对诉讼活动的法律监督工作的决议

（××××年××月××日××市第十五届
人民代表大会常务委员会第二十四次会议通过）

××市第十五届人民代表大会常务委员会第二十四次会议，听取并审议了××市人民检察院检察长×××所作的《关于我市检察机关依法开展诉讼活动法律监督工作情况的报告》。会议认为，全市各级检察机关在党委的领导下，在人大及其常委会的监督下，围绕“强化法律监督、维护公平正义”的检察工作主题，不断加强对诉讼活动的法律监督，为维护司法公正和社会和谐稳定，促进我市经济社会又好又快发展，作出了积极贡献。随着我国经济社会的全面发展、民主法制建设的不断完善和中国特色社会主义法律体系的形成，人民群众对维护社会公平正义的要求更加迫切。人民检察院作为国家法律监督机关，应当依照宪法和法律赋予的职责，进一步加强对诉讼活动的法律监督工作，促进严格执法和公正司法，维护社会公平正义，切实保障公民合法权益，服务我市经济社会发展。为此，特作以下决议：

一、各级检察机关应当围绕“强化法律监督、维护公平正义”的检察工作主题，坚持“立检为公、执法为民”的宗旨，依照宪法和法律赋予的职责，全面加强对刑事诉讼、民事审判和行政诉讼的法律监督，做到依法监督、规范监督、敢于监督、善于监督，及时纠正执法、司法活动中违反法律规定的行为，确保法律统一正确实施。

二、各级审判机关、公安机关、司法行政机关应当支持检察机关依法开展对诉讼活动的法律监督工作，自觉接受监督，依照法定职责，互相配合、互相制约，加强工作联系沟通，把检察机关的法律监督与审判机关、公安机关、司法行政机关的内部监督结合起来，形成协调一致、具有监督合力的长效工作机制。

三、各级检察机关应当以人民群众反映强烈的影响严格执法和公正司法的突出问题为重点，进一步加大对诉讼活动的法律监督工作力度，依法纠正诉讼活动中的各类违反法律规定的行为。

四、各级检察机关应当依照宪法和法律基本原则，结合工作实际，积极探索诉讼活动法律监督工作的方式、手段和措施，增强诉讼活动法律监督工作的预见性、针对性和实效性。针对诉讼活动中发现的违法行为，通过调查核实、建议更换办案人、发送纠正违法通知、提出检察意见和建议、提起抗诉、查处职务犯罪等手段，依法及时纠正。

五、各级检察机关应当与审判机关、公安机关、司法行政机关建立联席会议、信息共享等制度，加强联系和沟通，协调处理诉讼活动中出现的问题。

六、各级检察机关应当加强自身建设，全面提升检察队伍整体素质，努力提高法律监督能力，正确行使法律监督职权，切实保障法律监督质量。进一步健全检察机关内部监督机制，规范法律监督活动，强化检务督察，落实执法过错责任追究制度。依法接受行政执法、司法机关的制约，不断完善人民监督员制度，深化检务公开，主动接受社会监督。市人民检察院要加强对下级人民检察院诉讼活动法律监督工作的领导，总结和推广经验，加强理论研究，促进全市检察机关诉讼活动法律监督工作科学发展。

七、各级人民政府要支持检察机关依法独立开展对诉讼活动的法律监督工作，督促有关行政执法机关与检察机关建立并完善行政执法与刑事司法衔接、信息共享机制。对检察机关依法提出的检察建议，应当认真研究处理，及时向提出建议机关反馈处理意见。

八、新闻、宣传、出版、广播电视等部门要加大对检察机关诉讼活动法律监督工作的宣传力度，提高法律监督的社会认知度，积极营造开展诉讼活动法律监督工作的舆论氛围。

九、各级人民代表大会及其常务委员会依照宪法和法律的规定，监督和支持检察机关依法开展对诉讼活动的法律监督工作。

十、市高级人民法院、市人民检察院、市公安局、市司法局等机关依据本决议的规定，结合工作实际制定具体规定和工作程序。

◎批准性决议

【范例】

××市第×届党代会关于批准第×届市委报告的决议

中国共产党××市第×次代表大会批准×××同志代表×届市委所作的报告。大会认为，报告通篇贯穿邓小平理论和“三个代表”重要思想，充分体现科学发展观和构建社会主义和谐社会战略思想，实事求是地总结过去四年的工作，深刻分析当前面临的形势，全面部署今后五年的任务，是指导今后一个时期我市改革发展和现代化建设的纲领性文件。

大会充分肯定×届市委的工作。市第×次党代会以来，市委坚持以邓小平理论和“三个代表”重要思想为指导，全面贯彻科学发展观和构建社会主义和谐社会战略思想，认真贯彻落实省委“八八战略”等“四位一体”的战略部署，团结和带领全市各级党组织、全体共产党员和广大干部群众，围绕“一港三城”战略目标，把握“四个坚持”战略方针，推进建设“三个××”战略任务，突出“破三难、打三仗”战略重点，实施“四大工程”等有效载体，经济建设、政治建设、文化建设、社会建设和党的建设都取得了新的成就。大会强调，必须坚持把发展作为第一要务，把为民作为第一要求，把稳定作为第一责任，把创新作为第一动力，把实干作为第一本领，这是过去的经验总结，也是指导今后发展的重要原则。

大会同意报告确定的我市第三次跨越的奋斗目标和战略重点。强调要以科学发展、和谐发展、率先发展为要求，以城市化、工业化、信息化、市场化、国际化为路径，以改革创新为动力，努力实现由经济大市向经济强市跨越、创业城市向创新城市跨越、平安城市向和谐城市跨越。要始终坚持以科学发展观为统领，坚定地推进新型城市化、新型工业化、协调发展和创新发展“四大战略”，不断开创“发展活力××、提升实力××、构建和谐××”新局面，努力实现由总体小康到全面小康的第三次跨越。

大会同意报告对今后五年我市改革发展基本任务的部署。提出要重点实施“553城市提升计划”，努力建设现代化中心城市；深化拓展“四大工程”，努力建设现代经济强市；以发展农村经济为重点，努力建设富裕、文明、民主、和谐的社会主义新农村；推进模式创新、机制创新、科技创新和环境创新，努力建设创新型城市；大力实施民生工程，扎实推进“平安××”、文化大市、“法治××”和生态市建设，努力建设和谐城市。

大会强调，建设“三个××”、实现“三次跨越”，关键在党，关键在人。要围绕为民抓党建、围绕发展抓党建、围绕和谐抓党建，进一步加强思想政治建设、领导班子和干部队伍建设、基层组织建设、党的作风建设、廉政建设和反腐败斗争，为经济社会发展提供坚强的政治和组织保证。

大会号召，全市各级党组织和全体共产党员要更加紧密地团结在以胡锦涛同志为总书记的党中央周围，在中共××省委领导下，振奋精神，励精图治，团结拼搏，扎实工作，为全面开创××市建设新局面，为我市实现第三次跨越而努力奋斗！

××××年××月××日

第二节　决　定

一、决定的概述

1. 决定的含义

决定，是对重要事项或重大行动作出决策或安排，并要求机关各部门和下级机关或有关单位贯彻执行的指令性公文。适用于对重要事项或者重大行动作出安排，奖惩有关单位和人员，变更或者撤销下级机关不适当的决定。从这个意义上讲，它是应用写作实践中的一种重要文体。

2. 决定的适用范围

决定是党政机关、社会团体和企事业单位共有的一个公文文种，但就适用范围而言，决定在行政机关的使用比在党的机关要广泛得多。在党的机关，决定“用于对重要事项作出决策和安排”；而在行政机关，“适用于对重要事项或者重大行动作出安排，奖惩有关单位及人员，变更或者撤销下级机关不适当的决定事项”。显然，奖惩以及变更或者撤销的功能是党的机关使用决定这一文种时所未被赋予的。“决定”的种类不同，其适用范围也不同。

（1）决策性决定。是党和国家行政机关为部署所属全局工作，或采取某种重大举措而使用的一种公文。这里的“重大举措”可以理解为不同层次、不同级别的事项和行动，各级行政机关和一些单位都有重大举措。一般来说需要使用决策性决定的有以下几种情况：一是主管机关对其职权范围内的重大举措作出安排时用“决定”，如《中共中央国务院关于切实做好减轻农民负担工作的决定》；二是传达某次会议的决定、提出贯彻某项决议所采取的措施、批准会议研讨的某些事项等，如《全国人民代表大会常务委员会关于处理逃跑或者重新犯罪的劳改犯和劳教人员的决定》。这种由会议决定的事项，不用决议而用决定行文，主要是为了强调文件的指令性。

（2）部署性决定。是党和国家行政机关为部署所属全局工作，或采取某种重大举措而使用的一种公文，用它来对重大行动作出安排。如《中共中央、国务院关于加快发展第三产业的决定》。

（3）表彰性决定。是指对有突出贡献的单位、人员作出表彰嘉奖的决定，如 2015 年 4 月 28 日《中共中央国务院关于表彰劳动模范和先进工作者的决定》。

3. 决定的特点

（1）具有权威性、法规性。决定一般由上级部门制发，体现上级部门的意志，对下级部门提出明确具体的要求，内容涉及重大事项和重大行动，要求下级部门和有关人员绝对服从和严格贯彻执行。也就是说，决定具有极高的权威性、法规性。

（2）具有政策性。决定对重大事项、重大行动作出安排，需要强调其任务意义，详细阐明有关大政方针，指出执行的政策、措施，因此内容比较丰富，具有较强的政策性。

（3）具有严肃性。决定的内容一般都是重要事项或重大行动，特别是指挥性决定要求下级部门无条件地执行，内容客观，语气坚决、严肃。

（4）具有周知性。有些决定只要求人们知晓某些重大事项，而无具体的执行要求，如 2015 年 12 月 31 日《中共中央国务院关于实施全面两孩政策 改革完善计划生育服务管理的决定》。

（5）具有准确性。决定的缘由是决定的依据、理由，必须规范、准确、清楚，不能编造。

4. 决定的种类

（1）处置性决定。处置性决定是处理、布置并告知具体内容的决定。它属于决定的一种，其内容多为表彰先进、安排人事、设置机构等处理问题的措施。

（2）公布性决定。公布性决定是一种在会议上直接公布某个议案的具体内容时使用的公文。

（3）部署性决定。党政机关、社会团体或企事业单位为部署所属全局工作，或采取某种重大举措而使用的一种公文。

（4）决策性决定。决策性决定也是党和国家行政机关为部署所属全局工作，或采取某种重大举措而使用的一种公文。

（5）事项性决定。宣布某一重大问题的处理结果或对某项工作作出重大安排的决定。

（6）任免性决定。对人事任免作出安排的决定。

（7）表彰性决定。对有突出贡献的先进集体、个人进行表彰奖励的决定。

（8）惩处性决定。对一些影响较大、群众关心的事故和错误进行处理的决定。

二、决定的写作技巧

撰写决定必须注意以下三点。

1. 要做好调查研究。在起草决定之前，要就决定所涉及的问题，认真查找有关法律条款和政策规定，并广泛听取各方面意见。在此基础上，考虑作出的决定是否切合实际，能否妥善地解决实际问题。

2. 要做到观点鲜明。决定作出之后，要求下级部门正确执行，不得有误。因此，在决定中所提出的看法必须十分明确，这样才便于受文者理解和执行。

3. 要做到语言鲜明。切忌含糊不清或使用有歧义和有可能引起别人误解的语句。

三、决定的写作格式

标　　题	《××××关于××××的决定》
成文时间	成文时间应标注在标题正下方
主送机关	视受文单位的情况而定
正　　文	1. 开头 决定的原因和目的。如：目前……（事实依据）。根据……（理论依据），为了……（目的主旨），现决定……（意图主旨）。具体……如下： 2. 主体 决定的内容。对具体事项作出安排的决定要写清安排的步骤。 3. 结尾 希望与要求。
落　　款	加盖公章，注明日期。

四、决定的模板

××××××××

××行字〔××××〕××号　　　　签发：×××

关于×××××的决定

××××××：

（正文内容）

……

附件：1.　××××××

　　　2.　××××××

××××年××月××日

（附注：）

抄送：×××，×××。

总经办　　××××年××月××日印发

共印××份

五、决定的范例解析

【范例】

全国人大常委会
关于我国加入世贸组织的决定

（2000 年 8 月 25 日第九届全国人民代表大会
常务委员会第十七次会议通过）

第九届全国人民代表大会常务委员会第十五次会议听取并审议了对外贸易经济合作部受国务院委托所作的《关于我国加入世界贸易组织进展情况的报告》，对我国政府为我国加入世界贸易组织所作的努力予以充分肯定。

会议认为：我国作为世界最大的发展中国家，加入世界贸易组织，有利于我国改革开放和经济发展，也是建立完整开放的国际贸易体系的需要。我国加入世界贸易组织，只能以发展中国家的身份加入，并坚持权利与义务平等、循序渐进开放市场的原则，以确保国家控制国民经济命脉，维护国家经济安全和国家主权。

根据第十五次会议以后我国加入世界贸易组织谈判的新的进展情况，本次会议决定：同意国务院根据上述原则完成加入世界贸易组织的谈判和委派代表签署中国加入世界贸易组织议定书，经国家主席批准后，完成我国加入世界贸易组织的程序。

【点评】

1．该篇决定写作格式规范。这是一份知照性决定。以新闻形式发布，无主送、抄送机关，无落款，在标题下附加圆括号，注明某年某月某日某会议通过。非常符合决定的写作格式要求。

2．该篇决定结构严谨，层次分明。决定采用了段落表述形式写作，结构严谨，层次分明，言辞简明、干脆利落。

3．该篇决定用词严谨、准确，语意表述深刻、含义深远。

六、决定的写作范例

◎表彰性决定

【范例】

环境保护部关于表彰全国环保系统抗震救灾
先进集体和先进个人的决定

各省、自治区、直辖市环保局（厅），新疆生产建设兵团环保局：

5月12日，四川省汶川县发生8.0级特大地震。面对这场突如其来的特大自然灾害，在党中央、国务院的坚强领导下，环保系统广大干部职工按照环境保护部抗震救灾指挥部的统一部署，全力投入抗震救灾工作，特别是在灾区和奔赴灾区工作的环保干部职工，视灾情为命令，视时间为生命，奋不顾身，勇往直前，夜以继日地奋战在抗震救灾第一线，涌现出了一大批可歌可泣的先进集体和个人。

为表彰先进，弘扬抗震救灾和中国环保精神，进一步激励环保系统广大干部职工全力投入抗震救灾和各项环保工作，环境保护部决定授予四川省环境保护局等30个集体“全国环保系统抗震救灾先进集体”荣誉称号；授予×××等97位同志“全国环保系统抗震救灾先进个人”荣誉称号。希望受表彰的先进集体和个人，珍惜荣誉，谦虚谨慎，再接再厉，在今后的工作中取得更大的成绩。

附件：

1．全国环保系统抗震救灾先进集体名单（略）

2．全国环保系统抗震救灾先进个人名单（略）

××××年××月××日

◎公布性决定

【范例】

××县人民政府关于公布规范性文件清理结果的决定

××县政发〔××××〕××号

各镇、乡人民政府，县直各单位：

为维护社会主义法制统一和政令畅通，全面推进依法行政，加快建设法治政府，根据《国务院关于加强市县政府依法行政的决定》（国发〔××××〕××号）和《湖南省行政程序规定》，县人民政府对××××年至××××年××月××日前的规范性文件进行了全面清理。现决定将清理结果公布如下：

一、废止《关于印发〈××县建设项目防雷工程管理规定〉的通知》等62件规范性文件。

二、宣布《关于印发〈××县城市房地产开发管理暂行办法〉的通知》等83件规范性文件失效。

三、确认《关于印发〈××县第二轮农村土地承包工作实施办法〉的通知》等113件规范性文件继续有效。

四、重新公布《关于明确责任妥善处理土地、山林权属争议的通知》等18件规范性文件。

上述废止、失效的规范性文件，自本决定发布之日起不再执行；继续有效的规范性文件，有效期自规范性文件发布之日起计算；重新公布的规范性文件，自本决定发布之日起重新计算有效期，适用期短于法定有效期的，适用期满自动失效。

县人民政府、县人民政府办公室于××××年××月××日以前制定的规范性文件，未列入继续有效和重新公布的规范性文件目录的，自××××年××月××日起不再执行。确需继续执行的，依照法定程序重新制定规范性文件。

附件：1. 废止的规范性文件目录（略）
2. 宣布失效的规范性文件目录（略）
3. 继续有效的规范性文件目录（略）
4. 重新公布的规范性文件目录及文本（略）

××××年××月××日

◎部署性决定

【范例】

××市人大通过关于加强食品安全监管的决定

××市第二届人民代表大会常务委员会第二十六次会议听取了市人民政府《关于我市食品安全工作情况的报告》。会议认为，食品安全关系到广大人民群众的身体健康和生命安全，关系到经济发展和社会稳定，做好食品安全工作意义十分重大，市人民政府的报告比较客观地反映了当前我市食品安全的总体形势、取得的成绩和存在的问题。会议要求，各级人民政府要坚持科学发展观，牢固树立以人为本、执政为民的思想，全面履行政府职责，切实把建立健全食品安全保障体系作为当前我市构建和谐社会的重要工作抓紧抓好；要创新工作方式，着力治本，建立健全食品安全监管制度和长效机制；要明确并落实部门责任，强化食品安全管理的综合监督与组织协调，努力提高食品安全综合监管工作水平。根据《国务院关于进一步加强食品安全工作的决定》，结合本市实际，特作如下决定：

一、食品安全监管遵循统一领导、分级负责、综合监督、依法监管、强化基础、信息公开的原则。

二、各级人民政府对本行政区域内食品安全工作负总责。

三、食品药品监管部门是市、区县（自治县、市）人民政府的食品安全综合监督部门，市人民政府应明确食品安全综合监督部门的职责，使食品安全综合监督部门能切实履行综合监督、组织协调、依法组织查处重大食品安全事故等职责。农业、质监、工商、卫生、商业等食品安全专项监管部门，依法履行食品安全监管职责。

四、乡镇人民政府（街道办事处）应根据市人民政府的规定，统一领导、协调本行政区域内食品安全监管工作，配合食品安全综合监督和专项监管部门，加强对食品安全事故易发环节的监督检查。

五、各食品行业协会应充分发挥自我规范、自我管理、自我提高的作用，加强行业自律，督促各食品企业认真遵守国家法律法规，严格执行食品安全标准；积极配合政府及有关部门做好食品安全监管工作，及时向有关食品安全监管部门报送行业信息。

六、食品生产者、销售者和餐饮经营者是食品安全的第一责任人，应强化诚信守法意识，严格遵守食品安全的法律法规、强制性标准与技术规范，切实保证食品安全。

食品生产者、销售者和餐饮经营者对食品安全监管部门的监督检查活动应当予以配合，不得拒绝。

七、建立食品监督抽查制度。食品安全综合监督部门应会同质监、工商、卫生等食品安全专项监管部门，制定年度食品抽查检验计划，避免部门重复抽检。区县（自治县、市）食品抽查检验计划不得与市级食品抽查检验计划重复。

食品安全专项监管部门应当依照食品抽查检验计划开展食品抽查检验工作。在计划之外增加对相关食品抽查检验的，有关食品安全专项监管部门应当向食品安全综合监督部门通报。

八、市人民政府应建立食品安全信息制度。食品安全综合监督和专项监管部门应加强信息沟通，实现互联互通与信息资源共享，建立食品安全信息平台，定期公开发布食品安全监测信息。

九、各级人民政府及食品安全监管部门应加强食品安全知识与法律法规宣传，提高公众食品安全意识与自我保护能力。

十、各级人民政府应当根据上级政府的食品安全事故应急预案，依法制定本行政区域内的食品安全事故应急预案，并报上一级人民政府备案。

十一、各级人民政府应定期对各食品安全监管部门和下一级人民政府的食品安全工作进行评议、考核，对失职、渎职的部门和责任人依法进行责任追究。

发生重大食品安全事故时，食品安全综合监督部门应当立即会同有关部门进行事故责任调查，向本级人民政府提出事故调查处理意见。

十二、市、区县（自治县、市）人大常委会应定期听取和审议政府食品安全专项工作报告，开展相关法律法规的执法检查，加强食品安全工作监督和法律监督。

◎任免性决定

【范例】

关于×××等同志职务任免的决定

××党字（××××）第××号

经学校党委研究决定：

由于工作变动，现将中共××省××中学委员会第一、第二与第三支部委员会的组成人员调整如下：

第一支部委员会由×××、×××、×××三位同志组成，×××同志任书记。×××同志不再担任第二党支部书记；×××同志不再担任第一党支部委员。

第二支部委员会由×××、×××、×××三位同志组成，×××同志任书记。×××同志不再担任第二党支部书记；×××同志不再担任第二党支部委员。

第三支部委员会由×××、×××、×××、×××四位同志组成，×××同志任书记。

中共××省××中学委员会
××××年××月××日

第三节　命令（令）

一、命令的概述

1．命令（令）的含义

命令（令）是国家行政机关及其领导人发布的指挥性和强制性的公文。它适用于依照有关法律公布行政法规和规章；宣布施行重大强制性行政措施；嘉奖有关单位及人员，撤销下级机关不适当的决定。命令必须严肃审慎，不能滥用、错用。

命令属于上级机关主动下发的指挥性公文，具有极强的权威性和约束力，下级机关必须严肃对待，坚决执行。

2．命令（令）的特点

（1）具有强制性。命令（令）是指挥性公文，集中地反映了领导机关的指挥意图，一经发布，受令方面必须无条件服从，没有丝毫可以商量的余地，不得随意变更和变通，在执行中不能有丝毫偏差。

（2）具有权威性。命令（令）是行政公文中最具权威性的下行文，使用命令是法律赋予行政机关的权力。命令不仅要求其发布机关级别规格高，而且一般以发令机关的领导人名义署名发布。根据《中华人民共和国宪法》和《中华人民共和国地方各级人民代表大会和地方各级人民政府组织法》规定：国家主席、全国人大常委会和委员长、国务院、国务院总理和各部部长、地方人民代表大会和人民政府以及军事领导机关，才可以发布命令（令），其他一般机关和一般人员不能发布。党和群众团体、企事业部门不得下命令。

（3）具有庄重性。命令（令）的内容涉及重大事项，因此写作格式较单纯，主旨单一，文字简短明了；同时命令的语气坚定、肯定，不容置疑，不能含糊其词，以便下级机关准确无误地了解执行。

3．命令（令）的种类

命令（令）的种类如下：

（1）公布令。公布令是依照有关法律公布行政法规和规章的命令。

（2）行政令。行政令是国务院及其各部门、县以上人民政府采取重大强制性行政措施时使用的文种。分颁布性行政令和事项性行政令。

（3）任免令。任免令是用于任免领导干部和其他工作人员时使用的一种下行文。地方省级以下领导干部及工作人员任免不用任免令，可用“决定”“批复”“通知”等公文文种代替。

（4）嘉奖令。嘉奖令是宣布奖励事宜时使用的一种公文。主要包括嘉奖先进的原因、嘉奖的决定、发出向嘉奖对象学习的号召三部分。

（5）惩处令。惩处令是特定权力机关对违法者进行惩处的命令，惩处令主要用于司法机关、党政机关和社会团体。在使用惩处令行文时通常以决定的形式拟文。

（6）通缉令。通缉令是指公安机关动员和组织人民群众共同堵截、查找、追捕在逃疑犯归案而发布的命令。

（7）撤销令。撤销令是用于撤销下级机关不适当的决定时下达的命令。

（8）指令。指令是发布指示性和规定性相结合的措施或要求所使用的公文，它是上级机关因下级机关请示而作的指示。新中国成立后一直未用，1980 年国务院发布第一号节能指令，又开始使用这一文种，但与过去的指令功用已不同。

指令由国家领导机关或领导人发布。

二、命令的写作技巧

1．命令（令）的写作注意事项

写作命令（令）时，必须注意下列问题：

（1）严格权限制发。命令（令）的使用范围控制较严。一般来说，除根据国家法律规定有权使用命令（令）的机关及首长外，其他机关和其他负责人不能用命令（令）行文；除某些实行准军事化管理的特殊行业如铁路、民用航空等企事业单位外，其他单位和人员不能滥用。

地方各级政府除处理特别重大的紧急事务如抢险救灾时可以破例使用命令（令）来实施指挥外，一般的日常性工作中不得随意使用。而且，无论是根据法律规定的正常使用还是特殊情况下的破例使用，都必须以法律、法规为依据，按照法律规定的程序制作、发布，其内容和形式都必须在法律许可的范围之内。

（2）要求明确，态度鲜明。命令（令）具有极强的强制性和约束力，一旦发布，受令者就必须严格遵照执行，所以命令（令）必须要求明确，态度鲜明，主张什么、反对什么，要求做什么、不允许做什么，等等，都必须作不容置疑的表述，不能有丝毫的含糊，以便受令者迅速理解执行。

（3）文字精练，措辞准确。无论是何种命令（令），都要求文句简明，语气坚定，用简洁凝练而又准确鲜明的文字将内容庄重严肃地表述出来即可，不需作阐发说明。

对于语言难度较大的嘉奖令来说，尤其要处理好介绍表彰嘉奖对象事迹、阐明事迹意义和向有关各方发出号召时的用语分寸问题。

2. 命令（令）写作要求

（1）撰写或签发令文必须严肃、认真。命令（令）不得朝令夕改，使下级无所适从。

（2）命令人们完成一项任务，应该使大家明确奋斗目标及重大意义，为完成任务或达到某一目的而努力。

（3）时间、地点、数量等，必须写得十分具体，以便有关人员付诸行动和领导机关监督检查。

（4）命令（令）的语气要严肃，要求达到：表达坚决，肯定有力。

（5）结构严谨，易读易记，便于执行。对先说什么，后说什么必须安排适当。

（6）篇幅短小，文字要简练，便于熟记，以免把较长时间花费在阅读或理解“命令”上。

三、命令（令）的写作格式

命令（令）一般由标题、发文字号、开头、主体、结尾、落款几部分组成。

标　　题	通常有如下四种形式： 1. 发文机关 + 事由 + 文种。 2. 发文机关 + 文种。 3. 事由 + 文种。 4. 文种。
发文字号	有两种写法：一种是由机关代字、年份、序号组成；另一种以令号（发文机关发布命令的顺序号）代替发文字号。
正　　文	1. 开头 写明命令（令）发布的缘由，即发布命令（令）的原因、目的、根据和意义。 2. 主体 即命令（令）事项。要求准确地写出决断性、强制性的规定或措施。 3. 结尾 通常写明对命令（令）事项的补充说明或向受命者提出希望和要求。有些命令（令）根据内容要求可不写执行要求，言尽即止。

落　款	在正文后右下方署上发文机关（或签署人姓名）和日期。如标题中已有可省略。

四、命令（令）的模板

关于××××××的命令

×令字〔××××〕第××号

因×××××：

鉴于上述原因，经×××研究决定××××××××。

此命令于××××年××月××日施行。

××××××：×××

××××年××月××日

五、命令（令）的范例解析

【范例】

××省人民政府对省财政厅的嘉奖令

×政发〔××××〕××号

各市、州、县人民政府，省政府各部门：

××××年××月××日至××日，由财政部主办、省人民政府协办的中亚区域经济合作第××次部长会议在××市成功召开。此次会议对引导中亚地区经济合作进程，促进成员国经济发展，实现我国在中亚地区的外交方略具有重要意义；对进一步宣传××省，提升××省国际影响力，加强我省与中亚各国的交流与合作，拓展我省科学发展、跨越式发展的国际合作新渠道具有积极作用。

在会议协办过程中，省财政厅作为我省牵头负责部门，努力克服筹备时间短、协调事项多、工作标准高等实际困难，精心组织、周密部署、扎实工作、优质服务，确保了会议的圆满召开，得到了国内外参会代表的高度赞扬和一致好评。为表彰省财政厅在我省协办中亚区域经济合作第××次部长会议中作出的突出贡献，省人民政府决定给予省财政厅通令嘉奖。

希望省财政厅总结经验，再接再厉，深入贯彻落实党的十八大和省第十次党代会精神，继续保持奋发有为、昂扬向上的精神状态，与时俱进、开拓创新，为建设“××××”和推进××省科学发展、跨越式发展作出新的更大贡献。

××××年××月××日

【点评】

本范例从标题到正文再到落款的写作格式都非常规范，是一则很典型的三段式嘉奖令，其中：

第一段写出了嘉奖原因。写得十分具体。

第二段写出了嘉奖目的和嘉奖内容。嘉奖目的写得简洁明确。

第三段是鼓励奖励单位再接再厉。这段话谦和严谨，鼓舞人心。

六、命令（令）的写作范例

◎公布令

【范例】

××市人民政府令

（第××号）

《××市酒类流通管理实施办法》已经××××年××月××日市人民政府第××次常务会议讨论通过，现予发布，自××××年××月××日起施行。

市长　×××

××××年××月××日

◎行政令

【范例】

中华人民共和国国务院令

（第××号）

《民用核安全设备监督管理条例》已经××××年××月××日国务院第××次常务会议通过，现予公布，自××××年××月××日起施行。

总理　×××

××××年××月××日

◎**任免令**

【**范例**】

关于×××等同志的任免令

市卫生局：

××市人民政府决定：×××同志任市第一人民医院院长；×××同志任市第一人民医院副院长；×××同志任市第四人民医院调研员，免去其市第一人民医院院长职务；×××同志任市第四人民医院副院长；×××同志任市妇幼保健院院长；×××同志任市妇幼保健院副院长；×××、×××同志任市妇幼保健院副院长（试用期1年）；×××同志任市红十字急救中心主任（试用期1年）；×××同志任市眼耳鼻喉专科医院院长；×××同志任市口腔医院院长；×××同志不再担任市卫生局助理调研员职务。

××市政府

××××年××月××日

◎**嘉奖令**

【**范例**】

关于对县政府信访局的嘉奖令

×政文〔××××〕×号

××××年，县政府信访局在县委、县政府的正确领导下，紧紧围绕全县稳定大局，认真落实科学发展观，创新理念、完善机制，推进信访工作规范化、制度化建设，热情接待信访群众，妥善处理人民群众反映的信访问题，认真排查化解矛盾纠纷，深入做好信访群众的教育和引导工作，切实理顺群众情绪，促进党和政府与人民群众的密切联系，为××经济发展、社会和谐作出了突出贡献。我县的信访工作领导干部一岗双责经验、重信重访治理经验、县委书记县长大接访长效机制建设经验在全市推广，我县被省委、省政府授予县委书记县长大接访工作先进县、全省信访工作先进县荣誉称号。为此，县政府决定对县政府信访局予以通令嘉奖。

希望县政府信访局戒骄戒躁，发扬成绩，再接再厉，在今后的工作中取得更好的成绩，为构建和谐××、振兴××经济做出新的更大贡献。

××县人民政府

××××年××月××日

第三章　公报、公告、通告的写作

第一节　公　报

一、公报的概述

1. 公报的含义

公报是党和国家、人民团体或其领导人向国内外公布重大事件时所使用的文件。在不少情况下，公报也常常以会议的名义发表。

公报，也可以是两个或两个以上的国家、政府、政党、团体的代表在会谈中或会谈后共同发表的关于会谈进展、经过或就某些重大问题达成协议的正式文件，称为“联合公报”或“会谈公报”。这类公报中往往包含有关这些国家间相互权利和义务的协议，具有条约的性质。

2. 公报的特点

（1）阶级性。除了气象公报、汛情公报这类专题性的公报外，公报都具有鲜明的阶级性，是一种政治倾向很强的文件。

（2）时间性。公报的时间性极强，尤其是新闻公报，必须及时发表，公之于众，以充分发挥其应有的作用。

（3）真实性。公报的内容必须实事求是，绝对真实、准确、可靠。

3. 公报的种类

公报可分新闻公报、联合公报、会议公报、统计公报等。

（1）新闻公报。新闻公报是以新闻的形式将重大事件向党内外、国内外公布的文件。新闻公报往往由新闻机构在新闻媒介上公之于众，它的阅知范围没有限制，要求具有新闻的及时性和真实性，所以，有人认为它是一种新闻性公文。

有时两国政府共同发表的外事公报也采用新闻公报的形式。

（2）联合公报。联合公报是政党之间、国家之间、政府之间就某些重大事项或问题经过会谈、协调取得一致意见或达成谅解后，双方联合签署发布的文件。这类公报中有一些双方认可联合签署的条文，比一般的新闻公报有更多的务实性内容。但联合公报和新闻公报之间的界限是很模糊的，有时甚至还可以合为一体。

（3）会议公报。会议公报是党政机关、人民团体或单位在召开重要会议后公开发表的一种文件。会议公报是公报的一种，应用范围比较专一。

（4）统计公报。统计公报是用于国家和政府统计机关发布国民经济、社会发展方面情况的一种公文。我国统计部门发表这类公报时通常以年度（或半年度）为计数的时间单位。地方的统计公报一般不对外，只在地方报刊发表。

二、公报的写作技巧

1. 公报所涉及的都是重大事件、重要会议和重要决定，因此，在写作和文字阐述上一定要周密、完整、准确、严肃，照顾方方面面。

2. 把写作重点放在对事件的陈述和观点的阐述上。要紧扣全文的核心内容来写，突出主旨，内容概要，切忌杂芜并陈。

3. 公报作为党和国家高级管理机关使用的公文，用以公布重大事件或重要决策。因此，它十分讲究用语的准确性和概括性。是什么，不是什么；应当怎么做，不应当怎么做，必须确切无误地传输给读者，而且要最大限度地使用概括性语言，用较少的文字涵盖丰富的内容，做到言简意丰，尽量压减公报的篇幅。当然，公报篇幅的长短也要根据内容的需要来决定，但总的要求是简明扼要。

4. 一般来说，公报内容应是重大的、严肃的，具有权威性。一般的事情不能用公报。

三、公报的写作格式

首　部	一般包括标题和时间。 1. 标题，公报的标题常见的有两种形式，第一种是直接写文种《新闻公报》；另一种是由会议名称和文种构成，如《联合公报》，由发表公报的各方国家的简称、事由、文种构成。 2. 时间，在标题之下正中用括号注明公报发布的年、月、日。
正　文	包括前言和主体两部分内容。 1. 前言。各类公报的前言内容有所不同。公布重大事件的新闻公报，前言属消息导语性质，要求用最鲜明、最精练的语言概述核心内容，即什么时间、什么地点、发生了什么重大事件。 2. 主体。要求把公报内容完整、系统、有序地表述清楚。常见的写法有三种：第一种是分段式，以每项事情一段或每项决定一段的形式进行表述；第二种是序号式，多用于内容复杂、问题头绪较多的公报，以数码编序，分层来写；第三种是条款式，多用于联合公报，将各方共同议定的内容，每项列为一个条款进行表述。

落　款	有的公报有落款，有的没有。联合公报要在正文之后写明双方签署人的身份、姓名、年月日，并写明签署地点。

四、公报的模板

××××第××届第××次全体会议公报

（××××年××月××日）

××××第××届第××次全体会议，于××××年××月××日至××日在××举行。出席这次会议的有×××、×××、×××等×人，有关负责同志×人列席了会议。全会由×××主持，×××同志作了重要讲话。全会审议并通过了《关于××××问题的决定》。

《关于××××问题的决定》共五十条，分十个部分：

一、（略）

二、（略）

三、（略）

……

五、公报的范例解析

【范例】

南南合作圆桌会共同主席新闻公报

（2015 年 9 月 26 日）

2015 年 9 月 26 日，中华人民共和国主席习近平和联合国秘书长潘基文在纽约联合国总部共同主持召开南南合作圆桌会。会议是在联合国发展峰会举行期间和 2015 年后发展议程刚刚通过的重要时刻举办的一次重要会议。孟加拉国、贝宁、丹麦、厄瓜多尔、埃及、印尼、马来西亚、尼泊尔、尼日利亚、巴基斯坦、萨摩亚、南非、乌干达、赞比亚等国领导人，巴西、哈萨克斯坦、马尔代夫、沙特、津巴布韦等国元首代表，以及联合国开发计划署、世界银行、国际货币基金组织、世界贸易组织、联合国粮农组织、金砖国家新开发银行、联合国亚太经社会等国际组织负责人出席会议。

过去几十年以来，发展中国家积极探索符合本国国情的发展道路，取得了举世瞩目的成就。发展中国家在国际事务中发挥着日益重要的作用，改变了全球政治经济版图，促进了全球经济治理变革，推动了经济全球化进程。

当前，全球落实千年发展目标取得重要进展，但落实情况并不平衡，特别是在脆弱国家。国际社会应进一步加强国际发展合作，筹集更多发展资源，建立更加有力的发展伙伴关系，创造良好有益的国际发展环境，帮助发展中国家实现可持续发展。

……

发展中国家加强紧密合作有助于促进发展中国家间的贸易和资金流动，增强科技能力，促进经济增长，因此将成为支持2015年后发展议程的主要途径之一。

与会各方感谢中国为此次圆桌会议发挥的领导作用，感谢联合国秘书长对南南合作的高度重视，感谢联合国特殊处境国家办公室为会议实质性工作和后勤安排提供的大力支持。各国领导人同意今后适时再次举行类似的会议，共商南南合作大计，推动2015年后发展议程的落实。

【点评】

这篇公报格式规范，用语精练。

主体部分将会议研究的事项、已达成统一的态度和立场作了明确、具体的阐述，用语十分讲究，贴切得体。

六、公报的写作范例

◎新闻公报

【范例】

中国和加勒比建交国外交部间第六次磋商新闻公报

××××年××月××日

××××年××月××日，中国和加勒比建交国外交部间第六次磋商在巴巴多斯首都布里奇顿举行。中华人民共和国外交部副部长王超和巴巴多斯外交和外贸部长玛克辛·麦克林共同主持了此次磋商。

参加磋商的加勒比国家有：安提瓜和巴布达、巴哈马国、巴巴多斯、多米尼克国、格林纳达、圭亚那合作共和国、牙买加、苏里南共和国、特立尼达和多巴哥共和国。

一、双方回顾了××××年第五次磋商以来，中加关系所取得的积极进展，同意为继续深化中加相互尊重、平等互利、共同发展的全面合作伙伴关系而努力，并就共同关心的国际和地区问题交换了意见。

二、双方同意将保持高层交往势头，推动各层级往来，扩大政府、立法机构、地方和青年之间的交流合作。双方积极评价中国和加勒比建交国外交部间磋商机制为促进中加关系发挥的重要作用，同意继续加强对话协商。

……

十二、双方商定将于××××年在中国举行中国和加勒比建交国外交部间第七次磋商。

◎会议公报

【范例】

中国共产党××市第×届委员会第×次全体会议公报

××××年××月××日

中国共产党××市第×届委员会第×次全体会议，于××××年××月××日至××月××日在××举行。

出席这次全会的有市委委员××人、市委候补委员××人。市纪委委员、各有关方面的负责同志、担任过副厅级以上实职的离退休干部、市第×次党代会部分党代表，以及民主党派和社会各界人士代表列席会议。

全会由市委常委会主持。×××同志代表市委常委会作了工作报告，×××同志就经济社会发展工作作了安排部署。

全会同意市委常委会的工作报告，充分肯定了市委常委会一年来的工作。全会认为，××××年是××发展进程中极不寻常、极不平凡的一年，也是全市经济社会发展攻坚克难、成效十分显著的一年。一年来，在省委、省政府的坚强领导下，市委常委会把学习贯彻落实党的十七大精神作为首要政治任务，坚持以科学发展观统领经济社会发展全局，充分发挥总揽全局、协调各方的核心领导作用，紧紧团结和依靠全市人民，奋力抗击雪凌、洪涝等自然灾害，积极应对国际金融危机、国内经济下滑和煤电油运紧张带来的影响，真抓实干、奋发有为，取得了经济社会又好又快发展，人民生活水平进一步提高，党的建设全面加强的显著成绩，在实现××富民强市新跨越的进程中迈出了坚实的一步。

全会深刻分析了××发展面临的形势。全会指出，当前，国际金融危机愈演愈烈，导致我市今年经济社会发展面临的困难和挑战明显增多，但从总体上看，我市经济社会又好又快发展的基本态势没有改变，仍然处于加快发展的重大战略机遇期。全市各级党组织和广大党员干部既要清醒地认识到当前工作中存在的问题和发展中面临的挑战，又要清醒地看到我市加快发展的重大机遇和有利条件，更加坚定自觉地按照市委第×届第×次全会的部署，审时度势、科学决策，周密部署、狠抓落实，努力变压力为动力、变不利为有利、化挑战为机遇，不断开创××又好又快发展的新局面。

全会指出，今年的工作要全面贯彻党的十七大、十七届三中全会、中央经济工作会议、中央农村工作会议和省委八届六次全会精神，深入贯彻落实科学发展观，按照市委第×届第×次全会确定的发展思路和目标任务，紧紧抓住国家扩大内需的重大机遇，抓住经济建设这个中心不动摇，坚持保增长、扩内需、调结构、抓改革、促开放、保民生，坚定信心、抢抓机遇、扎实工作，努力加快推进××富民强市新跨越的进程。

全会要求，全市各级各部门要紧紧围绕今年经济社会发展的预期目标，以又好又快发展为核心，努力保持经济平稳较快增长；以打牢基础为重点，全面扩大内需；以优化产业结构为主线，加快经济结构战略性调整；以激发跨越发展的动力为切入点，深化各项改革；以优化发展环境、增强发展活力为保障，努力构建对外开放新格局；以建设和谐××为目标，切实解决好民生问题；以凝聚各方力量为着眼点，全力推进民主法制建设；以促进文化大发展大繁荣为突破口，切实加强宣传思想工作和文化建设；以提高可持续发展能力为出发点，加快建设生态文明。

全会强调，实现××富民强市新跨越，关键在党的各级组织，关键在各级领导干部。要深入开展学习实践科学发展观活动，全面加强党的思想建设；要以党的执政能力建设和先进性建设为主线，全面加强党的组织建设；要不断增强和巩固党同人民群众的血肉联系，全面加强党的作风建设；要不断健全完善民主集中制，全面加强党的制度建设；要树立清廉为民的良好形象，全面加强党风廉政建设。

全会号召，全市各级党组织、各级领导干部和广大党员，要更加紧密地团结在以胡锦涛同志为总书记的党中央周围，高举中国特色社会主义伟大旗帜，深入贯彻落实科学发展观，坚定信心、振奋精神，锐意进取、扎实工作，奋力开创××富民强市跨越发展的新局面！

第二节 公 告

一、公告的概述

1．公告的含义

公告是上至国家最高权力机关、行政机关向国内外宣布重要事项或法定事项，下至各种机关部门、人民团体、企事业单位向有关方面或人民群众宣布重要事项的知照性公文。

公告的发布者一般是国家立法机关或行政领导机关，具有较强的权威性，有些还有强制性。公告的受文者十分广泛而笼统，行文关系不十分明确，原则上可以称为下行文。

2. 公告的特点

（1）发文机关级别较高

由于公告有向国内外宣布的功能，发文机关多为较高级的国家行政机关或权力机关及其授权机关。如新华社就经常受权发布一些重大事项的公告。

（2）发布内容特别重要

公告多用于事关全局或在国内外能产生重大影响的重要或法定事项。例如，公布宪法，公布全国人大代表人数，公布选举结果等，并非事无大小都使用公告。

（3）发布内容公开

公告面向社会发布，告知对象包括国内和国外，影响极其广泛深远。公告一般在报纸上公布，也可通过电台、电视台广播的形式发布。

（4）发布范围广泛

公告的广泛性表现为如下两个方面：

①公告发布范围最为广泛，有的向全国或某一地区发布，有的向全世界发布，其内容能够产生广泛的影响。

②公告所告知的对象也很广泛，主要是面向社会公众，发布公告的机关和被告知对象之间一般无直接的隶属关系。

3. 公告的种类

（1）重要事项的公告

凡是用来宣布有关国家的政治、经济、军事、科技、教育、人事、外交等方面需要告知全民的重要事项的，都属此类公告。常见的有国家重要领导岗位的变动，领导人的出访或其他重大活动，重要科技成果的公布，重要军事行动等。如中国人大常务委员会关于确认中国人大代表资格的公告，新华社受权宣布中国将进行向太平洋发射运载火箭试验的公告，都属此类公告。

（2）法定事项的公告

依照有关法律和法规的规定，一些重要事情和主要环节必须以公告的方式向全民公布。例如《中华人民共和国专利法》第三十九条规定：“发明专利申请经实质审查没有发现驳回理由的，专利局应当作出审定，予以公告。”

（3）专业性公告

有一类公告是属于专业性的或向特定对象发布的，如经济上的招标公告，按专利法规定公布申请专利的公告，属专业性公告；也有按国家民事诉讼法规定，法院递交诉讼文书无法送本人或代收人时，可以发布公告间接送达，是向特定对象发布的，这些都不属于行政机关公文。

二、公告的写作技巧

1．公告的写作注意事项

（1）由于公告语面广，撰写时要注意：事理周密无漏洞，条理清楚不啰唆，语言通俗不鄙俚，文风严肃不做作。做到易读易懂易知。

（2）公告所公布的为重要或重大事项，而且常以报刊、广播、电视、张贴等形式公开发表，所以写作时要直陈其事，一事一告，就实公告；语言要严肃庄重，不发议论，不加说明，更不能抒情。

（3）公告一般不编号，但当某一次会议或某一专门事项需要连续发布几个公告时，则应在标题下单独编号。

2．公告的写作要求

（1）文字严谨，语气庄重。因为发布公告是代表国家党政机关和部门。对象又是国内外的人民群众和有关机构，所以行文要缜密严谨，做到庄重严肃。

（2）公告宣布的必须是重大事件，不能将通告的内容用公告的形式发布。

（3）公告的文风，一般是客观叙述，少加议论。要简明扼要，言简意赅。公告不必过多地陈述意义和细节，不要说一些俏皮话，更忌讳夸张、比喻等修辞手法。

三、公告的写作格式

标　题	一是只写发文机关的名称加上文种组成，如“全国人民代表大会公告”。二是只写公文文种“公告”二字，而将发文机关的名称置于正文之后。三是“事由”加“文种”。
编　号	公告在标题下往往要单独编出顺序号如“第一号”“第二号”等。
正　文	公告内容单一，篇幅不长，一般采取一段式写法，由公告的依据和公告事项两部分组成。先写公告事项的依据，再写公告事项的内容，最后以“现予公告”“特此公告”等惯用语结尾。
签　署	在正文之下的横宽二分之一处，写上发布公告机关的全名，若以个人名义发布，在姓名前要写上职务。
日　期	在签署下面排齐写上年、月、日并带上发布公告的地点。

四、公告的模板

中华人民共和国全国人民代表大会公告

第××号

第××届全国人民代表大会第××次会议于××××年××月××日选举×××为中华人民共和国××。

现予公告。

中华人民共和国第××届全国人民代表
大会第××次会议主席团
××××年××月××日于××

五、公告的范例解析

【范例】

中国共产党中央委员会
中华人民共和国全国人民代表大会常务委员会
中华人民共和国国务院公告

中国共产党中央委员会、中华人民共和国全国人民代表大会常务委员会、中华人民共和国国务院以极其沉痛的心情宣告：我国爱国主义、民主主义、国际主义和共产主义的伟大战士，杰出的国际政治活动家、卓越的国家领导人、中华人民共和国名誉主席、中华人民共和国全国人民代表大会常务委员会副委员长宋庆龄同志因患慢性淋巴细胞白血病，于1981年5月29日20时18分在北京逝世，终年88岁。

宋庆龄同志的逝世，是我们国家和全国人民的巨大损失。决定为宋庆龄同志举行国葬，以表达我国各族人民的沉痛悼念。

宋庆龄同志治丧委员会已经成立。

我国爱国主义、民主主义、国际主义和共产主义的伟大战士，卓越的国家领导人宋庆龄同志永垂不朽。

一九八一年五月二十九日

【点评】

该篇公告内容单一，中心突出，格式规范，用语精练，语气庄重。

1．文种使用规范。这是一份重大事项公告。由中共中央、全国人大常委会、国务院联合向国内外发布宋庆龄同志逝世这一重要事项，用“公告”文种非常准确。

2．正文写法独特。这篇公告正文写作的独特之处是：省略了公告缘由和结语部分。采用直陈式写作手法，开门见山，起笔即直接宣布宋庆龄同志因病逝世、决定为宋庆龄同志举行国葬、宋庆龄同志治丧委员会已经成立三件事。

3．通篇写出了公告的特色。这篇公告写作上最为突出的特点是，全文简短，首句较长，其中“宋庆龄同志”之前，冠以“我国爱国主义、民主主义、国际主义和共产主义的伟大战士，杰出的国际政治活动家、卓越的国家领导人、中华人民共和国名誉主席、中华人民共和国全国人民代表大会常务委员会副委员长”几个定语，这些定语缺一不可，这不仅说明了宋庆龄同志的职务，而且表示了我党和我国人民对宋庆龄同志的崇高评价。这一长句，使得公告的重要性、严肃性、针对性的特点得以充分体现，同时，也使公告的行文缜密确切，具有庄重感。

六、公告的写作范例

◎事项性公告

【范例】

关于批准和取消环境影响评价资质
有关事项（××××年第五批）的公告

根据《建设项目环境影响评价资质管理办法》（原国家环境保护总局令第26号，以下简称《资质管理办法》）的有关规定，我部对申请建设项目环境影响评价资质的单位（××××年第五批）进行了审查，现将建设项目环境影响评价资质单位批准和取消事项公告如下：

一、批准以下8家单位乙级建设项目环境影响评价资质（批准的评价范围详见附件）。（略）

二、批准以下8家单位建设项目环境影响评价资质中的评价范围调整（批准调整的评价范围详见附件）。（略）

三、批准以下7家单位建设项目环境影响评价资质证书中的机构名称变更（批准变更后的机构名称详见附件）。（略）

四、对以下8家单位建设项目环境影响评价资质证书中的法定代表人和住所予以变更。（略）

五、因环境影响评价工程师数量不符合相应资质条件，根据《资质管理办

法》第三十二条的规定，经重新核定，取消以下3家单位建设项目环境影响评价资质中的相应评价范围。(略)

请上述第一至第四项中的单位于公告之日起60日内，到指定领证地点领取建设项目环境影响评价资质证书；其中第一、三项中的单位应在领取证书前，办理环境影响评价专职技术人员岗位证书变更和环境影响评价工程师登记（或变更登记）手续；第二至第四项中的单位应在领证时携带原建设项目环境影响评价资质证书正、副本原件。上述第五项中的单位应于20日内携带建设项目环境影响评价资质证书正、副本原件到指定领证地点办理相关手续。

领证地点：环境保护部环境工程评估中心资质管理与培训部（中国××科学研究院对面领地商务楼××座××室）

联系人：×××　×××

联系电话：×××××××××

附件：各单位批准的评价范围及变更后的机构名称情况（略）

国家环境保护部

××××年××月××日

◎**强制性公告**

【范例】

关于部分消防产品实施强制性认证的公告

××××年第××号

根据《中华人民共和国消防法》和《中华人民共和国认证认可管理条例》，现决定对部分消防产品实施强制性产品认证（目录见附件）。

自××××年××月××日起，凡列入本强制性产品认证目录内的消防产品，未获得强制性产品认证证书和未标注强制性认证标志，不得出厂、销售、进口或在其他经营活动中使用。

自××××年××月××日起，委托人可以向指定认证机构提出认证产品的认证委托。

特此公告。

附件：实施强制性认证的部分消防产品目录（略）

质检总局　公安部　认监委

××××年××月××日

◎知照性公告

【范例】

关于选拔优秀选调生到省直机关工作的公告

为了改善省直机关公务员队伍结构，推动选调生工作与机关公务员队伍建设相结合，经研究，决定从基层选拔部分优秀选调生到省直机关工作。选拔的对象是××××年以来由组织人事部门选派到基层培养锻炼、具有国家公务员身份、国民教育大学本科以上学历、在基层工作两年以上（截至今年8月）、年龄30岁以下（××××年××月××日后出生，研究生可适当放宽）的选调生。选拔职位详见××组织工作网、××人才评价网。每人可报考两个职位，其中第二个职位供组织调剂。报名时间为即日起至10月20日。符合条件的选调生可填写《选拔优秀选调生到省直机关工作报名推荐表》（一式两份，可在上述网站下载)，由所在单位党组织加具意见后，连同本人简况材料（包括基本情况、学习和工作经历、近2~3年工作小结等)，到县（市、区）委组织部报名。县（市、区）委组织部认真审核后，于10月24日前送地级以上市委组织部。各地级以上市委组织部汇总审核后于10月24日前报省委组织部。在地级以上市直属单位工作的选调生，可直接到市委组织部报名。这次选拔工作按公务员转任的有关规定进行。省委组织部、省人事厅对选调生报名材料审核后，按所报职位分类，交由用人单位按一定比例确定初选对象，经面试、考核后择优选用，办理转任手续。

中共××省委组织部　××省人事厅

××××年××月××日

◎会议公告

【范例】

××省第××届人民代表大会常务委员会公告

（第××号）

××市第××届人大常委会第××次会议，依法罢免了×××的××省第××届人民代表大会代表职务。××省第××届人民代表大会常务委员会第××次会议决定终止×××的××省第××届人民代表大会代表资格。

现予公告。

××省第××届人民代表大会常务委员会

××××年××月××日

第三节　通　告

一、通告的概述

1. 通告的含义

通告适用于公布社会各有关方面应当遵守或者周知的事项。它的使用者可以是各级各类机关，它的内容又往往涉及社会的方方面面，因此，无论其使用主体还是其内容都具有相当的广泛性。行文关系既可以是下行文，也可以是平行文。

2. 通告的特点

通告具有广泛性、法规性及强制性。

（1）广泛性。这是就通告的使用而言，一方面，通告的使用频率大大超过公告和布告，另一方面，通告的使用单位相当广泛，各级党政机关、社会团体和企事业单位都可以使用。

通告的内容可涉及国家的法令、政策，也可以用来公布社会生活中的一些具体事务，如更换自行车牌照、施工封锁交通等。

（2）法规性。通告一般是由国家行政机关和企事业单位根据自己的职权范围发布，具有一定的法规性和行政约束力。它所通告的事项，有关单位或人员必须严格遵守或者周知。如 1993 年 12 月 16 日发布的《民航总局、公安部关于民航安全问题的通告》，对民航安全问题的有关单位和人员，特别是旅客具有法规效力和行政约束力，违反者要受查处；构成犯罪的，要依法追究刑事责任。

（3）强制性。有些通告所公布的事项要求普遍遵守，比如法规政策的通告，这些通告就具有法规、法令的强制性、约束性。

3. 通告的分类

（1）周知性通告：传达告知业务性、事务性事项，一般没有执行要求

（2）规定性通告：公布国家有关政策、法规或要求遵守的约束事项，告知对象必须严格遵照执行。

二、通告的写作技巧

1. 通告的写作注意事项

（1）通告的撰稿者要有政策观念。通告内容符合党和国家的政策，确保其不与现行政策抵牾。

（2）撰写通告要注意尽量选择大多数人熟悉的行业用语，以便受文者理解或遵守。

（3）内容一定要突出，给人以深刻的印象。

（4）通告一般可以张贴、见报，也可以文件形式下达。

（5）写通告要“一文一事”，中心明确。

（6）全文结构要严密，层次要清楚，有逻辑性，文字要明白确切，证据要肯定庄重。

2．通告的写作要求

因为通告可以用来处理带有一定行业的公务，所以写此内容的通告，难免使用一些术语，但要注意尽量选择大多数人熟悉的行业用语，同时也要求撰稿者有一定的行业知识。

通告内容一定要突出，给人以深刻的印象。通告的要求一定要具体，关键之处务必准确无疑，这样才能使受文者得要领。

通告一般可以张贴、见报，也可以文件形式下达。

总之，写通告要“一文一事”，中心明确，符合党和国家的政策，不得与党纪国法相悖。“缘由”要有理有据，“事项”要能阐明中心。

全文结构要严密，层次要清楚，有逻辑性，文字要明白、确切，语气要肯定、庄重，尽量少用专门术语，以便受文者理解或遵守。

三、通告的写作格式

标　　题	1．“通告”。如遇特别紧急情况，可在通告前加上“紧急”二字。 2．“关于×××的通告”。 3．“×××关于×××的通告”。 4．“×××的通告”。
原　　由	主要阐述发布公告的背景、根据、目的、意义等。通告常用的特定承启句式“为……特通告如下”或者用“根据……决定……特此通告”引出通告的事项。
通告事项	通告事项是通告全文的核心部分，包括周知事项和执行要求。撰写这部分内容，首先要做到条理分明，层次清晰。如果内容较多，可采用分条列项的方法；如果内容比较单一，也可采用贯通式方法。其次要做到明确具体，需清楚说明受文对象应执行的事项，以便于理解和执行。
结　　语	用“特此通告”或“本通告自发布之日起实施”表达。

四、通告的模板

××××关于××××的通告

××发〔××××〕××号

为了××××，根据××××的要求，结合××实际，××决定于××××年××月××日至××月××日在××范围内开展××××活动/行动，现就有关事宜通告如下：

一、(略)

二、(略)

三、××、××和××要××××，切实落实××××制度，加强××××措施，确保××××工作正常运转。

四、对违反本通告者，由××、××、××等部门依法给予相应的处罚；涉嫌犯罪的，移送司法机关处理。

特此通告。

××××（印）

××××年××月××日

抄送：××，××，××，××，××。

××××年××月××日印发

(共印××份)

五、通告的范例解析

【范例】

××省人民政府

关于打击小额走私成品油活动的通告

各市、县、自治县人民政府，省府直属有关单位：

为保障我省改革开放和经济建设的健康发展，严厉打击小额走私成品油（指走私成品油偷逃应缴税额5万元以下）活动，特通告如下：

一、严禁任何单位和个人利用船舶（车辆）和成品油储、运、销设施，进行走私成品油的运输、储存、收购、供应或销售活动。违者，除由海关、工商行政管理部门依法予以罚没处理外，交通、水产、工商行政管理部门应按国家有关规定暂扣其营业（生产）执照，责令其停业整顿，或吊销有关营业（生产）执照、取消其经营资格；对其用于经营走私油的油趸、改装的油罐车等成品油储、运、销设施，由海关、工商行政管理部门依法予以拆除。

二、严禁任何单位和个人违章改变船舶功能，改装、加装成品油装载设施。违者，由有关主管部门依法予以处罚，并强制拆除，所需费用由船主承担。

三、严厉查处从事违章建造、改装船舶的船厂，坚决取缔非法造船厂点。对非法从事建造、改装船舶活动的造船厂、点，由工商行政管理部门按国家有关规定从严查处。

四、严禁未经批准从非设关码头装卸进口成品油；严禁为走私成品油提供各类码头服务。违者，由有关部门依法从严查处。

五、海关、公安、边防、工商行政管理等缉私部门和交通、水产、成品油流通主管部门，要按分工切实履行职责，严厉打击小额走私成品油违法活动。

六、本通告自发布之日起施行。

特此通告。

××省人民政府

××××年××月××日

【点评】

该篇通告文种使用正确，××省人民政府要打击小额走私成品油，宣布这一决定，属于在一定范围内公布社会各方面应当遵守或者周知的事项，用“通告”文种非常正确。标题拟制非常符合规范。

这篇通告在缘由事项部分写出了一定的特色。

首先，直截了当地用一句“为保障我省改革开放和经济建设的发展，严厉打击小额走私成品油（指走私成品油偷逃应缴税额5万元以下）活动”，写出了发布本“通知”的目的。该句可谓语言简洁，一语中的。

其次，用“特通知如下”一语，引出“通告”的具体事项。通告的事项部分采取分列项的手法，运用“严禁”“严厉”等词语写明了发布本通告的重要性，同时也反映了××省人民政府坚决打击小额走私成品油活动的态度与立场。

最后，用“特此通告”作为结束语，既简洁，又体现了本通告具有的权威性。

六、通告的写作范例

◎联合通告

【范例】

关于由税务部门代收工会经费的通告

根据《工会法》《民法通则》和中华全国总工会、国家税务总局《关于进一步加强工会经费税前扣除管理的通知》等有关规定，将工会经费收缴工作纳入法制化轨道，经自治区人民政府同意，决定从××××年××月起，由各级地方税务机关负责代收工会经费。自治区总工会和自治区地税局联合下发了《关于由地税部门代收工会经费进一步加强我区工会经费收缴工作的通知》（×工发〔××××〕××号）等有关规定，现将我市地税部门代收工会经费工作的有关事项通告如下：

一、××市地方税务局管辖的各县（区），各直属企、事业单位按规定计提的工会经费，应在每月15日前到所属县（区）地方税务部门申报缴纳。

二、凡没有按照规定申报缴纳工会经费的企、事业单位，自通告之日起，必须立即到所属地方税务部门申报缴纳工会经费，逾期未申报缴纳的将按有关规定处理。

特此通告。

××市总工会

××市地方税务局

××××年××月××日

◎**表彰通告**

【*范例*】

民主促进会表彰通告

近年来，我省各级组织高度重视参政议政工作，积极履行参政党职责，注重发挥组织的整体优势，发挥骨干会员的专业优势，上下联动，互相支持，把我会的参政议政工作推进到了一个新的水平。

为表彰先进，推动参政议政工作向更高水平发展，会省委决定表彰参政议政工作先进单位、先进个人以及反映社情民意信息工作的先进单位、先进个人和优秀信息员。经研究决定：授予××市委等十一个市委会参政议政工作先进单位荣誉称号；授予×××等二十五名同志参政议政工作先进个人荣誉称号；授予××市委等六个市委会社情民意信息工作先进单位荣誉称号；授予×××等十六名同志社情民意信息工作先进个人荣誉称号；授予×××等八名同志社情民意信息工作优秀信息员荣誉称号。现进行通报表彰。

中国民主促进会××省委员会

××××年××月××日

◎事项性通告

【范例】

县政府关于试鸣防空警报的通告

为认真贯彻《中华人民共和国人民防空法》有关规定，提高全体居民的国防观念和人防意识，根据市府办《转发市人防办关于做好试鸣防空警报工作实施方案的通知》文件精神，决定于今年××月××日第×个国防教育日期间，在××镇、××镇、××镇、××新区进行一次防空音响警报试鸣。现将有关事项通告如下：

一、试鸣时间及信号

试鸣时间定于××××年××月××日××～××时。其中××～××时为预先警报，鸣××秒，停××秒，反复××遍，时间三分钟；××～××时为空袭警报，鸣××秒，停××秒，反复××遍，时间三分钟；××～××时为解除警报，连续鸣响，时间三分钟。

二、试鸣范围

××镇、××镇、××镇、××新区。

三、试鸣办法

由县人防办在统一时间内组织防空警报试鸣。

四、试鸣要求

1. 为保证警报试鸣工作的顺利进行，请各警报试鸣点的单位及公安交警等相关部门密切配合。

2. 全县已开展人防知识教育的学校，要充分利用警报试鸣的机会，组织学生试听，以增强他们的国防观念和分辨警报信号的能力。

3. 这次防空警报试鸣是一次全省性的统一测试，请××镇、××镇、××镇、××新区各机关、企事业单位和居民相互转告，保持正常的工作和生活秩序，消除恐慌心理，掌握防空常识，从思想上提高对加强防空警报建设意义的认识。

××县政府办公室

××××年××月××日

第四章　意见、通知、通报的写作

第一节　意　见

一、意见的概述

1. 意见的含义

意见是上级领导机关对下级机关部署工作，指导下级机关工作活动的原则、步骤和方法的一种文体。意见的指导性很强，有时是针对当时带有普遍性的问题发布的，有时是针对局部性的问题而发布的，意见往往在特定的时间内发生效力。

2. 意见的适用范围

意见适用于对重要问题提出见解和处理办法。“意见”既可用于向上行文，又可用于向下行文；既有报请性，又有指挥性。意见作为上行文，类似于请示，可向上级汇报提出对某个重要问题的见解和处理意见，如上级机关认可，可批复下发贯彻执行，但适用范围没有请示广泛，只限于对重要问题提出见解和处理办法。意见作为下行公文，类似于指示，可对下级机关布置工作，明确处理问题的办法。但指示只提出原则和要求，具有方向性，而意见提出具体的处理办法，具有可操作性。意见的使用主要有三种情况：

（1）对重要事项提出指导性的见解。

（2）对一个阶段的工作提出原则性要求。

（3）对带有全局性的问题提出处理办法和政策性措施。

3. 意见的特点

（1）具有实施性

意见是上级机关对重大问题所持的观点、见解、看法、态度，应贯彻党的路线、方针、政策，有较强的实施性。

（2）具有指导性

意见作为正式公文，要求下级结合实际，遵照贯彻执行，因此，它的最大特点是政策指导性较强。意见既要符合党的路线、方针、政策，又要结合具体实际情况，理论和实际相结合。意见正确、办法具体，才能发挥指导工作的作用。

（3）具有针对性

意见的制发往往针对工作中亟须解决的问题或必须克服的倾向，因此，其提出的问题必须及时；提出的见解、办法，必须对症下药，并具有可操作性。

（4）具有明确性

不管何种意见都要非常明确，不能含糊其词。意见表述要严谨周全，不能有歧义，使人产生误解。

（5）具有可操作性

意见中提出的办法，应有法可依、有据可查、界限清楚，并且具有较强的可操作性。要求处置与办理的事项，必须遵照执行，不能模棱两可。

4. 意见的种类

（1）直发性意见

直发性意见，是指可以直接下发的意见。通常是上级机关对下属机关的工作提出要求和规定时使用的意见。

（2）请批性意见

请批性意见，是行文单位把对自己主管的工作提出的指导性意见先呈报给执行单位共同的上级机关，再由上级机关批转给有关单位执行的意见。

（3）建议性意见

建议性意见，是指下级机关对重大问题提出建议，要求上级机关予以批转的一种上行公文。

（4）指导性意见

指导性意见，是用于上级机关或有关主管部门阐述和说明开展某项工作的基本思想、原则、要求，并对工作提出原则性指导意见的一种公文。

（5）规划性意见

规划性意见，是用于上级机关或业务主管部门制定开展某项工作的部署、要求、安排、具体措施，并带有工作计划特点的一种公文。

二、意见的写作技巧

1. 观点要鲜明

因为意见既可以用于正式公文，也可以用于日常工作沟通。所以，在正式公文中，撰写意见要有针对性、可行性，文字表述要明确具体。要能反映有关机关或部门对问题的看法和认识，主张做什么、不主张做什么，要清清楚楚、一目了然。

2. 措施要切实可行

意见一般要写明解决问题、处理工作的要求和措施，各项要求和措施都应写得实实在在、条分缕析、切实可行。

3. 行文要庄重

意见在正式公文中，主要用于对平行机关和下级机关，对上级机关应慎重使用。对上级机关行文，多用“请示”“报告”等文种。

三、意见的写作格式

标　　题	通常有两种组成形式： 1. 发文机关＋事由＋文种。 2. 事由＋文种。
主送机关	主送机关如果已标注在批转通知中，提出意见的目的和依据。
正　文	1. 开头 讲明针对的问题，布置工作的意义和重要性，提出意见的目的和依据。 2. 主体 包括明确工作任务，提出原则性要求或措施、处理办法等。 3. 结尾 篇幅较长的意见通常以提出号召、希望、督察要求为结尾。局部性意见大多没有专设的结尾，而是自然结束的正文。
落　　款	直发性意见，一般都在文后署名和标注成文日期等。转发性意见通常不在文后落款，而将发文机关名置于标题之下。

四、意见的模板

关于××××的意见

××××：

为了××××××，按照××××××，让××××××，现提出如下意见：

1. （略）
2. （略）
3. （略）
4. （略）

……

××××年××月××日

五、意见的写作范例

◎规划性意见

【范例】

××市人民政府关于加强村镇规划建设工作的意见

×府发〔××××〕××号

各县（区）人民政府，市政府各部门：

为了统筹城乡发展，加快推进农村城镇化和农业产业化的进程，促进农村经济社会全面协调发展，现就加强全市村镇规划建设工作提出如下意见：

一、充分认识搞好村镇规划建设工作的重大意义

近年来，通过全市上下共同努力，我市的村镇规划建设工作取得了较大成绩，村镇建设特别是小城镇建设步伐进一步加快，一批基础条件较好，经济实力较强，交通比较便利，区位优势较为明显的小城镇，正逐步发展为带动辐射周边乡镇的区域经济中心，有力推动了国民经济的快速健康发展。从目前来看，我市村镇规划建设工作虽然取得了一定成绩，但与经济发达地区相比差距较大，突出表现在规划滞后、管理不严、建设标准低、设施不配套、随意性大，规划对建设的指导作用难以发挥，村镇建设杂乱无章的现象仍然存在。村镇基础设施建设较为落后，有些村镇路不平、灯不明、水不通，绿化、卫生等设施不配套。“脏、乱、差”现象随处可见，人居环境较差。投入体制不健全、投入力度不大，没有形成把村镇规划建设好的大气候。这些问题在很大程度上制约了村镇建设的健康发展和整体水平的提高。因此，全市各级政府和有关部门要正确认识我市村镇规划建设的现状，增强加快村镇规划建设的责任感和紧迫感。

充分认识村镇建设在全市国民经济和社会发展中的地位和作用。第一，加强村镇规划建设是统筹城乡发展的客观要求。按照科学发展观的要求，抓好村镇规划建设工作，有利于尽快缩小村镇与城市的差距，努力促进城乡经济和社会事业的协调发展。第二，加强村镇规划建设是推进城市化的重要动力。我市小城镇经济在全市的经济总量中占有较大份额，发展潜力大，只有把小城镇规划建设好才能接纳更多的农村富余劳动力向城镇转移，有效提高工业化和城市化水平。第三，加强村镇规划建设是解决“三农”问题的重要举措。村镇规划建设必须与发展乡镇企业相结合，与农业产业化相结合。规划建设一批有产业支撑、有一定规模、基础设施良好、各具特色的小城镇，可为我市解决“三农”问题创造有利条件。第四，加强村镇规划建设是实现可持续发展的必然选择。加强村镇规划建设对于保护生态环境、合理利用土地资源、实现环境与资

源的持续利用和经济社会的可持续发展具有重要意义。

二、加快村镇规划编制，推动村镇建设健康快速发展

（一）村镇规划编制的原则（略）

（二）村镇规划编制工作任务和程序

1. 明确村镇规划编制工作任务。（略）

2. 规范村镇规划编制工作程序。（略）

（三）村镇规划工作经费保障

各县（区）要将村镇规划编制经费纳入当地财政预算，与省市村镇编制补助经费配套使用，使村镇规划工作“有钱办事”，确保村镇规划编制工作的完成。

三、加快村镇建设，促进农村经济和社会事业全面协调发展

（一）明确村镇建设发展目标任务（略）

（二）积极培育小城镇的经济基础（略）

（三）推进小城镇综合开发，搞好基础设施配套建设（略）

（四）抓好村镇的住宅建设（略）

（五）抓好小城镇公益性社会服务设施建设（略）

（六）强化建设项目管理（略）

四、拓宽资金渠道，建立多元化的小城镇建设投入机制

（一）建立多元化投资体制（略）

（二）加大政府投入力度（略）

（三）树立精心经营城镇的观念（略）

（四）拓宽金融机构服务领域，加大对小城镇建设的信贷投入（略）

五、加强领导，强化责任，全力加快村镇建设步伐

村镇建设意义重大，涉及面广，各县（区）要把村镇建设作为一项重要工作，列入经济社会发展的总体规划，抓出实效。

一是强化领导意识。市政府成立村镇规划建设工作领导小组。各县（区）也要成立相应的领导机构，加强对本地区村镇规划建设工作的领导，做好综合协调和检查督促工作。各乡（镇）应配备村镇规划建设助理员，落实必要的工作经费。各有关部门要充分发挥部门职能作用，各负其责，密切配合，通力协作，共同抓好村镇建设工作。

二是强化责任意识。加快村镇规划建设是各级政府的一项重要工作，市委市政府决定把村镇规划建设工作作为年度考核工作的重要内容。为推动小城镇建设，从今年开始每年在全市广泛开展评选“十强”镇活动。

三是强化业务部门自身建设。各级建设行政主管部门要认真履行职责，加强对各项工作的指导、协调和服务；增强各项工作的透明度，坚持“公开、公平、公正”的原则，以实际行动取信于民；切忌搞一刀切，脱离实际盲目攀比的

“形象工程”和“政绩工程”；切实做到既积极又稳妥，既有效推进又确保稳定，真正把好事办实，把实事办好。同时要培养一支懂法律、精业务、善管理的执法队伍。

四是强化文明村镇创建工作。要大力提高村镇居民思想道德水平和科学文化素质，采取各种行之有效的方法，宣传党的方针政策，普及科学文化知识，教育和引导农民移风易俗。倡导崇尚科学文化的生活方式，为推进农村小城镇建设提供思想精神动力。

××××年××月××日

◎**指导性意见**

【**范例**】

关于××××年全乡干部教育培训工作的安排意见

根据县委文件精神，现就进一步落实大规模培训干部、提高干部素质的任务，对××××年我乡干部培训工作作出如下安排意见。

一、指导思想

××××年全乡干部培训工作的指导思想为：深入学习贯彻党的十七大精神，以科学发展观为统领，以制度建设为保证，以改革创新为动力，围绕干部素质和能力建设，突出重点、统筹兼顾，着力增强干部教育培训工作的针对性和实效性，大规模培训干部，大幅度提高干部素质，为全乡经济又好又快发展提供思想政治保证和人才智力支持。

二、加强领导，强化管理

(一) 大力提升对培训工作的重视程度。各村党支部、乡属各单位要把干部的教育培训作为一项重要工作来抓，积极配合省市县乡有关部门组织的培训活动，动员鼓励和支持干部参加培训，提高个人素质和技能。正确处理培训与工作的关系，为大规模培训干部提供支撑。

(二) 切实加强对培训工作的管理力度。严格培训制度，切实做到年初有审报、培训有安排、办班有总结，加强教学、参训、考核等方面的管理，将举办培训和参加培训的情况纳入年终考核，从制度上保证培训工作的顺利开展。

三、创新方式，丰富内容

(一) 要不断创新培训的方式方法，切实提高教育培训的实效性。继续探索和完善课堂集中培训、专题辅导讲座、基地现场教学、组织专题研讨、赴外地考察学习“五位一体”的干部教育培训模式，鼓励全乡干部报考自学考试，增强业务水平和指导实践的能力。

（二）要不断丰富培训内容，充分调动起干部学习的兴趣和积极性。要转变以往干部在学习培训当中的被动消极心态，通过培训内容的丰富、更新和联系实际，引导广大干部自行单独学习，培养干部学习的自觉性。在内容上要把理论学习和实际充分结合，使广大干部对党的理论成果认识更加深刻，把握更加全面，运用更加灵活。

（三）要在培训中突出能力培训。对党政领导干部培训要重点突出提高科学判断形势、驾驭市场经济、应对复杂局面、依法行政和总揽全局的能力。对各站所的技术人员要重点突出新理论、新技能、新方法的培训，努力提高科学素养和创新能力；对村组干部、包村干部要注重提高执行政策、加快发展，服务群众、依法办事和解决自身问题的能力，引导广大干部把理论上的创新与实践操作有效地紧密结合起来。

中共××县××乡委员会
××××年××月××日

第二节　通　知

一、通知的概述

1. 通知的含义

通知，是运用广泛的知照性公文。用来发布法规、规章，转发上级机关、同级机关和不相隶属机关的公文，批转下级机关的公文，要求下级机关办理某项事务等。

2. 通知的特点

（1）功能的多样性。通知是党政机关公文中功能最多的文种：它可以用来发布法规规章、传达指示、布置工作、批转转发文件、晓谕事项、任免人员，等等。

（2）内容的综合性。大小内容、专题性或综合性内容，都可以发通知，而且篇幅可长可短，通知内容既可以说明一个问题或事项，也可以说明几个问题或事项。

（3）指导性。通知虽然可能用于同级或不相隶属机关的往来，但大多数是下行文，不能用于上行文（需要送往上级机关时可采用抄送的形式），而且，有些不适宜用命令、指示形式安排、布置工作的，多采用通知，因而通知具有一定的指导性。

（4）权威性。大多数通知总是有所要求，有所晓谕，使被通知者了解以至执行，因而也有一定的权威性。

(5) 时间性。通知有更明显的时间要求，只能在一定的时间内产生效力。与其他公文相比，通知制发快捷、灵便，它对知办事项的时限要求最具体，也最严格，不能提前或拖后。受文机关对需要办理或执行的事项，必须在规定时间内予以完成。一些需要特别强调的事情，还可用“紧急通知”，以增强紧迫感和重要性。

(6) 应用的广泛性。与别的下行文相比，通知应用范围更广，特别是能够用于向平级或不相隶属机关行文。有时由于工作需要，两个以上机关还可以联合向各自的下属单位发“联合通知”；有些事项紧急而重大，需要广而告之，还可经过批准，在报纸、电视、广播、互联网上发布，可以不用文件形式下发。

通知在党政机关公文中是一种使用频率最高、使用范围最广的文种，它的广泛性体现在如下四点：

①通知的使用范围广泛，不受发文机关级别的限制，任何机关、部门都可以使用通知。

②通知的内容涉及面广，可以是国家大事，也可以是具体的工作事项。

③通知的作用也很广泛，既可以布置工作、发布指示、传达有关事项，又可以用来批转下级机关的公文或转发上级机关或不相隶属机关的公文。

④通知使用频率很高，约占各级行政机关下行文总数量的一半以上。

(7) 发布形式的灵活性。通知发布形式不受限制，既可以用文件形式印发，也可以载于报纸或以电台、电视台形式广播。

3. 通知的分类

根据适用范围的不同，可以分为以下六类：

(1) 发布性通知：用于发布行政规章制度及党内规章制度。

(2) 批转性通知：用于上级机关批转下级机关的公文，给所属人员，让他们周知或执行。

(3) 转发性通知：用于转发上级机关和不相隶属的机关的公文给所属人员，让他们周知或执行。

(4) 指示性通知：用于上级机关指示下级机关如何开展工作。

(5) 任免性通知：用于任免和聘用干部。

(6) 事务性通知：用于处理日常工作中带事务性的事情，常把有关信息或要求用通知的形式传达给有关机构或群众。

二、通知的写作技巧

1. 通知的写作注意事项

有很多通知滥用介词，从而造成文题不通。比如“有关”一词，通知的事由一般都用“关于”，而“有关”就缩小了文题的内容含义。另外还要明确上下级的关系等，写篇好的公文也并不是那么容易的。

2. 通知的写作要求

（1）明确行文的目的。首先要明确为什么写这个通知，通知的主要内容是什么，然后确定怎么写。其次要确定写作的范围和对象，针对什么问题，解决什么问题。

（2）提出的措施切实可行。通知主要是向下级机关发布的下行文，因而要体现对下级机关的领导与指导。既要讲任务、要求，又要讲方法、步骤、措施，语言不能空泛，以免下级机关难以理解执行。

（3）结构严谨、层次清晰。通知的结构或采用自然段形式，或采用条文式，都必须条文清晰、排列有序，段落与条文之间应杜绝出现内容交叉、重复现象。

三、通知的写作格式

标　　题	通常有三种形式，一种是由发文机关名称、事由和文种构成；一种是由事由和文种构成；一种是由文种“通知”做标题。
正　　文	由开头、主体和结尾三部分组成。 开头主要交代通知缘由、根据；主体说明通知事项；结尾提出执行要求。在写正文之前，要在标题之下、正文之上顶格写出被通知对象的名称，在名称后加冒号，或将名称以“抄送”形式写于最后一页的最下方。
落　　款	写出发文机关名称和发文时间。如已在标题中写了机关名称和时间，这里可以省略不写。

四、通知的模板

×××关于×××的通知

××××：

根据×××××，为×××××，×××现通知如下：

一、××××××

二、××××××

三、××××××

××××年××月××日

五、通知的范例解析

【范例一】

××省交通厅关于召开××××年全省交通工作会议的通知

各地、市交通局，厅直属各单位：

为贯彻落实全国交通工作会议精神，部署“××”计划期间和××××年全省交通工作，经研究，决定在××市召开××××年全省交通工作会议。现将有关事项通知如下：

一、会议主要内容。以党的××届×中全会精神为指导，传达贯彻××××年全国交通工作会议精神，总结我省“××”计划期间和××××年的交通工作，部署“××”计划期间和××××年各项任务。

二、参加会议人员。各地、市交通局长，各地、市运管处、航管处、公路处、交通征稽处主任，各地、市公路局局长，国有汽车运输总公司、航（海）运公司经理，港航监督长，航道处主任，××、××港务局局长，××、××高速公路工程指挥部负责人，厅直属各单位、厅机关各处室主要负责人。各单位应按指定名额出席，不得超员。

三、会议时间及地点。会议在××市××路交通培训中心召开。报到时间：××××年××月××日；××月××日至××日开会。报到当天，会务组在××火车站接站。

四、请各地、市交通局负责通知本地（市）应参加会议的企事业单位，省航务管理局负责通知航道、港航监督处。各单位请于××月××日前将参加会议的代表姓名、性别、单位、职务书面报告厅办公室。希望各单位认真做好准备工作，按时出席会议。

联系电话：×××××××　传真：×××××××

附件：代表名额分配表（略）

××省交通厅

××××年××月××日

【点评】

1. 该篇通知写作格式规范。该通知要素齐全，由标题、主送机关、正文、发文机关及成文日期四部分构成，非常符合通知写作格式要求。

2. 正文缘由和事项部分写得条理清楚、层次分明、简明扼要。该会议通知正文分为会议的缘由和会议的通知事项两大部分：会议的缘由即“为贯彻落实全国交通工作会议精神，部署‘××’计划期间和××××年全省交通工作”。接下来，以“现将有关事项通知如下”承上启下，交代了该通知的事项部分，分四项分别阐述了会议主要内容、参加会议人员、会议时间和地点、会议有关准备工作、会议日程及其他事宜。把应知、应会、应办事项交代得非常具体周密。

3. 文字精练，篇幅短小，语言朴实、谦和。如正文的最后一句“希望各单位认真做好准备工作，按时出席会议”。

【范例二】

海关总署、国家外汇管理局关于印发
《海关总署、国家外汇管理局合作备忘录》的通知

署调发〔2002〕133号

广东分署，天津、上海特派办，各直属海关，国家外汇管理局各省、自治区、直辖市分局、外汇管理部，深圳、大连、青岛、厦门、宁波市分局：

为加强外汇管理工作的协调和配合，形成合力，提高监管水平，共同打击走私、逃骗汇等非法活动，海关总署与国家外汇管理局于2002年2月27日在北京正式签署《海关总署、国家外汇管理局合作备忘录（备忘录)》。现将《备忘录》印发给你们，并就有关要求通知如下：

一、《备忘录》适用于全国海关系统、国家外汇管理系统各有关单位和部门。各有关单位和部门要认真贯彻落实《备忘录》确定的相关条款精神，尽快与本地区相关合作单位和部门联系，结合实际情况，有针对性地研究制定具体的合作办法或细则，并按各自系统上报备案。

二、各单位、各部门要切实履行《备忘录》的各项承诺，注意加强双方的联系配合，主动沟通，密切协作。特别要加强在建立和完善口岸电子执法系统和进出口报关单联网核查系统、实现外汇进出境监管和统计及信息共享、建立高效的联合监管机制、共同打击走私和逃骗汇等的非法活动，以及其他涉及外汇进出境管理方面的合作。

三、双方在合作配合中遇到新情况、新问题，应及时联系沟通，积极研究解决。确实无法解决的，可由当地海关或外汇分支局逐级上报，通过定期召开的联席会议研究解决；涉及对方所属单位或人员参与走私、逃骗汇等非法活动的，应及时将有关案件情况通报对方；对于对方提供的动态信息和工作建议，应认真研究，积极采取措施，并及时反馈办理结果。

四、要充分发挥各单位、各部门在加强外汇进出境管理和打击走私和逃骗汇等违法活动中的作用，根据《备忘录》的有关承诺，建立多形式、多层次、多渠道的协调机制、联络机制和会议制度，定期交流情况，共同研究解决问题，相互提供技术支持和工作配合。为便于双方的工作联系，各自建立协调小组办公室并指定本系统的 MOU 工作联络员（名单见附件 2、3）。海关总署协调小组办公室设在调查局综治处，国家外汇管理局协调小组办公室设在经常项目司综合处，负责海关总署和外汇局的日常工作联系和本系统内相关事宜的协调；双方系统 MOU 工作联络员负责基层各部门的对口联系和有关事务工作。

五、各单位、各部门要认真做好《备忘录》的备案工作，及时分析总结执行《备忘录》的情况，注意收集和报送双方合作成果、查办案件情况等相关信息，加强对重大敏感问题的报告和请示。对于《备忘录》执行中遇到的问题，也应按各自系统逐级上报。

六、《备忘录》第二条中涉及双方合作内容的具体操作问题，将在海关总署与国家外汇管理局召开的第一次联席会议上加以研究解决。

附件：1. 海关总署、国家外汇管理局合作备忘录（略）
2. 海关系统 MOU 工作联络员名单（略）
3. 外汇管理系统 MOU 工作联络员名单（略）

海关总署
国家外汇管理局
2002 年 5 月 17 日

【点评】

这是一份批示性通知。其特点是：

1. 标题规范。本通知由发文机关（海关总署、国家外汇管理局）、通知事项（关于印发《海关总署、国家外汇管理局合作备忘录》）、文种（通知）组成。

2. 受文单位明确。受文单位为“广东分署，天津、上海特派办，各直属海关，国家外汇管理局各省、自治区、直辖市分局、外汇管理部，深圳、大连、青岛、厦门、宁波市分局”。

3. 概括介绍了原文件签署的意义，说明印发这份文件的重要性。“现将《备忘录》印发给你们，并就有关要求通知如下”一句，承上启下，表明了此通知的目的。

4. 与原文件结合紧密。通知对各单位提出要求，如“各单位、各部门要认真做好《备忘录》的备案工作，及时分析总结执行《备忘录》的情况，注意收集和报送双方合作成果、查办案件情况等相关信息，加强对重大敏感问题的报告和请示。对于《备忘录》执行中遇到的问题，也应按各自系统逐级上报”，又对《备忘录》中未尽事宜作了解释，如“《备忘录》第二条中涉及双方合作内容的具体操作问题，将在海关总署与国家外汇管理局召开的第一次联席会议上加以研究解决”。

六、通知的写作范例

◎指示性通知

【范例】

关于加强奥运会期间市场价格监测预警的通知

各市价格监测中心（处）：

第二十九届奥林匹克运动会将于8月8日至24日在我国举办，9月6日至17日，还将举办残奥会。举办奥运会是中华民族的百年期盼，是一件世界瞩目的大事。各地要以高度的政治责任感，切实做好奥运期间的市场价格监测预警工作。根据省局领导的要求，现就有关事项通知如下：

一、密切监测市场价格动态。要按照《××省市场价格监测预警管理办法》（省政府第××号令）的规定，认真履行市场价格监测预警职责，进一步加强与人民群众生活密切相关的主副食品等重要商品和服务价格监测，继续严格执行主副食品周报等应急监测制度，关注钢材、煤炭、成品油等价格及供求变动情况。坚持实地采价，认真审核，健全市场价格实时监测体系，确保价格监测数据的真实性、准确性和及时性。

二、及时报告市场价格异动的苗头性、倾向性问题。要进一步加强市场价格监测分析，重点分析主副食品价格走势和能源原材料价格上涨的连锁反应，科学预测价格变动趋势，及时提出稳定市场价格的政策建议。健全市场价格动态快速反应机制，加大市场价格巡视力度，一旦发现争购、抢购、脱销断档等价格异动征兆，或者价格突发性上涨、非理性上涨等异常现象，要立即报告，并实施跟踪监测，随时报告市场价格警情。

三、加强市场价格监测预警值班。根据《××省价格异动预警和应急监测工作实施细则》的要求，各级价格监测机构应进入预警工作状态，保证足够的监测力量在岗，固定预警值班电话8小时畅通，移动预警值班电话24小时有人接听，以及时、高效应对可能的突发事件。

××市人民政府

××××年××月××日

◎任免性通知

【范例】

××省司法厅关于×××、×××职务任免的通知

×司〔××××〕××号

××局、××局，厅机关各处室、厅直各单位：

经研究决定：

×××任××省××司法××所所长，免去其××省××司法所政治委员职务；

×××任××省××司法××所所长，免去其××省××局政治委员职务。

××省司法厅

××××年××月××日

◎紧急通知

【范例】

转发关于贯彻落实全总、省总指示精神
全力做好抗震救灾工作的紧急通知

各区教育工会，城职院、各直学校（幼儿园）工会：

现将市总工会《关于贯彻落实全总、省总指示精神全力做好抗震救灾工作的紧急通知》（×总工〔××××〕××号）转发给你们，请认真组织本单位所属基层工会切实贯彻落实紧急通知精神，并将赈灾捐款、职工受灾情况统计表于5月22日前报市教育工会。

联系人：×××，联系电话：×××××××××，传真：×××××××××

××××年××月××日

第三节 通 报

一、通报的概述

1．通报的含义

通报是上级把有关的人和事告知下级的公文。通报的运用范围很广，各级党政机关和单位都可以使用。它的作用是表扬好人好事，批评错误和歪风邪气。通报应传达引以为戒的恶性事故，传达重要情况以及需要各单位知道的事项。其目的是交流经验，吸取教训，教育干部、职工群众，推动工作的进一步开展。

2. 通报的作用

（1）互通情况，沟通信息，使有关单位或组织了解工作进程，安排好自己的工作。

（2）学习先进的典型经验，指导和推进工作。

（3）吸取他人教训，警惕类似问题发生。

3. 通报的特点

通报具有以下几个特点：

（1）典型性。

（2）普发性和限制性。

（3）教育性和指导性。

4. 通报的种类

（1）事故通报。事故通报常用于报道重大事故，对事故的来龙去脉和前因后果作综合分析，着重于找出原因，讲清危害，使更多的单位或个人引以为戒，防止此类事件的再次发生。

（2）情况通报。情况通报是一种常用的通报形式，其作用在于及时通报工作的重要情况。

（3）表彰通报。表彰通报是用于对先进人物、先进事迹进行表扬，推广其经验，树立学习榜样，激励人们的工作热情和积极性的一种下行公文。

（4）批评通报。批评通报是党政机关为批评某种严重错误或带有普遍性的不良风气与行为而使用的一种公文。比如对某项重大责任事故作出处理、对违纪案件作出处分等，都基本采用这一公文种类。

二、通报的写作技巧

1. 事例要典型。通报所选择的事件、问题、经验等，一定要具有普遍的教育意义和指导作用，也就是一定要注意典型性，避免一般化。

通报所据应当是真人真事，不能有半点虚假，否则不但影响教育效果，还会有损发文单位的声誉。因此，写通报前，一般要调查、核对事实，做到准确无误。

此外，还应注意事例的典型性。无论表彰或批评，其事例应让人感到确实值得学习或引以为戒。如果某人犯了一点小错误，就将其通报批评，这就会给人以小题大做的印象。

2. 材料要真实。对通报的事实一定要核对清楚，实事求是，措辞、判断要准确、恰当。要注重说理的准确性。通报以叙述为主，用事实说话，但要分析原因，有叙有议，分析情况应观点鲜明，评价要恰如其分。

3. 行文要及时。通报的时间性极强，写作要及时迅速，以指导当前工作，否则，就不能起到很好的教育作用。

4. 详略要得当。通报的事例是写作重点，固然要多用笔墨，但要注意详略得当。若过于简单，变成抽象的概念，人们便难以受到教育，产生不了爱憎之情。若过于详细，将“通报”写成近似“通讯”或“报告文学”，又会让人难以把握要领。

5. 要突出教育性，注意掌握政策。通报与决定不同，它不是一种行政命令，它最主要的特点是教育性，在写作中要注意突出这一特点。在写通报中的处理意见时，必须注意政策，掌握好分寸，使处理决定与事实、政策相一致，做到合情合理，否则，既对当事人不利，又难以服众。

三、通报的写作格式

标　　题	有规范的完整标题，也有不完整的、由事由加文种的标题，如《关于纠正省政府机关建房分房中不正之风的情况通报》；有时也可以只写“通报”二字。
主送单位	一般通报都有主送单位，少数普发性通报可以不写此项。
正　　文	一般由四部分组成： 一是引言部分。主要是概括通报的内容、性质、作用和要求。 二是事实部分。表扬性通报写先进事迹；批评性通报写错误事实。写作时应注意的问题是：既要把主要事实写清楚，又要写得概括精练。 三是分析及处理部分。对先进事迹的先进性或错误事实的本质，进行恰如其分的分析，有的还写出先进事迹或犯错误的原因，并且提出处理意见；表扬性通报写出给予精神或物质奖励的决定；批评性通报写出处分决定。 四是号召或要求部分。根据通报的精神要求如何去做，或者号召为实现什么目标而奋斗。
结　　尾	此处写发文单位和日期。如果发文单位在标题前已加上去，此处可以只写日期。 下发或张贴的通报要加盖公章。

四、通报的模板

××××关于××××的通报

自××××年××月××日起，××市区将为××××人员建××××。此举是对××××的一种补充，将进一步提高××××，减轻××××，有利于××××体系。

办法规定××××参加××××。××××，筹资标准××××。

××××
××××年××月××日

五、通报的范例解析

【范例一】

××省交通厅关于表彰姚××、梁××、凌××三位同志的通报

各地、市交通局：

今年××月××日凌晨××时，××市第××运输总公司××××××卧铺大客车从广州返回，行至××市××路段时，发生了一起歹徒持刀抢劫乘客钱财的案件，该车司机姚××、梁××，售票员凌××三位同志挺身而出，赤手空拳，与歹徒英勇搏斗，三人均被歹徒刺伤，但他们临危不惧、团结一致，制服了歹徒，保护了乘客的生命财产安全。

姚××、梁××、凌××三位同志平时热爱自己的本职工作，服务热情。在这次与歹徒搏斗中，他们表现出对乘客的生命财产安全高度负责的职业精神，不顾个人安危，见义勇为，为广大客运司乘人员树立了榜样。为了表彰先进、弘扬正气，经研究决定：给予姚××、梁××和凌××三位同志通报表扬。

希望全省交通系统广大职工，特别是客运司乘人员和服务人员，认真学习他们的先进事迹，学习他们挺身而出、扶正压邪，敢于同破坏社会秩序的歹徒作斗争的英雄气概；学习他们为保护旅客的生命和财产安全，不顾个人安危，舍己救人的敬业精神，努力在广大客运服务人员中营造团结友爱、助人为乐、爱岗奉献、讲正气、树新风、见义勇为的良好作风，努力把我省交通系统两个文明建设推上一个新台阶。

××省交通厅
××××年××月××日

【点评】

这是一篇表彰好人好事的通报，正文写得简洁凝练，精彩引人，具有很好的示范作用。

全文采用记叙的表达方式，叙述了事件经过。首先概括事实，继而作出表彰，然后提出希望和要求。第一自然段阐述通报的缘由，简述了姚××、梁××、凌××三位同志为了保护乘客的生命财产安全，赤手空拳与歹徒英勇搏斗而光荣负伤的经过。这是摆事实。第二自然段在简要叙述姚××、梁××、凌××三位同志的平时工作表现之后，重点写了这一见义勇为行为的重要意义及发文机关作出通报表扬的决定。这一段是对事件的分析评价，强调事件的意义，挖掘原因。这是一份表彰性通报的特色表现。第三自然段是提出希望和要求，号召全省交通系统广大职工，学习姚××、梁××、凌××三位同志的先进事迹和崇高品质，以“营造团结友爱、助人为乐、爱岗奉献、讲正气、树新风、见义勇为的良好风气，努力把我省交通系统两个文明建设推上一个新台阶”。进一步突出表明了制发本通报的目的，体现了通报所具有的广泛宣传教育功能。

【范例二】

国家计委关于××医院等
11 家医院价格违法案件查处情况的通报

为了制止药品经营和医疗服务单位乱涨价、乱收费，维护广大人民群众的利益，促进各项改革措施的贯彻落实，国家计委会同国务院纠风办、卫生部、国家中医药管理局在全国组织开展了药品和医疗服务价格专项检查。截至8月中旬，全国共组织近2万名检查人员，组成5000多个检查组，对近3万个单位进行了检查。据初步统计，已查出价格违法案件2万余件，违价金额13亿多元。现将对××医院等11家医院价格违法案件查处情况通报如下：

11家医院名单及查出的价格违法金额：（略）

以上11家医院的价格违法金额共计2584.56万元。各地价格主管部门已经依法进行了处理。被处罚单位能够及时纠正错误，态度是积极的，大多数服务项目执行了国家的价格政策。

11家医院价格违法问题的主要表现：

一是药品价格方面，表现为：不按规定时间及时降价销售药品；超过政府规定的价格或差价率销售药品；招标采购药品不按规定作价销售；未经批准，擅自定价销售医院自制药品。

二是医疗服务价格方面，表现为：自立项目、自定标准擅自收费；提高标准和扩大范围收费；肢解收费项目重复收费；已明令取消的收费项目继续收费；强制服务、强行收费。如有的医院自立项目收取点名麻醉费、超声波诊断图文报告费、心电示波记录费、纸张费等；有的医院在做胃镜检查时，规定收费标准每人次80元，实收150元，核磁共振检查，规定标准每人次700元，实收860元；有的医院在做螺旋CT检查时，国家规定头部每人次144元，其他部位每人次264元，而医院将病人胆、胰两个脏器检查分别收费，每人次实收528元；有的医院继续收取国家明令取消的护理咨询费、终末消毒费等。

三是一次性医用卫生材料违反规定乱加价、乱收费。如有的医院在做X光检查时，将进价为每张3.88元的柯达胶片按进价为每张8.25元的感绿胶片收费；有的医院实际使用一次性医用网套5000多个，而医院却虚列支出，向病人收取了20多万元的费用。

应当指出，11家医院的价格违法行为具有一定的代表性。类似的问题在全国一些地方都不同程度地存在，有的甚至更为严重。近年来，国家三令五申不允许医疗单位乱加价、乱收费，价格主管部门也多次组织对药品和医疗服务价格进行专项检查，但问题仍然十分突出，群众反映强烈。

药品和医疗服务价格与广大人民群众的利益密切相关，医疗单位存在的乱加价、乱收费问题已成为社会关注的热点，如果任其继续发展、蔓延，将造成一系列严重后果。它不仅加重了广大人民群众的负担，损害了广大医务工作者的辛勤劳动，而且影响社会安定和改革的顺利进行。所有药品生产经营企业和医疗单位都要从这次公布的案件中认真吸取教训，增强法制观念，建立、健全制度，加强价格管理，切实减轻患者负担。

国家计委要求，各级价格主管部门要开展药品和医疗服务价格专项检查，切实减轻患者负担，认真贯彻实施《中华人民共和国价格法》和《价格违法行为行政处罚规定》，坚持原则，秉公执法，严厉制裁各种价格违法行为。对遇到干扰、阻力大、处理困难的重大案件，要按照程序移交给上级价格主管部门处理。对情节严重、性质恶劣、屡查屡犯的典型案件，要给予公开曝光。将处理事与处理人结合起来，对有关责任人要提请监察部门给予行政处分，触犯刑律的，要移交司法机关追究刑事责任。

目前，县以上价格主管部门已全部开通了全国统一价格举报电话12358。任何单位和个人，发现乱涨价、乱收费问题包括药品和医疗服务价格问题，均可拨打12358举报电话向当地价格主管部门投诉。价格主管部门要本着认真负责的态度，对反映的问题及时进行调查，经过核实确有问题的，要坚决处理和纠正。同时，要加强对价格和收费管理政策的宣传，把政策交给群众，鼓励群众参与监督，协助我们做好价格监督检查工作。

中华人民共和国国家发展计划委员会

××××年××月××日

【点评】

该篇批评性通报的特点如下：

1. 标题简要明了。标题由“发文机关＋事由＋文种名称”构成，事由简要明了。

2. 主要事实突出。通过翔实的数字、大量的实际调查工作，说明了比较典型的11家医院名单及查出的价格违法金额，具有很强的说服力。

3. 分析评价得当。“11家医院的价格违法行为具有一定的代表性。类似的问题在全国一些地方都不同程度地存在，有的甚至更为严重”，“问题仍然十分突出，群众反映强烈”，“如果任其继续发展、蔓延，将造成一系列严重后果”。透过现象，看到的是严重的后果。

4. 作决定或提出要求切合身份。公布了对有关当事单位的处理意见，以及要求各方面从中吸取的教训，宣布应遵守的法规等具体的措施。

六、通报的写作范例

◎表彰性通报

【范例】

关于××××年“七一”表彰的通报

各党总支、党支部：

××××年，全镇各基层党组织和广大党员以“三个代表”重要思想为指导，认真贯彻党的十七大会议精神，充分发挥基层党组织的战斗堡垒作用和党员的先锋模范作用，在镇党委的统一领导下，积极开展“我为新农村建设添光彩”“无职党员设岗定责”“一创三满意”“三级联创”等活动。通过活动的开展，各级党组织的凝聚力、战斗力、创造力不断增强，为促进镇域经济发展和构建和谐××作出了重要贡献，涌现了一大批先进典型。经镇党委集体研究，决定对××村党支部等13个先进单位、吴××等78名先进个人、张××等6名优秀党务工作者予以通报表彰（具体名单附后）。

希望受表彰的先进单位和先进个人戒骄戒躁，再接再厉，再创佳绩；希望其他单位和个人以受表彰的先进集体和先进个人为榜样，扎实工作，开拓创新，为××经济的跨越式发展和各项社会事业的蓬勃发展作出新的更大的贡献。

中共××镇委员会

××××年××月××日

◎情况性通报

【范例】

展会活动情况通报

为了进一步宣传我市名牌产品和优势企业，扩大其知名度和市场占有率，达到开拓市场、提升城市形象的目的，××××年我委将按照“走出去、请进来”的发展战略，结合全市工业经济和企业的实际情况及发展需要，拟重点组织开展以下展会活动：

一、举办××名特产品展销会

为促进××经济更好更快地发展，进一步实施××企业和产品走出去的发展战略，继成功举办“××展”……和“××展”后，我委将在××××年继续举办××名特产品展销会。结合企业愿望和前期考察情况，××××年××名特展拟在××举办，会期初步定为××月××～××日，预计规模为×××个展位。展会期间，将组织举办××名特产品展示展销会，汽车、摩托车、轻纺、食品等生产企业与客商对接洽谈会、签约仪式、××造汽车巡游及文艺演出等活动。

二、举办中国××第××届国际服装节

第××届国际服装文化节拟于××月份举办。本届服装节将以“打造时尚之都·引领服饰潮流”为主题，拟在展会期间举办“服装嘉年华·时尚总动员”、亚洲服装流行趋势发布、服装设计大赛、“时尚西部”开幕晚会、时装模特大赛、中国××服装产业发展高端论坛及对接洽谈等活动，力争将“××节”打造成为中国西部地区服装行业的代表节会，以促进××服装企业的成长、增强××服装产业的整体实力、提升××服装业的整体形象。目前，我们正积极开展前期筹备工作。

三、举办××××中国××国际汽车工业展览会暨零部件专业采购会

该展会拟于××月××～××日在××国际会议展览中心举办，本次车展以“促进国际合作，推动产业进步”为主题，整车展出面积将达到近×万平方米的规模。展会期间，将举办××××中国汽车高峰论坛、××××中国××“汽车改变人们生活”影像艺术节、小排量汽车性能现场测试推荐活动、国际零部件采购商产品转包及贸易对接洽谈会、国际知名零部件采购企业采购信息专题发布会、知名零部件生产企业产品说明会（推介会）、“汽车与物流”高峰论坛、××××中国西部重要企业物流供需洽谈会、××汽车零部件行业全新物流模式说明会等活动，以达到培育××汽车市场、降低零部件采购成本、扩大零部件生产、促成西部物流资源优化配置、推动××汽车产业发展的目的。

四、举办××××中国国际工业转包展览会

该展会将于××月在××展览中心举行，同期还将举办第××届中国国际工业装备展览会，展会规模预计××个展位。××××中国国际工业转包展览会以工业转包订单发布为主旨，主要帮助××企业建立与国际国内先进工业企业长期协作配套关系；中国国际工业装备展览会以“技术与贸易并重”为原则，为工业装备生产企业提供切实的帮助。实现展示中国机械制造企业创新技术、创新产品的窗口作用和我国机械制造行业与海外重要国际机构及国际转包商加强合作与交流的桥梁作用，进一步促进我市工业企业参与国内、国际竞争的能力。

五、举办××××第××届××机械机床工模具新技术新设备展览会

该展会将于××月××～××日在××国际会议展览中心举行。展会以机床、机械基础零部件、工模具、自动化等作为重点主题，主要展出压力铸造设备、加工中心、数控车床、数控铣床、特种加工设备、刀具和测量设备仪等，预计规模约为××个展位。展会期间，将举办多场先进技术交流讲座。目前，该展会的招商工作已接近尾声，重点已转向专业买家的组织和后期展会服务工作。

六、举办第××届××冶金、铸、锻、热暨塑胶工业展览会

该展会已于××××年××月××～××日在××国际会议展览中心举行。展会以“新技术、新设备、新产品”为主题，重点展出铸造、锻压、热处理、工业炉、粉末冶金、塑胶原料、塑胶机械等产品及设备，规模为××余个展位。展会期间，举办了打造中国模具××模具发展论坛、××××年××热处理技术交流会、××××年××市铸造学会/协会年会及交流大会、××××年××锻造行业协会年会及厂长经理技术交流会、××××年××塑料行业厂长经理经验交流会等活动。

七、根据市领导的指示和市政府的安排，组织举办和参加有关展会活动。

××市经济委员会

××××年××月××日

◎批评性通报

【范例】

××县人民政府关于对××××年畜禽养殖小区
建设落后乡镇进行批评的通报

×政文〔××××〕××号

各乡、镇人民政府，县政府各部门：

××××年，我县紧紧抓住国家和省、市出台一系列优惠政策，扶持畜牧业

发展的历史机遇，强力推进畜禽养殖小区建设，县政府《关于进一步加快畜牧业发展的意见》（×政文〔××××〕××号）明确要求，各乡镇每年至少建成一个标准化养殖小区，重点乡镇建成××个以上，以此促进畜牧业发展壮大规模、提高水平。一部分乡镇对此项工作高度重视，真抓实干，全县××××年新建各类畜禽养殖小区××个，实现了畜牧业发展的新突破。

但也有一部分乡镇对畜禽养殖小区建设认识不足，重视不够，措施不力，致使该项工作被动落后，没有完成既定的任务。特别是××、××等××个乡镇没有建成一个标准化养殖小区。为此，经县政府研究，特对上述乡镇提出批评。

希望受到批评的乡镇要认真反思，查找问题，吸取教训，在××××年的畜牧工作中，要以实施“双百工程”（即建成标准化养殖小区总数达到100个，新建规模养殖场100个）为契机，狠抓标准化养殖小区建设，努力完成目标任务，为我县争创全省生猪调出大县和畜牧大县作出应有的贡献。同时希望其他乡镇和单位，要以受到批评的乡镇为戒，对县政府部署的各项工作任务，都要采取切实有效的措施，认真抓好落实，努力推动各项工作再上新台阶，确保实现县委提出的“三年跨入全市先进行列”的目标。

××县人民政府办公室

××××年××月××日

第五章 报告、请示、批复的写作

第一节 报 告

一、报告的概述

1. 报告的含义

报告，是下级机关或部门、企事业单位向上级机关或部门汇报工作，反映情况，答复上级机关的询问时使用的一种公文文种。它是党政机关和企事业单位、团体组织都广泛采用的重要上行文。

2. 报告的适用范围

报告适用于向上级机关汇报工作，反映情况，答复上级机关的询问。报告是下级机关呈送上级机关的上行文种，中下级机关特别是基层单位和部门常会用到这一文种。

3. 报告的特点

（1）内容的汇报性

一切报告都是下级向上级机关或业务主管部门汇报工作，让上级机关掌握基本情况并及时对自己的工作进行指导，所以，汇报性是“报告”的一个大特点。

（2）语言的陈述性

因为报告具有汇报性，是向上级讲述做了什么工作，或工作是怎样做的，有什么情况、经验、体会，存在什么问题，今后有什么打算，对领导有什么意见、建议，所以行文上一般都使用叙述方法，即陈述其事，而不是像请示那样采用祈使、请求等方法。

（3）行文的单向性

报告时下级机关向上级机关行文，是为上级机关进行宏观领导提供依据，一般不需要受文机关的批复，属于单项行文。

（4）成文的事后性

多数报告都是在事情做完或发生后，向上级机关作出汇报，是事后或事中行文。

（5）双向的沟通性

报告虽不需批复，却是下级机关以此取得上级机关的支持指导的桥梁；同时上级机关也能通过报告获得信息，了解下情，报告成为上级机关决策、指导和协调工作的依据。

4．报告的分类

报告通常分为：综合报告、会议报告、工作报告、情况报告、建议报告、答复报告、呈送报告、述职报告等。

（1）综合报告。是为使上级机关全面了解工作状况或有关情况而制发的报告。内容全面，带有工作总结的某些特征，是这类报告的特点。

（2）会议报告。是会议上陈述工作情况、提出问题和意见时使用的一种含有建议会议通过或报送上级机关参考的上行公文。

（3）工作报告。是在向上级机关汇报例行工作或临时性工作情况时使用的上行公文。

（4）情况报告。是在向上级机关汇报工作中发生或发现某些情况和问题时使用的上行公文。

（5）建议报告。是下级机关就工作中的重大问题和事项，专门向上级机关提出建议时使用的一种上行公文。

（6）答复报告。是针对上级机关的询问而汇报有关情况的一种上行公文。

（7）呈送报告。是向上级机关报送文件时加在前面的一种上行公文。

（8）述职报告。是领导干部依据自己的职务要求，就一定时期内的任职目标，向选举或任命机构、上级领导机关、主管部门以及本单位的干部群众，汇报自己履行岗位责任情况的书面报告。

二、报告的写作技巧

1．报告的写作注意事项

（1）材料要真实。向上级机关汇报工作，应该本着实事求是的态度，如实汇报。无论是成绩还是失误，都应该全面、真实地反映，不能报喜不报忧，也不能夸大和虚构。上报的公文应该在调查研究、全面掌握本单位情况的基础上撰写。

（2）主旨鲜明。报告的内容，一般涉及面宽而且复杂，很容易写得篇幅较长而又重点不够突出，流于泛泛而谈。这就要求在撰写时，力求写得观点鲜明，简洁、深刻，一般应控制在3000字以内，否则，必须写出内容提要。

（3）严格使用文种，尤其应当注意不要与请示混用。报告内容不得夹带请示事项，否则会因“报告”不需批复而影响请求事项的处理和解决。

（4）要注明签发人。对上级机关的请示或报告，应实行签发人制度，以明确责任。

2．报告的写作要求

（1）要总结出有规律的东西。写报告要用正确的立场、观点、方法对事实进行分析，从中总结出一些带有规律性的东西。这些规律性的东西，无论是成功的经验，还是失败的教训，对今后的工作都具有重要的指导意义。

（2）注意个体材料和整体材料的配合使用。报告的容量大，涉及的材料众多，因此，在写作时一定要注意个体材料和整体材料的配合使用。尤其是综合报告涉及的方面多，内容复杂，更要注意个体材料和整体材料的配合使用。有个体材料没有整体材料，会使报告零碎，缺乏整体印象；反之，有整体材料没有个体材料，则会使报告内容空泛，缺乏力度和深度。

（3）报告所反映的情况要真实、具体。报告的用途是帮助上级机关了解下情，从而作出正确的决策。因此，写报告要做到如实地反映情况。如果报告反映的情况失实，就有可能影响上级机关决策的准确性和科学性。真实性是对公文写作的普遍要求，但鉴于目前有些报告存在着弄虚作假的现象，所以特别需要引起重视。起草报告的人员，要深入调查研究，尽可能亲自调查了解，掌握第一手材料，然后进行分析归纳，去伪存真。材料要具体，既要有概括性的材料，也要有典型的具体事例。

（4）写作报告的立意要新。主题，即报告的主旨。提炼主题，应该在占有大量材料的基础上进行分析研究，归纳出新颖的观点，从而形成主题。在提炼主题和观点的过程中，要有敏锐的眼光，发现新的有价值的材料，从新的角度、新的立足点去分析取舍材料，这样才能提炼出立意新的主题，反映出本质的、带有规律性的问题。

（5）写作报告的重点要突出。报告的内容要根据主题的要求来安排，分清主次轻重，重点的、主要方面的内容，要安排在前面，详细写；非重点的、次要方面的内容，简略写；可写可不写的内容，就不写。同时，要注意处理好点和面的关系，比如有典型的事例，也要有面上的综合性的情况，做到点面结合、眉目清楚、说服力强。

（6）报告中不得夹带请示事项。上级机关对报告不负答复责任，因此，报告中夹带请示事项会影响事项的处理。如有请示事项，宜另用请示文种行文。

（7）尽量把报告写短些。要想将报告写得简短，就要做到以下四点：

①应突出重点；

②要毫不犹豫地舍弃那些不能说明问题实质的一般材料；

③要善于综合归纳，从宏观着眼，总体上把握，把问题表述清楚；

④语言表达要做到简洁、凝练。

三、报告的写作格式

标　　题	报告的标题有两种写法：一是“事由＋文种”的形式；二是“发文机关＋事由＋文种”的形式，如“××分行关于××××××的报告”。有的报告内容紧急，则在标题中的“报告”前冠以“紧急”字样。

主送机关	党的机关公文的报告，向上级机关行文，应当主送一个上级机关；如需其他相关的上级机关阅知，可以抄送。
正　文	报告的正文分引据、主体、结语三部分。 1．引据。概括说明全文主旨，可用起句立意法。即一开始就简明扼要地将一定时间内工作的有关情况如依据、目的、总的行动及对整个工作的估计、评价等作一概述，以点明全文主旨。通常用“现将有关情况报告如下”承上启下，领起下文。 2．主体。即报告事项部分，也是正文的核心，要叙述报告的具体内容。如果内容多、篇幅长，可采用分题式、分条式或两者相结合的方法进行叙述。对于工作报告，应将各方面工作的主要情况并列分段地一一加以表述，即阐明各方面工作的进展情况、主要做法、取得的效果等。再写明存在的主要问题和下一步工作意见，然后概括出基本经验。要以数字和事实说话，内容既翔实又概括。对于问题报告，侧重写明问题状况及其来龙去脉，分析问题产生的原因，说明其后果，并提出解决问题的方法和措施。对于答复报告，则应强调针对性，紧紧围绕上级的询问和要求，写清问题，表明态度，提出意见。 3．结语。报告的结语应根据报告的不同内容采用与之相应的不同结语。常用的有“特此报告”“专此报告”“请审核”“请审示”“以上报告，如有不妥，请指正”等。
落　款	即写上发文单位（加盖印章）和成文日期。

四、报告的模板

调查报告

具体描述（略）

一、调查目的（略）

二、调查的基本内容（略）

二、调查结果（略）

三、调查结果分析（略）

××××年××月××日

五、报告的范例解析

【范例】

××市人民政府
关于治理××河水质污染的问题的报告

××省人民政府：

省政府转来×××××委员会提出的关于××河水质污染状况的报告，经市政府研究，对报告中提出的有关问题及解决方案报告如下：

一、解决××河水质污染问题的关键是尽快建成××区污水处理厂。（略）

二、热电厂的煤炭也是污染源之一。解决方案（略）

三、（略）

××市人民政府（盖章）
××××年××月××日

【点评】

这份答复报告的特点如下：

1. 行文规范简练。“省政府转来××××委员会提出的关于××河水质污染状况的报告”一句表明了问题的来源、写作的缘由；“经市政府研究，对报告中提出的有关问题及解决方案报告如下”一句表明报告是经过研究得来的答复，并引出下文。

2. 针对性强。报告既然是为了对问题作出解答，就应针对问题一一答复，提出解决办法。这是答复报告的特点，也是其重点。

六、报告的写作范例

◎情况报告

【范例】

市环保局开展精神文明建设活动情况报告

为进一步加强我局的精神文明建设，推动环境保护事业持续、健康、快速发展，更好地为全市经济建设服务，我们在市委的正确领导下，以“三个代表”重要思想为指导，按照科学发展观的要求，借开展保持共产党员先进性教育的东风，内抓管理、外树形象，全局精神文明建设取得比较显著的成效，现将情况报告如下。

一、加强思想教育，不断提高认识

为了做好精神文明建设工作，局领导班子多次召开会议，从思想认识、工作力度等方面进行了认真研究、安排部署。我们认识到，做好精神文明建设工作，不仅是加强精神文明建设的需要，更是促进环境保护事业科学发展的保证，是时代赋予我们的光荣任务。我们明确提出：要把精神文明建设作为一项重要工作来抓，从依法行政，提高服务质量，端正服务态度，规范办事程序入手，加强思想道德建设，树立良好的职业道德，培养一支政治强、业务精、作风硬、纪律严的环保队伍。

通过开展精神文明建设工作，实现职工队伍素质的全面提高，促进我局机关作风、工作环境、文化活动得到显著提高。为此，我们首先从组织上进一步加强对精神文明建设工作的领导，成立了以局长为组长的精神文明建设工作领导小组，实行主要领导亲自抓，分管领导具体抓，各科室、中队积极参与、通力协作的良好机制，使我局精神文明建设工作有组织、有领导地开展起来。为了充分调动广大干部职工参加精神文明建设活动的积极性，我们多次召开动员会议，组织干部职工展开讨论，提高了广大干部职工的精神文明建设意识和参与意识，使精神文明建设活动有了扎实的群众基础。

二、狠抓业务学习，塑造高素质环保队伍

我局紧密结合保持共产党员先进性教育活动的开展，坚持政治学习制度，组织全体党员学习邓小平理论，学习党的十六大、十六届四中全会精神及“三个代表”重要思想，努力提高干部职工的思想政治素质，使大家牢固树立世界观、人生观、价值观和共产主义远大理想，增强贯彻执行党的基本路线、方针、政策的自觉性和坚定性。我们组织干部职工参观革命老区，进行革命传统教育，还积极组织大家参加丰富多彩的文体活动，激发大家的爱国主义和集体主义精神。在党建方面，采取多种形式加强党员教育，提高党员素质，发挥党员的先锋模范作用，在精神文明建设活动中积极带头。

我们在狠抓精神文明建设的同时，始终没有放松干部职工的业务学习。把业务培训、岗位练兵作为提高职工业务素质的重要工作来抓。坚持每周五学习日制度，组织干部职工学习环境保护相关法律法规，学习业务技术，不断更新业务知识，提高业务工作能力。另外，我们有步骤地组织干部职工到××市委党校接受有关法律法规知识培训，提高干部职工学法、懂法、用法的能力，以适应不断发展的环境保护事业的需要。

××××年××月，局信访法制科全体同志参加了××市组织的《信访条例》培训学习考试，人均成绩达到90分以上。环保局是一个与广大群众的切身利益息息相关的部门。我们始终以加强职业道德建设为重点，通过深入开展职业道德教育，大力倡导爱岗敬业的精神，努力塑造环保队伍公正严明的执法者形象，文明执法的服务者形象，廉洁高效的奉献者形象。在工作中，我们始终把群众满意不满意作为工作的落脚点，要求干部职工努力实践“三个代表”重要思想，全心全意为人民服务，同时，推行《行政过错责任追究办法》《优化经济发展环境工作意见》《内部管理制度》等一系列制度，强化服务意识，端正服务态度，塑造“文明执法、热情服务”的良好形象。在廉洁上，首先局领导自身做表率，坚决做到不搞暗箱操作，不以权谋私，严格执行各项规章制度，同时要求各中队长、科室长在全体人员中树立表率和示范作用。其次，坚持行风廉政教育，防患于未然。通过对反面典型案例的剖析，观看反腐倡廉录像教育片，抓住行风廉政建设的重点、热点问题，对干部进行廉政教育，做到警钟长鸣。同时，我们通过聘请行风监督员、公布专线举报电话、发放征求意见卡，及时听取社会各界的意见和建议，有力地促进了干部职工工作作风转变，树立了良好的环保形象，从根本上杜绝违法违纪现象。

三、搞好基础建设，树立环保文明形象

环保局与广大群众交涉频繁，是展示政府形象的一个重要窗口，树立良好的社会形象，是环保局开展精神文明建设活动的主要内容，也是提升环保部门社会地位，促进环保事业健康发展的迫切要求。根据“内抓管理，外树形象”的总要求，我们在大厅内设置值班台，配备电话、桌椅、纸笔等日常办公用具，在醒目方便的位置设置了意见箱，并将当天值班领导、工作人员名单公布上墙，主动接受群众的监督。同时，加大了美化环境、优良作风、优质服务建设的力度。今年来，经多方筹资，对工作环境和办公条件进行了改善，完成机关水路、电路更新和墙面粉刷工程，更换各科室空调，对检测站办公场所进行全面装修，维修监理站办公地点；对局机关院内进行整修，新修喷泉1个，植大树6棵，以彻底改善职工的办公条件，让职工在一个舒心的环境中干事创业。另外，本局还制定卫生管理制度，加强机关内部卫生管理，机关内外无脏、乱、差现象，清洁卫生，各种卫生设施、文明用语提示牌排列有序。为树立诚信公正、热情为民的良好形象，局党委积极开展“亮身份、树形象”活动，推行党员挂牌上岗制，并设置“党员先锋模范岗”，发挥好党员同志的示范带头作用。

四、开展文体活动，丰富职工精神文化生活

为活跃环保局广大干部职工的思想，调动工作积极性，本局定期不定期地开展一些有益健康的文体活动，丰富职工的精神文化生活。一是利用节假日组织干部职工开展登山、象棋、扑克等文体活动。二是积极组织职工参加××市举办的颂歌献给党歌咏比赛，荣获三等奖。三是本局积极组织女职工代表参加××市九运会广播操比赛，荣获三等奖。四是积极为扶贫挂钩点办实事、办好事。××××年××月，本局为扶贫点××村贫困户送去慰问金2000元及衣物等用品，并决定进一步帮助当地解决群众的吃水问题和村小学的教学条件；××××年××月，本局为××村捐款20000元，协助××村硬化道路，切实帮助贫困地区广大群众早日过上小康生活。

五、强化精神文明建设，推进环保工作再上新台阶

通过一系列精神文明建设活动的开展，本局干部职工的精神面貌发生了深刻变化，“讲学习、讲政治、讲正气”的风气浓了，爱岗敬业、文明服务、礼貌待人的风气已形成，爱环保事业、无私奉献的精神正逐步发扬，职工文明程度明显提高，做文明职工蔚然成风。通过开展精神文明建设活动，提高了干部职工的综合素质，树立了环保执法队伍的良好形象，有力地推进了环保工作再上新台阶。

本市造纸企业是今年省政府确定的五个重点综合整治区域之一，也是本市今年环保工作的重中之重。按照省政府批准的《××市××造纸企业综合整治方案》，应关闭的50家万吨以下造纸企业已全部关闭到位；其余的98家万吨以上造纸企业和商品浆企业通过兼并重组已压缩到48家，其中年生产规模在10万吨以上的企业有2家，5万吨以上有11家；需建的36个生化工程，已有18个工程完工，进水调试，其余18个未建成生化工程的一律实施停产治理，目前累计治理投资达7000多万元；城市污水处理厂正在加紧建设；××河出境水质COD浓度上半年稳定控制在市定标准以内，综合整治工作取得阶段性成果。

列入年底前关闭的73家耐材企业和1家水泥厂，我们分两批实施关闭，定于6月底前第一批关闭的37家耐材企业已全部按标准落实到位；定于10月底前第二批关闭的36家，目前已有8家提前关闭；应关闭的1家水泥厂已经关闭到位。下半年关闭任务还剩28家。废弃放射源安全收贮工作是省、市今年上半年的重点工作，也是政府的一项年度考核目标，本市有废弃放射源18枚，属于较多县市。本局固废及辐射管理中心干部职工深入企业积极协调，讲解收贮的目的和意义，通过努力提前完成此项工作，得到××市环保局的通报表扬。另外，在“三夏”期间，本局加大宣传力度，严格督查，全市基本实现“不烧一把火，不冒一股烟”的目标，秸秆禁烧工作取得了很大成效，受到××市的表扬。

回顾上半年本局精神文明建设工作，成绩固然令人鼓舞，但我们也清醒地认识到工作中还存在诸多不足，精神文明建设工作任重而道远。今后，我们将以保持共产党员先进性教育活动为契机，一如既往，开拓创新，狠抓系统精神文明建设工作，为实现“打造工业强市，建设生态××，和谐××”而努力奋斗。

◎工作报告

【范例】

××县物价局整治企业经营环境工作报告

××县人民政府：

近年来，根据省、市、县优化办工作安排意见和全市物价工作会议要求，我

局深入贯彻落实中央13、14号文件精神，以清费治乱减负为工作重心，加强对涉企收费管理，规定收费行为，减轻企业负担，取得了一定成绩。具体来讲，我们主要做到了以下“五个注重”：

一、注重宣传教育，树立收费法治意识

近几年，对企业乱收费现象在本县曾几度得到抑制，减负治乱不断取得阶段性成果。但乱收费现象还不能从根本上得到解决。这当中既有收费部门受利益驱动的主观原因，同时也不能排除社会各界法治意识淡薄的客观因素。为提高企业的自我保护能力，我们加大了收费政策、法规的宣传力度。

一是在利用广播、电视、报纸等新闻媒介的同时，还在工商联的积极配合下，在县城及十八个乡镇所在地主要街道的醒目处设置收费政策宣传板牌，根据企业关心的热点问题，经常刊登有关收费、重要收费单位的收费项目、收费标准，使收费政策真正进厂入店、进村入户。全年累计出动宣传车60余台（次），发表电视讲话3次，散发宣传品7000余份，办板报17期。

二是利用典型案件深化宣传教育，我们在处理×县残联违规收费的案件时，邀请社会各界人士100余人参加行政处罚听证会，在全县引起了强烈反响，达到了“处理一案，教育一片”的目的，使收费政策、法规的宣传达到了全方位、多层次的高度。

二、注重自身建设，提高队伍整体素质

收费管理工作涉及面广、政策性强，这就要求我们必须培养一支政治合格、业务过硬、作风优良的队伍。一年来，我们一是建立学习制度，坚持每周二、五集中学习，并以邓小平理论和“三个代表”重要思想为重点，加强政治学习；结合物价业务，认真学习法律、法规和规范性文件。二是对工作人员进行集中培训，全年共举办两期培训班，历时10天。培训后，统一进行了考试，合格率100%。三是开展承诺服务活动，转变工作作风，提高办事效率，服务基层意识明显增强。过去办理《收费许可证》时，需要几天时间，而现在，在文件依据等符合规定的条件下，几小时就办完了。四是加强廉政建设，开展纪律整顿，认真落实《物价工作人员十不准制度》，对违反者决不姑息迁就。上述工作的开展，使我们以良好的形象得到了群众和各部门的赞同。

三、注重落实制度，规范全县涉企收费秩序

为搞好收费管理，上级制定了不少的规章制度，如何抓好落实，是一个棘手问题。结合本县实际情况，去年我们主要做了以下工作：

一是严格实施《收费许可证》制度。凡是合理的收费项目，必须到物价部门办理《收费许可证》后，方可收费。否则，按乱收费进行查处。对属明令取消的收费项目，坚决不予办理。二是严格执行《执收公务证》制度。规定执收人员每年定期接受物价部门的业务培训，考试合格后方可上岗。对不合格者和无故不参加培训者，将收回《执收公务证》，取消其执收资格。三是实行收费年审制度。全年对113个收费单位的《收费许可证》逐一进行了年审，发现问题，及时纠正，年审正确率100%，年审覆盖面达90%以上。

四、注重标本兼治，堵住乱收费源头

在查处涉企乱收费案件的同时，我们还重点抓了清理收费文件这项工作，从源头上把住乱收费的口子，达到标本兼治的目的。在去年7月份，由优化办牵头，我局主要负责，并会同县财政局、监察局、政府法制科，成立了清费治乱小组。我们下发通知，要求有收费行为的单位开展自查，如实汇报自己的收费项目、标准。随后按照有关依据，对各单位收费执行情况逐一审核，发现问题的，责令限期改正。清理完毕，在县电视台逐一公布保留的收费项目、标准，并作出承诺公告。上述工作开展以后，我们将各收费单位现行的收费项目、标准进行汇总、编印，分发与众。清理工作前后历时5个月，它的开展，进一步加强了社会监督，提高了行政透明度，落实了党和国家的收费政策。

五、注重动态管理，制止乱收费反弹

针对历年来治理乱收费工作中出现的“前清后乱”这一疑难症状，经过调研与分析，我们着手对收费实行动态管理，及时制止乱收费。

一是建立执收单位收费档案，健全“一档三卷”。即收费项目、收费标准、收费文件依据齐全。对新增和取消项目的随时变更进行登记，使收费单位的收费状况一目了然，便于物价部门监督管理。二是采取随时上门的方法，不定期到收费单位走访、查账，对查出的违价事实，依法严肃处理，绝不手软。三是办好来信来访涉企收费案件。我们公布了“12358”举报电话，设立多个举报箱，指派专人负责，迅速查处涉企收费举报案件。全年共受理举报案件13起，结案13起，结案率达100%，并无一起复议案件。

由于我们采取了上述措施，去年本县的涉企收费管理工作取得了显著成绩。全年查处各类涉企乱收费案件17起，违价金额156万元；清理了113个收费单位的收费文件，审验了113个收费单位的《收费许可证》，取消不合格收费项目17项、收费标准41个。据测算，共减轻企业负担114万元，彻底净化了本县经济发展环境，有力地促进了本县的经济发展与社会稳定。

××县物价局

××××年××月××日

◎**专题报告**

【**范例**】

××县××××年干部教育培训工作情况报告

近年来，××县干部教育培训工作在上级组织部门的业务指导和县委的具体安排部署下，以提高干部队伍整体素质为重点，全面贯彻落实中央、自治区和地区关于干部教育培训工作的指示精神，按照大培训、大教育和干部教育培训规划的要求，结合认真学习贯彻党的十六大精神和兴起“三个代表”重要思想新高潮活动，切实加大培训力度，完善培训措施，较好地完成了年度干部教育培训任务。现将有关情况报告如下：

一、主要做法

（一）加强组织领导，制订培训规划。根据中央、自治区、地区三级组织工作会议关于“大规模培训干部”的要求，为切实加强对干部教育培训工作的领导，县委根据人事变动，及时调整充实了以分管党务的副书记为组长的干部教育培训工作领导小组，建立了县委领导亲自抓、分管领导配合抓、组织部门具体抓的干部教育培训责任网络。县委高度重视干部教育培训工作。定期召开专题会议，研究和部署干部教育培训工作。县委组织部作为干部教育培训的责任单位，结合新时期干部队伍实际，制定了《××县××××至××××年乡村干部素质工程规划》，落实了干部教育内容，明确了干部培训重点，完善了有关教育培训工作的制度和措施。县委组织部把干部教育培训工作作为政治文明建设考核的一项重要内容，每年进行两次考核，同时在县委的高度重视下，一次性投入近60万元，对县委党校教学楼进行了维修、改造，改善了干部教育培训工作的环境和条件，保证全县干部教育培训工作的顺利开展。

（二）周密安排，合理部署，加大农村基层干部培训力度。近年来，我们根据基层干部队伍成长的需要，把对基层干部的教育培训工作逐步纳入干部培训的重点工作来抓，每年把村级党支部书记和村委会主任的培训作为组织部的一项“必培”任务，常抓不懈。近三年来，我们共开办村级干部培训班12期，培训村级党支部书记、村委会主任370余人，举办乡镇副科级以上领导干部培训班3期，培训280余人次。开办乡镇党委书记、政法书记、纪检书记、团委书记、妇联主任、组织干事等岗位培训班12期，培训340余人次。在此基础上，我们还根据新形势加强乡镇干部“双语”培训的精神，开办了乡科级领导干部和后备干部为期半年的“双语夜校培训班”，培训干部共240人，同时还开办了县直机关企事业单位党支部书记培训班，入党积极分子培训班等班次，曾多次邀请地委党校老师来××县授课，提高了教育培训的质量和水平，较好地完成了年度培训任务。

（三）创新培训形式，拓宽培训渠道，抓好干部区外培训和异地挂职培训工作。近年来，我们在培训方式、培训班次等方面逐步探索，逐步创新。

1. 从今年3月份开始，我们根据当前村级干部后继乏人的突出问题，拿出近10万元培训经费，开办了为期一年的村级后备干部学历培训班，将脱产培训和函授自学有机地结合起来，培训村级后备干部35人，逐步缓解了村级组织选人难的突出问题。

2. 紧紧抓住××市对口援助××县的有利时机，通过双方协定，××县分别于××××年××月、××××年××月和××××年××月先后选派三批干部到××市进行为期两个月的挂职锻炼，每期20人，共60人，前两批干部已完成挂职任务。通过选派干部区外挂职培训，既开阔了干部视野，增长了知识，也增进了××与内地的交流与合作，实现了人才培训和经济合作上的双赢。

3. 认真抓好到区外调训和异地挂职培训工作。近年来，先后完成15名干部赴××进行党政、经管、教育、卫生、农业等专业知识培训。同时还选派干部赴××理工学院、××学院进行培训，进一步拓宽了培训渠道，增强了培训效果，在此基础上。我们还认真抓好异地挂职培训工作，每年按照自治区党委和地委的安排部署，认真做好挂职干部的选拔和培训工作，全面落实干部挂职前集中培训任务，先后选派六批干部共115人赴××挂职锻炼。目前已走上领导工作岗位的有42人，有力地促进了少数民族干部队伍整体素质的提高。

（四）完善培训措施，确保培训任务的落实。近年来我们结合干部培训工作的实际，先后制定和完善了干部教育培训暂行规定、干部调训制度、干部培训考试考核制度、乡镇干部“双语”培训目标考核制度等，使干部教育培训工作逐步走向科学化、制度化的轨道。同时，将干部培训与考核使用有机地结合起来，形成了相互制约、相互促进的干部教育管理体系和良好的运行机制。

二、存在的问题

1. 由于受财政的影响，大规模培训干部的任务没能得到较好的落实，××县属边缘贫困县，财政赤字较大，干部教育培训的经费在一定程度上很难落实，干部的一些区外培训和岗位培训任务很难落实。

2. 师资队伍严重匮乏。目前仅有1名汉族教师和5名少数民族教师，能力水平和知识结构已远不能适应当前干部培训工作的需要，很大程度上阻碍了干部教育培训工作。

3. 当前受社会主义市场经济的影响，一些干部队伍中存在着重工作、轻学习，重经济、轻理论的不良倾向，干部队伍更新知识和依法行政的教育培训力度还需要加大。

第二节　请　示

一、请示的概述

1. 请示的含义

请示是下级机关向上级机关请求对某项工作、问题作出指示，对某项政策界限予以明确，对某事予以审核批准时使用的一种请求性公文，是应用写作实践中的一种常用文体。请示可分为解决某种问题的请示，请求批准某种事项的请示。

2. 请示的范围

急需办某件事，需上级批准后才可办的，要写请示。

工作中发生了比较重大的问题，本机关无权解决，先提出处理意见，请求批示。

对上级颁发的法律、法令、方针、政策、规定和上级指示精神中有不了解、有疑问或不同理解的问题，需要上级机关解释和进一步明确时，要用请示。

上级有文件规定不经请示不允许办的事情而本单位又不能不办，此时要写请示。

上级虽有统一规定，由于本单位情况特殊难以执行，需要灵活掌握或变通处理，此时需要请示。

3. 请示的特点

请示与报告有反映情况、提出建议的共同性。但两者比较，请示存在如下特点：

（1）请求性。从行文的目的看，请示写作带有迫切性的，并需要上级机关批示、批准的事项，要求上级机关给予批复；报告只着眼于汇报工作、反映情况，以达到下情上达的目的，一般不要求批复。只有呈转性报告才要求上级机关“批转”有关部门执行。

（2）单一性。请示一般一文一事，即内容要单一，不可将多项内容放在同一文中请示。

（3）预先性。从行文的时间看，请示必须在事前行文，不允许“先斩后奏”；报告则在事前、工作进程中和事后均可行文。

（4）定向性。请示是一种上行文，只在向上行文时使用，是请而示之。对不是上级领导机关的业务主管机关或其他不相隶属单位，一般不使用请示文种。

4. 请示的种类

请求上级领导解决本单位、部门的某些困难和某个问题的请示。这种请示，一般不涉及本单位本地区的平行机关和下级机关。

对上级制定的方针、政策、法律、条例、规章制度或对上级的某个指示有不同理解，希望上级明确解释。

某一部门在实际工作中遇到一些新情况、新问题，经过认真研究，提出了解决的措施和办法，希望上级审核肯定，并批转有关单位照办。

二、请示的写作技巧

1. 标题不要写成“请示报告”。

2. 不要在“报告”等非请示公文中夹带请示事项（报告中写“以上报告当否，请指示”不在此列）。

3. 必须事先请示，不能“先斩后奏”，写得像个总结报告。

4. 必须坚持一事一请示，不能许多事搅在一起，像个综合报告。这是一个基本的原则要求。请示的事情过多或把不相干的问题放在一起请示，不利于上级机关受理。

5. 要向主管部门请示，不要越级请示，也不要多方请示，如系受双重领导的单位或者牵涉几个单位或领导，要写明主送机关和抄送机关，由主送机关负责解决或答复。

6. 请示在未获批准前，不得对下属单位发送。向上级机关的请示，未获批示（或批准）前就向其他机关或下级机关抄送或下发，也是撰写请示的一大忌讳。

7. 如需向两个上级单位同时请示，只能采取一个主送和一个抄送的办法（请示公文的主送单位只能是一个），不可多头报送，以免造成误会而贻误工作。

8. 请示事项涉及其他部门业务范围时，应当经协商取得一致意见后上报，未能取得一致意见时，应在“请示”中写明。

9. 严禁越级请示。

10. 请示语言既要简明扼要，又要注重行文语气，选用语句要谦敬，把握好分寸。

11. 请示类公文，必须注明联系部门及联系人姓名和电话。该联系人一般为公文起草部门的负责人。

三、请示的写作格式

标　题	请示的标题一般有两种构成形式：一种是由发文机关名称、事由和文种构成，如《××县人民政府关于××××××的请示》；另一种是由事由和文种构成，如《关于开展春节拥军优属工作的请示》。
主送机关	请示的主送机关是指负责受理和答复该文件的机关。每件请示只能写一个主送机关，不能多头请示。

正　　文	1. 开头。主要交代请示的缘由。它是请示事项能否成立的前提条件，也是上级机关批复的根据。原因讲得客观、具体，理由讲得合理、充分、上级机关才好及时决断，予以有针对性的批复。 2. 主体。主要说明请求事项。它是向上级机关提出的具体请求，也是陈述缘由的目的所在。这部分内容要单一，只宜请求一件事。另外请示事项要写得具体、明确、条项清楚，以便上级机关给予明确批复。 3. 结语。应另起段，习惯用语一般有“当否，请批示”“妥否，请批复”“以上请示，请予审批”或“以上请示如无不妥，请批转各地区、各部门研究执行”等。
落　　款	一般包括署名和成文时间两个项目的内容。标题写明发文机关的，这里可不再署名，但需加盖单位公章，成文时间××××年××月××日。

四、请示的模板

××化工厂关于××××问题的请示

××××：

按劳分配，是社会主义分配的基本原则，也是社会主义优越性之一。几年来，我厂由于认真贯彻了按劳分配政策，极大地激发了广大职工的社会主义劳动积极性，使得生产率成倍地增长。

为全面贯彻按劳分配原则，进一步调动职工的劳动积极性，现就××××问题请示如下：

一、（略）

二、（略）

三、（略）

以上请示，妥否，请批示。

××化工厂

××××年××月××日

五、请示的范例解析

【范例一】

关于××省边境贸易公司同××地区及××国家外贸企业建立贸易关系的请示

省人民政府：

××省边境贸易公司是我省对××贸易历史最长的一家外贸公司。多年来，经双方的共同努力，双方的贸易正在顺利发展，贸易品种、数量及贸易额逐年增加，这对活跃我省市场，调剂人民生活，增进××友谊起到一定的作用。目前贸易额已达到××亿瑞士法郎。但是，从近几年的贸易情况分析和我们实际了解到的情况，×方出口能力有限，除向我省出口少量水产品外，其他商品数量不多，品种单调。×方从我省进口的粮油、棉布等主要商品均属国家贸易项下的商品，所以双方开展贸易有一定难度。

根据国务院〔××××〕××号文件精神，考虑到××省边境贸易公司开展易货贸易的历史较长，外向型技术人才和外贸专业人员较多，物质基础雄厚，又有一定的对×贸易经验；另外，××地区所需要的日用百货、五金交电、针纺织品、服装面料、化妆品、副食品等均属商业部门几十年经营的商品，货源渠道畅通，而且对××易货贸易方式与对××地区大致相同，可否在继续巩固、发展、扩大对××贸易的同时，请省人民政府批准××省边境贸易公司同××地区、××和××国开展易货贸易，并享有直接经营权。

以上请示，请予批准。

××省商业厅

××××年××月××日

【点评】

本文属请示批准的请示。正文由请示缘由、请示事项和请求三部分组成。

请示缘由部分，先概述背景，显示出请示的必要性，即"××省边境贸易公司是我省对××贸易历史最长的一家外贸公司。多年来，经双方的共同努力，双方的易货贸易正在顺利发展，贸易品种、数量及贸易额逐年增加，这对活跃我省市场，调剂人民生活，增进两国友谊起到一定的作用。目前贸易额已达到××亿瑞士法郎"。然后，再转引有关文件作为政策依据，即"根据国务院〔××××〕××号文件精神"。接着又从两方面介绍请示事项的有利条件，阐明请示事项的可行性。然后再点明请示事项，简洁明了。最后，用惯用语“以上请示，请予批准”结尾，语气谦和，符合请示的写作要求。

【范例二】

关于建立中国工程院有关问题的请示

国务院：

近年来，我国科学家、工程技术专家和有关人士，曾多次提出建立中国工程院问题。全国政协七届五次会议和中国科学院第六次学部委员大会期间，不少政协委员、学部委员和工程技术专家，又先后提出提案和建议。党中央和国务院领导同志十分重视这一建议，曾就建立中国工程院问题，多次作过批示。根据党中央和国务院领导同志的批示精神，组成了专家研究小组，经过广泛调查研究，听取各方面人士和有关产业部门的意见，进行反复酝酿和讨论，形成工程院的初步方案。现就建立中国工程院的有关问题报告如下。

一、关于建立中国工程院的必要性（略）

二、关于组建中国工程院的一些原则

（一）关于名称（略）

（二）关于中国工程院的性质和作用（略）

（三）关于中国工程院成员的称谓（略）

（四）关于中国工程院与中国科学院（学部）的关系（略）

（五）关于中国工程院院士的标准和条件（略）

（六）关于中国工程院第一批院士的产生及以后的增选制度（略）

（七）关于中国工程院的领导体制及学部设置（略）

三、关于中国工程院的筹建工作及进度安排（略）

以上请示当否，请批示。

附件：中国工程院筹备领导小组名单。

国家科委（盖章）

中国科学院（盖章）

一九九三年十一月十二日

【点评】

该篇是下级机关因无权决定而向上级发出的申报性请示，具有浓厚的“报告”色彩。其特点如下：

1. 标题规范。标题属省略式标题，只由事由（关于建立中国工程院的有关问题）和文种名称（请示）构成。

2. 请示理由充分、令人信服。以申述理由为重要的写作内容，不但写了需要请示的事项——建立中国工程院，而且精心写了请示理由。理由具有报告色彩，对该申请事项的起因、经过、目前的状况一一做了详细的报告，既有时间角度的回顾，又有专家的建议、提案和领导们的批示，更有详尽的初步方案。理由充分、令人信服。“现就建立中国工程院的有关问题报告如下”承上启下。

3. 层次结构严谨。采用分列式写法，将请示缘由分三部分来叙述，纲举目张，层次结构严谨。

4. 结语简练。以“以上请示当否，请批示”断然作结，言语谦和、干脆利落，不失为一篇很好的申报性请示范例，可以借鉴。

六、请示的写作范例

◎请求批准的请示

【范例】

关于请求批准设置普通中专学校的请示

市政府：

为提高职业学校的办学效益，提升办学水平，扩大招生规模，我市职教中心和市商业职工中专学校分别于××××年由市政府向省教育厅申请设置普通中专学校：××应用技术学校和××汽车工程学校。××师范学校也于××××年由市教育局向省教育厅申请增挂“××实用艺术学校”的校名。省教育厅随即组织了专家组来上述三校进行评估审查。

省教育厅《关于××××年普通中专学校设置的复函》（教秘计〔××××〕××号）指出，“经审查，申报设立××应用技术学校、××汽车工程学校和××师范学校增挂××实用艺术学校校牌符合省设置规定的条件，鉴于《中共××省委、××省人民政府关于进一步振兴职业教育的若干意见》（×发〔××××〕××号）已明确规定，简化审批程序，今后举办各类中等职业学校由省直辖市人民政府审批”。根据以上意见，恳请市政府批准设置××应用技术学校、××汽车工程学校两所普通中专学校，批准××师范学校增挂××实用艺术学校校牌。三所学校的隶属关系、经费渠道等均不作变动。

如无不妥，请予批准。

××市教育局

××××年××月××日

附：××市职教中心、××市职工学校、××师范学校的申请报告（略）

◎请求指示的请示

【范例】

关于减免我区部分行政事业性收费的请示

区财政局、区监察局、区审计局、区物价局、区人民政府：

为切实加强行政效能建设，改善投资环境，提升开放形象，根据《××市人民政府办公厅关于全面清理行政事业性收费工作方案的通知》（×办发〔×××× 〕××号）和《中共××市××区委关于加强机关行政效能建设的实施意见》（××委发〔××××〕××号）精神，由区财政局牵头，会同区监察局、区审计局、区物价局等部门对主要涉及我区个人办理证照的部分行政事业性收费项目进行认真清理分析，并结合我区实际提出了拟减免的行政事业性收费项目。本次共减免××项行政事业性收费，涉及需要分成上缴的收费由区财政代缴，减免时间从××××年××月××日起执行。主要减免项目如下：

一、免收项目

（一）公安分局：户籍管理证件工本费，包括居民户口簿、户口迁移证、户口准迁证工本费。

（二）区国税局、区地税局：税务登记证工本费。

……

二、降低标准收费

对未免收的行政事业性收费项目，收费标准有幅度的，由物价部门在政策规定的幅度范围内重新核定，降低标准收取，并进行公示。

附：××市××区部分行政事业性收费减免项目情况表（略）

特此请示。

××市××区政府办公室

××××年××月××日

◎请求解决问题的请示

【范例】

关于解决会务费用的请示

×市政公发〔××××〕××号

国库支付核算中心：

为了进一步提高市政公用系统工程专业管理人员素质，更好地服务于城市建设，××××年××月××日，我局在××餐饮公司对市政工程建设及市政设施管理中的施工员、质量监督员、材料员等，进行了岗位培训。其中：餐饮费××××元，住宿费××××元，会议室租赁费××××元，会标×××元，标牌×××元，总计：××××元。

××月××日，为树立市政公用局系统的全新形象，发挥“服务城市，方便市民”的作用，我局在××餐饮公司召开了《社情民意信息员座谈会》，其中：餐饮费××××元，住宿费××××元，会议室租赁费××××元，会标×××元，标牌×××元，总计：××××元。

两次会议总计支出：×××××元。

请予解决以上会务费用。

妥否，请批示！

××市市政公用局

××××年××月××日

第三节　批　复

一、批复的概述

1．批复的含义

批复是“答复下级机关的请示事项”时使用的文种。批复是用于答复下级机关请示事项的公文，它是机关应用写作活动中的一种常用公务文书。

“答复下级机关请示事项，用‘批复’。”批复是答复性的下行文书，它是上级机关答复下级机关请示事项的指导性文件。批复必须以下级机关的请示或报告为存在的条件。没有请示，也就无所谓批复。由此可见，批复与请示，是彼此相互对应的两种公文。请示，是上行文；批复，是下行文。没有下级机关的请示，也就没有上级机关的批复。批复与请示，是正式行政公文中唯一相关联的一对文种。这一特点，决定了在批复的撰写中，应该充分体现出批复对于请示的针对性。因此，可以说批复是一种针对请示的批答公文。它是专门解决请示问题的专用公文，其行文受到请示机关和请示内容的制约，行文关系和行文内容都是特定的。

下级机关用请示向上级机关行文，上级机关即须以批复作出相应的答复。以批复的形式答复的请示事项，一般是比较重要但涉及面不是很广的事项。除了批复之外，答复请示事项还可以考虑选用其他文种。例如，国家工商行政管理总局呈报国务院的《关于在全国逐步推行经济合同示范文本制度的请示》，所写事项意义重大，涉及面广，所以国务院没有以批复的形式单独回复来文机关，而是由办公厅制发通知，将国家工商行政管理总局的请示转发给有关机关、部门和单位，在要求执行的同时，也就表明了对请示事项的态度和意见。

2. 批复的特点

（1）专向性。批复专对着请示行文，而不针对别的文种；批复的内容也针对着请示中的具体事项，与请示事项无关的内容则不涉及。这就是批复的专向性。

（2）针对性。上级机关批答下级机关的请求事项，往往是针对某一具体公文的具体问题作出的，一般不涉及其他问题。它是被动行文，不像指示是上级机关根据需要随时可以主动行文，且受文单位和内容具有广泛性。

（3）指令性。上级机关在批复里对政策所作的解释、提出的指导性意见以及表明的批准或不批准的态度，具有权威性和指令作用，下级机关必须遵照执行。

（4）政策性。批复对请示事项所作的答复，答复不答复，都要以党和国家的政策为依据，要坚持原则，照章办事。

（5）单一性。批复单一性的特点体现在两个方面：一是发文对象的单一性。批复是一对一的下行文，是专门回复下级机关请示的，所以其受文对象就是请示单位。二是发文内容的单一性。请示是“一文一事”，批复则是“一文一答”。

（6）结论性。上级机关在批复中，必须给出明确的、结论性的意见，写明“同意”或“不同意”，而不能含糊其词，似是而非。下级机关收到批复，必须照此执行。

（7）时效性。上级机关收到下级机关的请示后，要及时答复，否则就会误时误事。有些机关采取的对“收到下级机关请示后一周内不予答复则可视为同意”的规定，就是强调时效性，以提高办事效率。

3. 批复的种类

（1）决定性批复

决定性批复，是批准下级机关的请示事项，作出行政决定的批复。

（2）指示性批复

指示性批复不但同意下级机关的请示，而且就请示事项的落实、执行或就事项的重要性、意义提出几点指示性意见，对下级的该项工作有指示作用。

（3）解答性批复

上级针对下级对政策、法律、规定、措施等的询问请示所作的批复，称为解答性批复。对有关政策、法律、法规的解答性批复，只能由被授权或有权解释的单位制发。本单位无权解释的可逐级往上请示，直到有权作出解释的单位。对下级机关询问性请示的解答，是一件很严肃的事情。因这种解答对下级具有指示性，是下级办事的凭据，所以解答不能想当然，而要有政策、法律或上级有关文件作依据。这种解答性批复要及时。

二、批复的写作技巧

1. 批复的写作注意事项

（1）在批复的开头一定要完全引述来文字号和标题，因为批复是对请示作回复，所以不可以只引文号，或只引标题。

（2）要有正式的书面请示才能批复，不得将口头或电话请示作为批复的依据。

（3）批复一般只给来文请示的单位。如有普遍意义，也可以同时抄送所属各单位。

（4）写作批复要有理有据。下级请示事项是多方面的，有些可能是涉及具体政策的重大问题。批复时一定要进行周密调查了解，掌握有关情况，还要熟悉有关政策法令和办事准则，反复研究后再给予答复。尤其要寻找政策依据，同意的，根据什么；不同意的，又根据什么，有理有据，对工作及批复的执行才有利。切忌简单、草率地回复。即便是不予同意的，也要说明理由，不能生硬否决而不说明理由依据。

（5）行文简洁。批复的篇幅一般不宜过长，要求简洁、概括、集中，文字简短、精当，将领导决定的意见表达清楚即可，不必作具体的分析和详尽的阐述。

（6）坚持一请示一批复的原则。这个要求与请示的“一文一事”相对应。只有做到“一请示一批复”才能增强针对性。同时要注意，只能在职权范围内批准、答复问题，否则即是无效批复。

（7）批复的意见要态度明朗。批复意见必须十分清楚、明白，态度明朗。同意或不同意或部分同意均要明确，措辞要恰当，语气必须肯定，用词必须准确，表述必须清楚。容易产生歧义的词不能用于批复的写作。另外，回复意见也要有针对性，围绕请示问题来谈，对请示问题要一一给予答复，既不能另找话题、说东道西，也不能只答复一部分而遗漏了一些内容。

（8）批复对象要明确。在所有的下行文中，唯批复的主送机关只有一个。在一般情况下，不能多头主送，更不能变单头主送为普发文件。

2. 批复的写作要求

（1）要注意针对性。由于批复具有很强的专向性，因此，批复的内容应紧紧扣住来文中请示的问题，给予指示或表明态度。答复问题要全面，不能只对部分请示事项作答复，而对其他部分不作表态。也就是说，要注意其针对性。

（2）要有鲜明的态度。上级机关的批复，无论是解释政策，还是审批事项，是同意，是不同意，还是部分同意，或是暂时不议，都要旗帜鲜明地表示态度，以便于下级机关有所遵循，据此开展工作。

（3）要有充分的理由。批复，无论是对有关政策作出解释，还是对求批事项表明态度，都要有充分的理由。所谓充分的理由，既可以是现行的方针、政策、法律、法规，也可以是客观条件、现实状况。

（4）要及时行文。领导机关应急下属机关之所急，接到请示之后要及时研究、及时批复，做到及时行文。

三、批复的写作格式

标　题	标题的写法最常见的是完全式的标题，即由发文机关、事由和文种构成。在事由中一般将下级机关及请示的事由和问题写进去；还有一种完全式的标题是发文机关＋表态词＋请示事项＋文种，这种较为简明、全面和常用。也有的批复只写事由和文种。
主送机关	主送机关一般只有一个，是报送请示的下级机关，其位置同一般行政公文，写于标题之下，正文之前，左起顶格。批复不能越级行文，当所请示的机关不能答复下级机关的问题而需要向更上一级机关转报“请示”时，更上一级机关所作批复的主机关不应是原请示机关，而是“转报机关”。如果批复的内容同时涉及其他的机关和单位，则要采用抄送的形式送达。
正　文	正文包括批复引语、批复意见和批复要求三部分。 批复引语要点出批复对象，一般称收到某文，或某文收悉。要写明是对于何时、何号、关于何事的请示的答复，时间和文号可省略。 批复意见是针对请示中提出的问题所作的答复和指示，意思要明确，语气要适当，什么同意，什么不同意，为什么某些条款不同意，注意事项等都要写清楚。 批复要求（其实可以单独算作结尾），是从上级机关的角度提出的一些补充性意见，或是表明希望、提出号召。如果同意，可写要求；不同意，亦可提供其他解决办法。
落　款	这部分写在批复正文右下方，署成文日期并加盖公章，成文日期用汉字，标全年、月、日，“零”写为“○”。

四、批复的模板

关于××××的批复

××××：

××《关于××××，××××的请示》悉。经××研究，同意××××，××××。

此复。

××××

××××年××月××日

五、批复的范例解析

【范例一】

对《关于进一步开展学习宣传×××活动的报告》的批复

共青团中央、中共山东省委：

中央同意你们《关于进一步开展学习宣传×××活动的报告》。

×××是在党和人民哺育下成长起来的新一代优秀代表。从×××身上，可以看到我国青年忠于祖国、热爱人民、朝气蓬勃、奋发向上的精神面貌。×××走过的道路，对一切愿意做忠诚的爱国主义者和共产主义者的人们，都具有普遍的教育意义。

中央殷切希望，全国人民特别是青少年深入地向×××学习。要围绕树立共产主义人生观这个根本问题，学习她百折不挠、乐观向上的生活态度，学习她渴求知识、刻苦自励的顽强毅力，学习她对社会尽责、为人民服务的献身精神。要努力用这种精神对待工作、学习、生活，顽强奋斗，锐意进取，为祖国作贡献，为人民作贡献。

中共中央

××××年××月××日

【点评】

1. 文种使用规范。这是针对一份建议性报告的批复。由于×××事迹典型，具有普遍的教育意义，很有代表性，所以，中共中央及时给予同意并批复，使用“批复”文种准确。

2. 全文格式规范。由标题、受文机关、正文、发文机关及成文日期四部分构成，非常符合批复的写作要求。

3. 结构严密，层次分明。通篇只有三个自然段，每个自然段解决一个批复写作要求中的一个问题，相对独立而又互为呼应，使整篇文章环环相扣，结构严密而层次分明。第一自然段为“中央同意你们《关于进一步开展学习宣传×××活动的报告》”不仅表明了中共中央的态度，把意见放在前面讲，而且使阅文者一目了然，可谓开门见山，直陈其事，语言精练，观点明确。接下来的两个自然段，一个自然段概括了批复的原因和理由；另一个自然段则对学习活动提出殷切希望。

4. 用词庄重得体。文中“四字格”词组的使用，使行文简洁凝练，富有概括性和表现力。如“忠于祖国、热爱人民、朝气蓬勃、奋发向上的精神面貌”；“学习她百折不挠、乐观向上的生活态度”；“学习她渴求知识、刻苦自励的顽强毅力”；“学习她对社会尽责、为人民服务的献身精神”；“顽强奋斗，锐意进取”等，强调了向×××学习的重要性。

【范例二】

国务院关于长沙市城市总体规划的批复

国函〔1993〕1号

湖南省人民政府：

你省《关于报请审批长沙市城市总体规划（一九九〇年至二〇一〇年）的请示》（湘政〔1991〕23号）收悉。国务院同意修订后的长沙市城市总体规划，现就有关问题批复如下：

一、长沙市是湖南省的省会，国家历史文化名城。今后的建设和发展要根据城市性质，强化城市政治、经济、文化、科技中心的综合功能。长沙、湘潭、株洲三市在地域上相邻，建设中既要发挥城市群体的优势，又要考虑各自的特点，对区域性的生产力布局和基础设施建设统筹安排，并在规划的实施中加强协调，避免重复建设和城市发展连绵成片。

二、到二〇一〇年，长沙城市人口控制在一百六十万人左右。长沙市近年人口增长较快，要加强对人口增长的管理，特别是控制市区人口的机械增长，要健全管理办法，实行归口管理，杜绝多头审批，并要注意城市地区人口合理分布。

同意总体规划确定的城市规划区九百六十平方公里的范围，要划定具体区界，切实加强实施管理。按照合理用地、节约用地的原则，把城市建设用地严格控制在人均一百平方米以内。

三、长沙市中心市区、望城坡、捞霞、坪塘等若干地区形成的组团式规划布局及功能划分是合理的。近期要重点开发北部捞霞地区，有控制地发展东西两翼组团。要严格保护组团间的隔离绿带，不得任意侵占。各类开发区要按照城市总体规划进行选址和布局，并实行统一的规划行政管理。要通过土地使用制度的改革，对城市用地进行调整和布局优化，促进房地产业的健康发展。

四、目前长沙市城市基础设施还比较薄弱，要依据城市总体规划，统筹安排，加快城市道路、通信、民用燃气以及重要的区域性基础设施的建设，搞好新区开发和旧城改造。

新区开发要按照统一规划、综合开发、配套建设、基础设施先行的原则，开发一片、建成一片，有计划、有步骤地滚动发展。旧城改造要按照详细规划，尽可能集中成片地进行，要适当疏散旧城人口，更新城市基础设施，拓展公共绿地。

长沙是国家重点防汛城市，要努力提高城市防洪、排涝能力，合理分配和使用湘江岸线。

五、长沙市古代文物和近代有纪念意义的革命文物十分丰富，城市自然环境优美。要从整体环境入手，加强对各级文物保护单位的保护，尤其要注意保存反映我国人民艰苦斗争历程的革命文物与历史环境，以昭示后人，教育后代。要加强对岳麓山风景名胜区的保护，严禁对景区用地的蚕食，望城坡组团的建设安排要考虑岳麓山风景区的景观要求。要规划并建设好包括湘江沿江地区在内的城市三大风光带，完整地展示长沙历史文化名城的风貌特色。

六、经批准的长沙市城市总体规划中的各项规定建设、管理城市的依据，要在城市总体规划的基础上，抓紧城市控制性详细规划的编制工作，进一步充实和完善地方性城市规划设计及规划管理的行政、技术法规，依法行政，保障城市规划的实施。长沙市人民政府要加强对实施城市规划的领导，充分发挥城市规划的龙头作用，搞好城市各项建设，把长沙市逐步建设成为我国中南地区发达、经济繁荣、生活方便、环境优美的现代化文明城市。

国务院

一九九二年十二月三十一日

【点评】

这是一份合乎公文规范的批复，具有以下特点：

1. 标题拟制合乎规范。标题由发文机关（国务院）、事由（关于长沙市总体规划）、文种名称（批复）构成，一目了然。

2. 正文层次清楚。正文由批复根据和批复内容组成。

批复根据层次清楚，先写情况告知，“你省《关于报请审批长沙市城市总体规划（一九九〇年至二〇一〇年）的请示》（湘政〔1991〕23号）收悉”，再写明批复态度——“同意”，用“现就有关问题批复如下”承上启下，引出下文。

批复内容具有针对性。批复要针对请示事项表明是否同意或是否可行的态度，批复事项必须针对请示内容来答复，而不能另找与请示内容不相关的话题。因此批复的内容必须明确、简洁，以利于下级机关贯彻执行。

这份批复是有针对性地一文一批复，请示要求解决什么问题，批复就答复什么问题。

3. 体现了批复的权威性。批复表示的是上级机关的结论性意见，下级机关对上级机关的批复必须认真贯彻执行，不得违背，批复的效用在这方面类似命令、决定，带有很强的权威性。因此，这份批复在对长沙市的城市规划作出具体指示的同时，提请其注意避免种种误区，用词斟酌，语重心长。如“既要”“又要”“不得”“尽可能”等词，既把握了分寸，又显现了威严。六点批复事项都很明确，对同意什么、不同意什么、发扬什么、应注意什么都讲得清清楚楚。上级部门对下级的指导应是权威性的指导，能够解决下级的疑难问题，能够提出具体可行的意见、方案。这样，才能更好地体现批复的权威性。

六、批复的写作范例

◎指示性批复

【范例】

关于政府行政部门工作查档问题的批复

××市房地产档案馆：

你馆×房档〔××××〕第××号《关于政府行政部门工作查档问题的请示》已收到，现批复如下：

一、房产档案属于专业档案，专业性强且涉及公民财产隐私，目前仍属于未完全开放的档案，查询办法可按建设部、省建设厅《关于印发〈房屋权属登记信息查询暂行办法〉的通知》即建住房〔××××〕××号和×建房〔××××〕××号文的要求执行。

二、不属于建住房〔××××〕××号和×建房〔××××〕××号文规定查询范围的单位或个人（包括政府行政部门），需查询房产档案都应严格遵循国家有关档案管理的规定，对尚未向社会开放的档案，查询时允许查询与本单位或个人产权有关的房产档案，不允许要求筛查与本单位或个人无关的房产档案。查档时还应按规定缴纳相关费用。

此复。

××市档案局

××××年××月××日

第六章　议案、函、会议纪要的写作

第一节　议　案

一、议案的概述

1. 议案的含义

议案是由具有法定提案权的国家机关、会议常设或临时设立的机构和组织，以及一定数量的个人，向权力机构提出进行审议并作出决定的议事原案。每个国家的议案提交程序和规定都是不一样的，但是都是行使国家权力的重要手段。

2. 议案的适用范围

议案适用于各级人民政府按照法律程序向同级人民代表大会或人民代表大会常务委员会提请审议事项。议案有其独具的特色，因而是公文中的重要成员。权力机关、行政机关、其他国家机关，都可以提出议案。

作为国家党政机关公文的一个文种，议案的发文机关为各级人民政府等，受文机关是同级人民代表大会或人民代表大会常务委员会，功用为提出审议事项和审议请求。

3. 议案的特点

(1) 制发机关的法定性

议案的制发机关只能是各级人民政府，政府的职能部门无权制发。

(2) 内容的特定性

人民政府所提议案的内容，必须属于该人民代表大会或常务委员会职权范围内的有关事项。

(3) 时效的规定性

各级人民政府的议案，应当而且必须在同级人民代表大会或其常务委员会举行会议规定的限期前提出，否则不能列为议案，超过期限提交的议案一般改作“建议”处理，或移交下次人大会议处理。提交大会审议的议案，必须限期审议表决或提出处理意见。

(4) 行文的定向性

议案只能由各级人民政府向同级人民代表大会或其常务委员会行文，不能向其他部门单位行文，主送机关也只有一个。

（5）事项的必要性和可行性

适合提交人大议案审议的事项，必须是重要事项，符合人民群众的意愿和要求，而且议案中提出的方案、办法和措施，也必须是切实可行的，才有可能获得通过。

4. 议案的种类

（1）立法性议案。立法性议案主要在两种情况下使用：一是政府机构制定了某项法律或法规之后提请人民代表大会审议通过时；二是建议、请求某行政机构制定某项法规时。

（2）决策性议案。关于财政预算决算、城乡发展规划、重大工程上马以及政治、经济、文化、教育、科技、卫生等领域中的重大事项的决策，需要提请人民代表大会审议批准时使用的议案，就属于重大事项的决策性议案。

（3）机构设立议案。机构设立议案是各级人民政府针对重要机构的增设、撤销或合并，须用议案向同级人民代表大会或人民代表大会常务委员会提请审议时使用的一种例行公文。

（4）建议性议案。以行政部门的身份向权力部门提出建议，也可以使用议案。这种议案有些像建议报告，供人民代表大会审议、采纳。

（5）任免性议案。行政机关向权力机关提请任命、免去或撤销行政机关工作人员职务，请求人民代表大会审议批准的议案，就是任免性议案。

（6）批准条约议案。批准条约议案，是国务院提请全国人民代表大会常务委员会批准草签的国际条约，或提请批准加入某国际公约（条约）而使用的议案。

二、议案的写作技巧

1. 议案的写作注意事项

（1）文件的版头和发文字号要规范。

（2）要草拟好提请审议的议案。

（3）要准备好说明材料。

（4）不能用报告代替议案。

（5）议案与提案要分开。

2. 议案的写作要求

（1）一定要深入调研，在广泛调研的基础上形成符合实际需要的切实可行的科学规范的议案。

（2）认真研读党和国家的路线、方针、政策，决不违反法规。

（3）正文应简洁明快，一般只交代所提事宜，而不发表议论，其余的则由附加材料详细说明。

(4) 语气恳切妥帖，庄严凝练。

(5) 符合文种所要求的行文规范。

三、议案的写作格式

写议案应先了解议案的结构。议案的结构分标题、发文字号、主送机关、正文、落款五个部分。

标　　题	议案的标题通常有两种形式： 1. 由“发文机关名称＋案由＋文种”组成，如《国务院关于提请审议批准〈中华人民共和国和乌克兰关于民事和刑事司法协助的条约〉的议案》等； 2. 由“案由＋文种”组成，如《关于提请审议修改后的国务院机构改革方面的议案》，这种省去发文机关名称的不完全式标题比较简洁。 议案标题一般不能采用发文机关名称加文种或者只有文种的写法。
发文字号	在标题右下方按函字号书写，如“国函〔2012〕58号”。
主送机关	在标题之下，正文之前左起顶格书写主送机关全称或规范化简称，加冒号。如“××省人民代表大会常务委员会”，或“××省人大常委会”。
正　　文	1. 主体 这部分内容是议案的主体。如果是提请审议已制定的法律法规的议案，解决问题的方案就在法律法规之中，这部分只需写明提请审议的法律法规的名称即可，但要把法律或法规的文本作为附件；如果是任免性议案，要将被任免人的姓名和拟担任的职务写明；如果是提请审议重大决策事项的议案，要把决策的内容一一列出，供大会审阅；如果是建议采取行政手段解决某方面问题的议案，要把实施这一行政手段的方案详细列出，以便于审议。不能只指出问题，而没有解决问题的方案。 2. 结语 结语是议案的结尾部分，是指正文部分结束时所用的祈使性词语，主要用于提出审议请求。一般都采用模式化写法，言简意赅。如“现提请审议”“请审议决定”“请审议”“请审议批准”等。

落　款	落款包括签署和时间两项内容。议案通常由政府行政首长签署并盖公章。国务院提交给全国人大的议案，要由总理签署；各省、市、自治区提交给同级人民代表大会的议案，要由省长、市长或自治区主席签署。日期格式与一般行政公文相同。 议案的主送机关，只能是同级人民代表大会及其常务委员会，不能有其他并列机关。要采用全称或规范化简称，不得随意简化。

四、议案的模板

国务院关于提请审议××××的议案

国函〔××××〕××号

全国人民代表大会××委员会：

为了适应××的需要，推动××××改革，保护××××权益，确立、维护和发展××和谐××关系，促进经济发展和社会进步，××部门同有关部门草拟了××××。这个草案已经国务院常务会议讨论通过，现提请审议。

国务院总理×××（印）

××××年××月××日

五、议案的范例解析

【范例】

××省第×届人大第×次会议代表议案

第×号

案　　由：关于尽早制定我省普及九年制义务教育实施条例的议案

提议案人：×××、×××、×××

议案全文：第六届全国人民代表大会第四次会议通过的《中华人民共和国义务教育法》（以下简称《义务教育法》），已由国家主席颁布的38号命令予以发布，于1986年7月1日开始执行。这是我国教育史上的一件大事。它的实施对于从根本上提高全民族的素质，保证四个现代化建设的顺利进行，把我国建设成为高度文明、高度民主的社会主义强国具有十分重大的意义。

但是，《义务教育法》的真正实施，还将会碰到许多问题。为了使普及九年制义务教育的工作在我省有计划、有步骤、有保障地顺利进行，建议根据我省的具体情况，制定《义务教育实施条例》，按照《义务教育法》的规定，对学制、入学年龄、师资、经费、办学条件等重大问题，提出切合我省实际情况的、明确的、具体的要求，并以地方法规的形式予以颁布，以便能够运用法律的手段，确保《义务教育法》的贯彻执行。《义务教育实施条例》可由省人大法制委员会、科教文卫委员会和省教育厅负责拟订，经省人大会议或人大常委会审议通过后执行。

××××年××月××日

【点评】

1. 符合议案写作格式。该份议案属重大事件议案，由标题、案由、提议案人、正文组成，要素齐全。

2. 议案案由和正文部分写得清楚明了、情理相宜。案由部分“关于尽早制定我省普及九年义务教育实施条例”将提请审议的事项概括、精练地表述出来，前面用介词“关于”，保证了案由写作的规范性。案由下面分别列出提案的代表人名单，清楚明了。

议案正文由提出议案理由和实施办法两部分构成。议案理由即“第六届全国人民代表大会第四次会议通过的《中华人民共和国义务教育法》（以下简称《义务教育法》），已由国家主席颁布的38号命令予以发布，于1986年7月1日开始执行”；“为了使普及九年制义务教育的工作在我省能有计划、有步骤、有保障地顺利进行，建议根据我省的具体情况，制订《义务教育实施条例》”之后便是落实议案的办法、措施等。

整篇议案针对性强，紧紧围绕“九年制义务教育”这个中心依情况论理，情理相宜。提出的建议也很实际，有可操作性，确保了议案本身的价值。

六、议案的写作范例

◎建议性议案

【范例】

关于制订自然保护区法的议案

×××等40名代表提出，随着经济的高速发展，我国自然保护区所面临的开发与保护的矛盾日益突出，建设和管理随之显现诸多新问题，现行的自然保护区条例已难以适应新形势的要求。建议尽快制定出台自然保护区法，使我国自然保护事业逐步走向制度化、规范化、法制化。

近年来，我国的自然保护区建设发展迅速，无论是保护区的数量、面积，还是管理机构的设置、技术支持、人员配备等方面，都取得了较大成绩。截至××××年底，全国已建立各种类型、不同级别的自然保护区1999个，总面积达到144万平方公里，陆地自然保护区面积占国土面积的40%以上，基本形成了一个层次分明、类型众多的自然保护区体系。

现行的《中华人民共和国自然保护区条例》于××××年××月××日施行以来，在推动和规范自然保护区的建设与管理方面发挥了积极作用，野生动植物的种类和数量在逐年增加（××省××麋鹿国家级自然保护区现有麋鹿648头），保护生物圈在不断扩大。但随着经济的高速发展，我国自然保护区所面临的开发与保护的矛盾日益突出，建设和管理随之显现诸多新问题，现行《自然保护区条例》已难以适应自然保护区发展的需要。《条例》在实施过程中已逐渐显现出它的软弱性，尤以违反《条例》规定所承担的法律责任不十分明朗；《条例》中“以罚代法”缺少法律的强硬性。故建议国家尽快制订出台《自然保护区法》，使我国自然保护事业逐步走向制度化、规范化、法制化。

1. 强化管理职能。保护区肩负着对野生动植物和自然生态环境进行保护、建设、管理；开展科学研究；开展自然保护有关科普、法律知识的宣传、教育，提高公众对自然生态环境的保护意识；增进对国际组织的交往等管理职能。故建议明确规定保护区管理机构的性质、任务等；确立管理机构行政执法主体资格，强化管理职能。对破坏、侵占、掠夺自然保护区资源，变相或直接损毁自然生态环境等不法行为，须加大处罚力度。

2. 理顺管理体制。目前，我国自然保护区的管理体制不够顺畅，管理模式不能适应多类型保护区的管理需要。现实行的是综合管理与分部门管理相结合的管理体制：国家环保部门负责全国自然保护区的综合管理；林业、农业、地质矿产、水利和海洋等部门在各自的职责范围内，主管有关的自然保护区；县级以上地方政府负责自然保护区管理部门的设置和职责，由省、自治区、直辖市人民政府根据当地具体情况确定。这种多头管理、各自为政的管理体制不利于保护区建设。例如，我国的湿地实行多部门管理，所以在湿地保护和合理利用方面，各部门多从本部门的任务和需要出发，结果造成湿地保护与开发利用、环境保护与生产任务、工程建设与生态功能之间多重矛盾。结果各部门多从本部门利益出发，片面地追求当前的经济利益，忽视了湿地的保护，造成了生态环境的破坏。故建议国家应建立全国统一的管理体制，全面管理保护区。

3. 建立补偿机制。保护区一般都建立在经济欠发达地区，对地方经济发展会带来一定影响，地方群众对生态环境保护贡献较大、得到回报较少。故建议国家尽快建立生态补偿机制，确立生态有价、资源有价的理念。在政策、资金方面对所在地群众给予补偿。同时，对开发利用自然资源的企业事业单位收取一定的生态恢复或补偿资金，建立生态保护基金，以弥补生态环境保护资金不足。

4. 增加经费投入。全国国家级自然保护区现有188个，承担着约占国土面积13%的保护和管理职责。保护区远离城镇，工作人员长年累月守在深山老林或荒无人烟的原始地带，工作条件艰苦。故建议明确规定保护区管理机构管理经费全额纳入国家财政预算，努力提高其生活待遇，改善其工作环境，从而促进我国自然保护事业可持续发展。

提议案人：××× ×××

××××年××月××日

◎**任免性议案**

【范例】

关于提请任命×××职务的议案

区人大常委会：

根据《中华人民共和国地方各级人民代表大会和地方各级人民政府组织法》的有关规定，现提请任命×××为××区人民政府副区长。

请审议决定。

附件：×××同志简历及德才表现（略）

区长 ×××

××××年××月××日

第二节 函

一、函的概述

1. 函的含义

函是平行机关或不相隶属的机关之间，商洽和联系工作、询问和答复问题时所经常使用的一种公文文体。这种平行公文，一般不具有指挥或指示的作用，但实际工作中，上下机关之间联系工作，询问、答复或通知某些政策性问题时，也往往使用函，这时函件则具有一定的指示性和指挥性。

在公文的应用中，函的用途是比较广泛的。不相隶属机关之间商谈公务、接洽工作，询问事情、征求意见，答复问题、请求帮助及告知情况、催办事务等，都可以使用函；向归口管理部门请求对某一事项予以批准，也可以使用函。函既可以在平行机关及不相隶属的机关之间使用，也可以在上下级机关之间使用。

2. 函的特点

（1）沟通性

函对于不相隶属机关之间相互商洽工作、询问和答复问题，起着沟通作用，充分显示平行文种的功能，这是其他公文所不具备的特点。

（2）灵活性

表现在两个方面：一是行文关系灵活。函是平行公文，但是它除了平行行文外，还可以向上行文或向下行文，没有其他文种那样严格的特殊行文关系的限制。二是格式灵活，除了国家高级机关的主要函必须按照公文的格式、行文要求行文外，其他一般函，比较灵活自便，也可以按照公文的格式及行文要求办。可以有文头版，也可以没有文头版，不编发文字号，甚至可以不拟标题。

（3）单一性

函的主体内容应该具备单一性的特点，一份函只宜写一件事项。

3. 函的种类

“函”大体可分为商洽函、问答函、批答函三种。

（1）商洽函。用于不相隶属机关之间联系、商洽、协调某一问题或某项工作，如洽谈业务，要求协作，请求支援，商调干部，联系参观学习等。这一类既有致函也有复函；致函提出商洽的事宜和要求，复函则给予答复。如《关于日野FC164SA大卡车存在严重质量问题要求赔偿损失的函》是商洽函中的致函；1990年6月23日广州市人民政府办公厅《关于要求将广州市经济技术协作办公室驻海口办事处更名的函》，也是商洽函，是回复对方同时又要求对方回复的函。

（2）问答函。用于机关间询问政策性和业务性的问题以及其他需要搞清楚的事宜，如了解情况、征求意见、核查问题、催办事宜等。提出询问的是致函，给予解答的为复函。这类函既可以用于不相隶属的机关之间，也可用于有隶属关系的上下级之间。

（3）批答函。用于不相隶属机关间请求批准和答复审批事项。求批及审批也是对应关系。

二、函的写作技巧

1. 函的写作注意事项

（1）函是正式公文，必须具备公文的规范格式，公文的组成部分也要求完整。不要把函当成公务信件。

（2）扭转轻视“函”的倾向。函是国家行政机关的正式公文，有它的法定权威性。发文单位要郑重其事，不能因是“函”而轻率发出；收文单位要郑重对待，公事公办，一丝不苟，不能因其是“函”而不予理睬。尤其是向主管部门请示批准的函，它代行请示职能，不能因其不使用“请示”而弃之不顾。如果平行机关或不相隶属机关向主管部门请求批准而用了“请示”，恰恰是用错了文种。

2．函的写作要求

函的写作，除了要注意格式的规范化外，还要注意以下四点：

（1）行文要直陈事项、言简意明。这是为了提高办事效率，对函的内容表达提出的要求。受文单位和有关的其他单位可照做无误。要达到如此要求，写作时就要坚持开门见山、直陈事实，以简要的文字将需要商洽、询问（答复）、申请、知照的事项（问题）明确具体地交代清楚。

（2）用语谦和，讲究分寸。函可以多向行文。行文关系的多样和复杂，要求其更要注意语言的得体。因此，用语要讲究礼节，不使用告诫、命令性的词语，语气应委婉得体。涉外公函或不相隶属机关之间的公函，必要时还要使用尊称与致意性词语。但是公函与私人信件有严格区别，机关之间的诚恳致意是必要的，但不要形成客套；尊重对方是应当的，但不可过分恭维奉迎。用语应当适度，掌握分寸。比如，对于对方在工作中给予的充分支持和合作，在函中说声“感谢”或“感激”是必要的、恰当的。

（3）函主要用于说明有关事项与提出要求。

（4）函是正式公文的文种，必须行文郑重。必须具备正式公文的规范格式，使用印有发文机关名称的信纸，拟定标题，编制发文字号，结构要求完整。

三、函的写作格式

标　　题	公函的标题一般有两种形式。一种是由发文机关名称、事由和文种构成。另一种是由事由和文种构成。
主送机关	即受文并办理来函事项的机关单位，于文首顶格写明全称或者规范化简称，其后用冒号。

正　　文	1. 开头。主要说明发函的缘由。一般要求概括交代发函的目的、根据、原因等内容，然后用“现将有关问题说明如下：”或“现将有关事项函复如下：”等过渡语转入下文。复函的缘由部分，一般首先引叙来文的标题、发文字号，然后再交代根据，以说明发文的缘由。 2. 主体。这是函的核心内容部分，主要说明致函事项。函的事项部分内容单一，一函一事，行文要直陈其事。无论是商洽工作，询问和答复问题，还是向有关主管部门请求批准事项等，都要用简洁得体的语言把需要告诉对方的问题、意见叙写清楚。如果属于复函，还要注意答复事项的针对性和明确性。 3. 结尾。一般用礼貌性语言向对方提出希望。或请对方协助解决某一问题，或请对方及时复函，或请对方提出意见，或请主管部门批准等。 4. 结语。通常应根据函询、函告、函商或函复的事项，选择运用不同的结束语。如“特此函询（商）”“请即复函”“特此函告”“特此函复”等。有的函也可以不用结束语，如属便函，可以像普通信件一样，使用“此致”“敬礼”。
落　　款	一般包括署名和成文时间两项内容。 署名机关单位名称，写明成文时间年、月、日；并加盖公章。

四、函的模板

国务院办公厅关于××××问题的复函

国办函〔××××〕××号

××省人民政府、××总署：

××省人民政府《关于××××的请示》（×政〔××××〕××号）收悉。经国务院领导同志同意，现函复如下：

同意××××。

其他有关事宜，请你们与有关方面协商办理。

国务院办公厅

××××年××月××日

五、函的范例解析

【范例一】

关于羊毛产销和质量等问题的函

国家计委、经贸办、农业部、商业部、经贸部、纺织部、技术监督局：

为进一步发展我国的羊毛生产，搞活羊毛流通，提高羊毛质量，根据国务院领导同志的批示，现就有关问题通知如下：

一、要切实抓紧抓好草场建设和羊种改良工作。可以农业部、纺织部现有羊毛生产基地为基础，在牧区建立羊毛综合示范基地，并不断加强和改善基层收购单位分级收购、检验、打包运输等基础设施建设，从羊的牧养和毛的剪、购、用等方面加强系统管理。以农业部为主，会同纺织部、商业部研究制订方案，共同组织实施，国家可予适当支持，所需资金由国家计委商农业部安排落实。

二、技术监督局要加强羊毛的质量监督和检验工作。要健全和加强羊毛主产区专业纤维检验机构，积极采用先进的检验仪器和设备，提高检验指标的科学性、准确性和权威性。要加快推行净毛计价，逐步实行公证检验，与国际市场上的做法一致。尽快发布《羊毛质量监督管理办法》。

三、要尽快组织直接进入国际羊毛拍卖市场。以经贸部为主，会同纺织部、商业部组建联合机构，外贸公司和工业公司各出一部分启动资金，在一九九三年进入澳大利亚羊毛拍卖市场。国内毛纺企业在同等条件下，尽可能优先购买联合机构驻外公司的羊毛，做到统一对外。

四、为了促进国内养羊业的发展，支持纺织工业生产和扩大出口创汇，要鼓励毛纺企业在满足产品质量要求的前提下，优先使用国产毛。进口羊毛的品种和数量，国家要进行宏观调控，具体办法由国家计委会同经贸办等有关部门研究制定。

五、上述有关政策，请各有关部门、各地区特别是羊毛主产区认真研究落实，执行中的问题，由国家计委和经贸办协调，并督促落实。

国务院办公厅

××××年××月××日

【点评】

这是一份告知函，其特点是语言简洁凝练，表意清晰。

该文标题由发函机关名称、事由和文种三部分构成，符合函标题的写法。

正文阐述了两部分内容。第一部分是第一自然段，表明发函的缘由：一是

“进一步发展我国的羊毛生产，搞活羊毛流通，提高羊毛质量”；二是“根据国务院领导同志的批示”。而后，用一过渡句“现就有关问题通知如下”引出第二部分五点具体要求。五点中有四点是有关羊毛产销和质量问题的政策措施，最后一点是落实这些措施的要求。内容具体，层次分明，发展我国羊毛生产、搞活羊毛流通、提高羊毛质量要抓什么工作，哪项工作应该抓什么、怎么抓、由谁负责、资金怎么落实等都一一作了明确要求，使人一目了然，便于贯彻落实。这份“告知性”函由于是传达国务院领导的批示，因此，写法上与通知比较接近，其他种类的函一般不能采取这种写法和使用这样的语气。

【范例二】

国务院办公厅关于××省部分
特困少数民族的扶贫和发展问题的复函

××省人民政府：

你省《关于请示对××省部分独有特困少数民族给予特殊扶持政策的请示》（×请〔2000〕11号）收悉。经国务院领导同志同意，现就有关问题函复如下：

一、关于将你省×族等7个特困少数民族纳入21世纪初的扶贫发展纲要、实行特殊扶持政策问题。有关部门和单位正在研究拟定21世纪初中国扶贫开发纲要，将充分考虑你省7个特困少数民族的实际情况，继续予以扶持。其他少数民族的扶贫问题也将统筹考虑。

二、关于“十五”期间安排你省边境建设事业补助费问题。2000年中央已补助你省边境建设事业费3700万元，占当年全国边境建设事业补助费的18.5%。今后在研究边境建设事业补助费专项转移支付时，将继续考虑你省的实际情况，尽可能地给予照顾。

三、关于给予教育专项资金补助问题。国家在“十五”期间将继续实施“贫困地区义务教育工程”，对西部地区特别是边境少数民族地区的教育将予以重点扶持，对于你省×族等特困少数民族的教育问题将统一研究。

二〇〇〇年十二月二十八日

【点评】

这篇“函”短小精悍，叙事清楚，有理有节。

标题写明了复函事项，即“关于××省部分特困少数民族的扶贫和发展问题的复函”。

正文由两部分组成：先是引文。即引来文的标题、文号。先标题后文号的写法，使用过渡句“经国务院领导同志同意，现就有关问题函复如下”，转入“回复”内容。回复中就关于你省×族等7个特困少数民族纳入21世纪初的扶贫发展纲要、实施特殊扶持政策问题，关于“十五”期间安排你省边境建设事业补助费问题，关于给予教育专项资金补助问题三个方面的问题分别阐述了看法，表明了肯定的态度。即“将继续予以扶持”“尽可能地给予照顾”“统一研究”。这完全符合答复函正文的写作要求。

如有关“边境建设事业补助费”问题，列举了2000年已补3700万元，占当年全国边境建设事业补助费的18.5%。用数字证明，说理有据，入木三分，表明了国家已对这方面问题的重视，同时表示今后还将“尽可能地给予照顾”，令人信服。

【范例三】

关于请求解决我校进修教师住宿问题的函

××大学：

首先，感谢贵校给予我校办学的大力帮助与支持。现又有一个困难希望贵校帮助解决：我校已派××位年轻教师到贵校进修了一年，虽然已与贵校有关部门多次协商，但不知何故，他们的住宿问题至今尚未解决。恳请贵校早日予以解决。如确有困难需要我校协助，请尽量提出。

不知妥否，万望函复。

××电子工业学校（印）
××××年××月××日

【点评】

该篇请批函的特点是语言简洁凝练，表意清晰。

1. 标题明确单一，提出解决进修教师住宿问题的请求，符合“一文一事”的原则。

2. 措辞得体，客气中自有一股力量，使人难以拒绝：有感谢，也有请求，如“感谢贵校给予我校办学的大力帮助与支持”“希望贵校帮助解决（困难）”；有陈述，也有质疑，如“虽然与贵校有关部门多次协商”，但“至今尚未解决”；有恳求，也有体谅，如“如确有困难需要我校协助，请尽量提出”。

3. 正文写明了三层意思：一是发请批函的缘由；二是请求批准的具体事项；三是要求批准。

4. 结语“不知妥否，万望函复”一句，不仅语言谦和，而且还体现了“请批性”函要求答复的特点。

六、函的写作范例

◎告知性函

【范例】

告知函

××市××区××培训中心：

我司兹于××××年××月××日与贵方签订的《“××工商管理学院”课程订购合同》有效期为一年，到××××年××月××日止。但贵方在履行合同过程中出现多次违约行为，给我司造成了极大的损失。现将贵方违约事项告知如下：

一、按合同规定贵方应提供我司××个直播课程，并提供课程刻录服务。而贵方在培训计划中只安排了××个直播课程，实际播放只有××个课程，与合同规定相差××个；现已经刻录的课程也只有××个，还差××个。

二、按合同规定贵方应提供×××个精品重播课程，现只提供××个课程，还差××个。

三、贵方在没有告知和征得我司同意的情况下，私自将原由××视野教育科技发展有限责任公司为我司提供的课程服务，更换为××文化发展有限公司完成其后续培训服务。

四、在我司交付第二期款额以后，贵方却不能为我司提供课程录制服务。我司多次向贵方咨询情况，贵方向我司表示，不能录制是因为××视野的系统问题，正在维修。后又经过多次交涉，贵方答应补××个课程给我司，此课程中有×个课程，我方已有资料，实际补给××个课程，而且此课程还需要用U盘解码才能播放。但是，至今贵方仍未向我司提供此解码U盘。

五、与贵方反映的不能刻录视频课程和课程补给问题，贵方至今未给我司回复。

综上所述，贵方未按合同规定提供应有的学习课程和刻录权利，及未经我司同意私自更换课程服务公司，应属违约行为，并有故意隐瞒，严重损害了我司的合法权益，使我司不能开展正常的培训工作。依据有关法律法规及双方签署的《“××工商管理学院”课程订购合同》第五条第四款规定，现我司向贵方提出以下索赔：

一、贵方理应返还尚未提供的学习课程和录制课程的费用。

二、按约规定，贵方应支付给我司违约金人民币10000元。

请贵方于本函收到之日起1个工作日内给予回复，否则，我司将通过法律途径保护自己的合法权益。

特此告知。

××机电集团有限公司
××××年××月××日

◎委托函

【范例】

危险化学品经营单位委托审查函

×安监危化字〔××××〕××号

××市安监局：

你市危险化学品经营企业已向我局提出办理危险化学品经营许可证申请，我局已受理了申请，现委托你局对该单位的安全条件和评价报告的真实性进行严格审查。审查意见要翔实、具体。请于××××年××月××日前将审查意见报至省局危化处，×××－×××××××××（传真）。

××局
××××年××月××日

◎商洽函

【范例】

中国××研究所致××大学商洽建立全面协作关系的函

××大学：

近年来，我们研究所与贵校在一些科学研究项目上互相支持，取得了令人满意的成绩，建立了良好的协作基础。为了巩固已取得的成果，取得更大的成就，建议我们双方今后能进一步在学术思想、科学研究、人员培训、仪器设备等方面建立全面的交流协作关系，特提出如下意见：

一、定期就共同关心的学术问题举行所、校之间的学术讨论与学术交流；共同分析国内外同行的项目动态和发展趋势；互相参加对方组织的学术年会及专家讲学活动；互派专家参加对方的学术组织对科研发展方向、任务和学位、学术论文及重大科研成果的评审工作。

二、根据所、校各自的科研发展方向和特点，对双方共同感兴趣的课题进行协作。协作形式和办法视课题性质和双方条件，制订单项协议。

三、根据所、校各自人员配备情况，校方在可能条件下对所方研究生、科研人员的培训予以帮助，所方为学校学生、研究生的毕业论文提供指导。校、所双方教学科研人员对等地承担对方一定的教学科研工作，享受同原单位职称相应的待遇。

四、双方每年进行科研计划交流以便掌握方向，协调分工，避免重复。共商协作项目，使双方有所侧重与分工。

五、双方科研教学所需高、精、尖仪器设备，在可能情况下向对方提供使用，并协助做好测试工作。双方的附设工厂车间，相互给予科研和实验设备加工的方便。

六、加强图书资料和情报的交流。

以上各项，如蒙同意，建议互派科研主管人员就有关内容进一步磋商，达成协议，以利工作。

特此函达，请即研究函复。

中国××研究所

××××年××月××日

第三节 会议纪要

一、会议纪要的概述

1. 会议纪要的含义

会议纪要是记载和传达会议情况与议定事项的公文。会议纪要对上级机关、单位可作情况汇报；对下属机关、单位可指导工作；对与会机关、单位可作为开展工作的依据，要求共同遵守、执行；对友邻机关、单位可起到互通情报的作用。

会议纪要与会议记录是两个不同的概念，二者的区别十分明显。从应用写作和文字处理的角度来探析，二者截然不同。

会议纪要是一种法定的公务文书，其撰写与制作属于应用写作和公文处理的范畴，必须遵循应用写作的一般规律，严格按照公文制发处理程序办事。而会议记录则只是办公部门的一项业务工作，属于管理服务的范畴，它只需忠实地记载会议实况，保证记录的原始性、完整性和准确性，其记录活动同严格意义上的公文写作完全是两码事。二者在载体样式、称谓用语、适用对象、分类方法、内容重点以及处理方式等诸多方面都有明显区别。

2. 会议纪要的适用范围

会议纪要适用于记载和传达会议情况和议定事项。就其基本特征而言，会议纪要应当算是一种实录性公文，是在对会议讨论的事项加以归纳、整理的基础上，将会议内容反映出来的公文文种。除了能够起到通报会议精神的作用，上报上级机关的会议纪要往往还能起到反映情况、汇报工作的作用；下发下级机关的会议纪要，往往具有统一认识、指导工作的作用；抄送平行机关或不相隶属机关的会议纪要，则能起到交流信息、沟通情况、知照事项的作用。会议纪要是会议文件，但并非所有的会议都要形成会议纪要。通常只有大中型会议或比较重要的会议，才要求写会议纪要。特别是尚未形成正式决定，而讨论事项又要求有关人员了解的会议，则更需要写会议纪要了。

3. 会议纪要的特点

（1）具有纪实性

会议纪要是根据会议的宗旨、议程、决议等整理而成的公文，它是对会议基本情况的纪实。会议纪要的撰写者不能更改会议议定的事项，更不能随意改动会议上达成的共识和形成的决定。

（2）具有概括性

会议纪要要在“要”字上下功夫，不是把会议的所有内容都原原本本地记录下来，它要有所综合、有所概括、有所选择、有所强调。会议纪要需要在会议后期甚至会议结束之后，对整个会议的各种材料和观点，经过分析、研究、综合整理，将主要精神、主要议决事项、主要观点，按一定逻辑顺序撰写出来，而不像会议记录那样随会议的进行自然而然地产生。

（3）具有指导性

即会议纪要对工作有一定的指导作用，它要传达情况和会议精神，要求与会单位相关部门以此为依据开展工作。

4. 会议纪要的分类

会议纪要大致有两种类型：

（1）办公会议纪要。又称日常行政工作会议纪要。主要用来反映党政机关、人民团体、企事业单位的领导机关开会研究问题、部署工作的情况，其作用是为机关单位工作的开展提供实在的指导和具体的依据。

（2）专项会议纪要。各种各样的交流会、座谈会、研讨会的会议纪要，多属于这一类。这类会议纪要常常通过对涉及有关工作的重要方针、政策和理论原则问题的交流、讨论情况的纪实，给人们以深刻的启发，给工作以宏观的指导。但是它如果未经领导机关批转就不具有像办公会议纪要那样的行政约束力。

二、会议纪要的写作技巧

1．会议纪要的写作注意事项

（1）要突出中心。

（2）注意吸收正确意见。

（3）要条理化、理论化。

（4）要忠于会议的实际内容。

（5）要认真做好会议记录，详尽地占有材料；并且要认真研究会议的精神，以便对材料正确取舍，合理删减。

（6）会议纪要是与会者共同意志的体现，落款应是全体与会单位，故不写落款，不加盖公章，与会者带回去执行就行了。

2．会议纪要的写作要求

会议纪要中所叙述的问题，必须按照会议的实际情况准确反映，绝不能随意发挥，要把重点放在经过会议讨论并通过了的决议上。凡是会议没有研究讨论的问题一律不能写入会议纪要。总之，会议纪要阐述要清楚，交代要具体，观点要鲜明，是非要分明，实事求是，突出要点，语言要简练、准确，条理要清晰，概括要完整，只有这样才能写好会议纪要。

三、会议纪要的写作格式

标　　题	有两种格式：一是“会议名称＋纪要”，也就是在“纪要”两个字前写上会议名称。如，全国财贸工会工作会议纪要；又如，××省工商行政管理局局长会议纪要。会议名称可以写简称，也可以用开会地点作为会议名称。如，京、津、沪、穗、汉五大城市治安座谈会纪要，又如，郑州会议纪要。二是把会议的主要内容在标题里揭示出来，类似于文件标题。如关于加强纪检工作座谈会纪要；又如，关于落实省委领导同志批示保护省级文物七级浮屠塔问题的会议纪要。
发文编号	文号写在标题的正下方，由年份、序号组成，用阿拉伯数字全称标出，并用“【】”括入，如：【2004】67号。办公会议纪要对文号一般不作必须的要求，但是在办公例会中一般要有文号，如“第××期”“第××次”，写在标题的正下方。 会议纪要的时间可以写在标题的下方，也可以写在正文的右下方、主办单位的下面，要用汉字写明年、月、日，如“二〇〇二年八月十六日”。

正　　文	简要介绍会议概况，其中包括： 1. 会议召开的形势和背景； 2. 会议的指导思想和目的要求； 3. 会议的名称、时间、地点、与会人员、主持者； 4. 会议的主要议题或解决什么问题； 5. 对会议的评价。
结尾部分	一般写法是提出号召和希望。但要根据会议的内容和纪要的要求，有的是以会议名义向本地区或本系统发出号召，要求广大干部认真贯彻执行会议精神，夺取新的胜利；有的是突出强调贯彻落实会议精神的关键问题，指出核心问题；有的是对会议作出简要评价，结合提出希望要求。

四、会议纪要的模板

关于××××问题的会议纪要

第××号

××××年××月××日上午，市政府办公厅×××主持召开会议，协调解决××××问题。参加会议的有××、××、××等有关部门的负责同志。

会议认为，××××问题，是××××问题。早几年曾多次协调，虽有进展，但未有结果。最近，按照××××、××××的批示精神，在××××的协调下，双方本着××××的原则，合情合理地提出解决这宗矛盾的方案。

经过协商、讨论，××××。会议决定如下事项：

一、(略)

二、(略)

三、(略)

××××办公厅

××××年××月××日

五、会议纪要的范例解析

【范例一】

××大学企业集团控股有限公司会议纪要

(二〇〇一年二月二十一日)

时间：2001年2月21日下午

地点：企业集团会议室

参加人员：陈×、　田×、　裘××、　叶××

因公外出：姚××

主持人：陈×

2001年2月21日下午，陈×总裁主持召开新学期首次总裁办公会议，提出2001年企业集团的工作思路，布置和落实2001年的工作重点和工作任务，并要求集团总部各部门依据总体思路制订各部门2001年工作计划。会议认为：

一、企业集团的工作职责和管理范围已明确，针对目前现有所属企业状况，我们的工作思路是：扶持和培育10～15家骨干企业；稳定30家左右中等企业；撤、并、停、转、重组一批小企业和困难企业。在此工作思路的框架下，使企业集团下属的子企业数量明显减少，并促进了有潜力的企业的快速发展。

二、依据今年的工作思路，结合企业的改制和企业外迁，集团总部内具体工作任务是强化基础管理工作，建立三库。

（一）建立企业资产财务信息库、人力资源库和企业基本情况数据库。力求数据准确、内容齐全、分类清楚、查阅方便。

（二）加强集团内部管理，强化服务意识，理顺工作程序，严格考勤考核工作，增强执行制度和各项规定的自觉性，树立企业集团的良好形象。

三、制订新的企业考核体系，对企业不同性质、不同行业应有不同的考核办法；制定对控股、参股企业中集团派出人员的工作条例，确保信息畅通。

四、规范参股、控股企业的设立程序、完整材料，以条例形式进行管理。

【点评】

该篇会议纪要为决议式纪要。该纪要以综合反映会议共识与决策为基本内容，导语采用了条目式写法，使人们对会议的时间、地点、与会人员等要素一目了然，而会议重要议题则由主持人提出，一句“会议认为”承上启下，引出下文。会议决议以条文列出，结构层次清晰，逻辑性强。

【范例二】

××市人民政府
关于研究解决创建国家卫生区工作
有关问题的会议纪要

×政会〔××××〕××号

××××年××月××日，×××副市长主持召开会议，研究解决创建国家卫生区和市级卫生村工作有关问题。

会议听取了市爱卫会关于创建国家卫生区和市级卫生村的情况汇报，讨论了《××市创建国家卫生城市方案》。

会议认为，创建国家卫生区和市级卫生村，对于促进全市经济建设、社会发展和举办一届最出色的奥运会具有重要意义，各级政府、各有关部门要提高认识，加强领导，明确分工，狠抓落实。

会议确定，今后几年本市创建国家卫生区和市级卫生村工作的目标是：按照“政府组织，地方负责，部门协调，群众动手，科学治理，社会监督，分类指导”的工作方针，全面开展创建国家卫生区和市级卫生村工作，到××××年年底前，城区全部达到《国家卫生区标准》，并力争××××年年底以前通过国家卫生城市的考核验收；近郊区的农村全部达到《××市卫生村标准》；1/2的远郊区（县）政府所在地达到《国家卫生区标准》；平原地区公路干线（国道、市道）两侧和风景旅游区周围5公里内的行政村、山区公路干线两侧和风景旅游区周围2公里内的行政村达到《××市卫生村标准》。到“××”末期，市级卫生村的总数超过全市行政村总数的1/5。

会议议定事项如下：

一、原则同意市爱卫会提出的创建工作方案，会后，由市爱卫会对方案修改完善后印发各区县政府和委员单位。

二、为确保创建工作目标按期完成，按照创建国家卫生区和市级卫生村的标准进行任务分解。

由市市政管委、市环保局负责市容环境卫生、环境保护工作；

由市卫生局负责健康教育、食品卫生、公共场所及饮用水卫生、传染病防治工作；

由市爱卫会负责爱国卫生组织管理、除四害、单位及居民区卫生和民意测验、宣传、监督检查评比、信息交流等工作；

由市爱卫会、市农委负责创建市级卫生村工作。

各区县政府要按照属地管理的原则，加强组织领导，做好协调配合工作。

三、市爱卫会牵头负责创建工作，要充分发挥综合协调职能，转变工作方法，结合实施××行动规划，提高爱国卫生工作的科技水平，将创建工作作为城市管理和建设的重要内容抓紧抓好，并注意及时总结经验，鼓励先进。要充分发挥新闻媒体的作用，宣传创建工作的目的和意义。各区县、各部门和单位也要利用多种形式，广泛开展宣传活动，发动群众积极参与创建工作。

××市人民政府

××××年××月××日

【点评】

本文属于决议性会议纪要，整篇纪要内容明确肯定，议定事项清楚，语言表达简明。

前两个自然段概括了会议基本情况。然后，采用以会议为第三人称的方式，分别用“会议认为……”和“会议决定……”概括反映会议的基本精神，这些实际上是与会者的共识。紧接着，将会议结论意见概括为三个方面给予简要说明。这一部分反映了会议结果，这样就抓住了会议的关键内容，为会后贯彻落实会议内容提供了直接依据。

【范例三】

××县××港工程初步设计审查会议纪要

（××××年××月××日）

××××年××月××日，由省交通厅主持在××市召开了××县××港工程初步设计审查会。参加会议的有：省交通厅、计委、建委、水电厅、环保局，××市、××县人民政府等有关部门领导、专家与代表共××名（名单附后）。省交通厅×××副厅长、××市××副市长参加了会议并作重要讲话。会议听取了省航务管理局综合设计室的工程设计介绍，审阅了设计资料和图纸，进行了深入的讨论。现将会议纪要如下：

一、会议认为，设计单位在已批准的工程报告基础上，作了两个设计方案比较，该两个方案均能达到港口年××量××万吨的要求，其设计内容符合有关规定，达到初步设计的深度要求。

二、关于港口总平面的布置，代表建议在方案Ⅱ的基础上进行优化，同时建议将生活区移到作业区以外，要充分利用岸线，留足港口发展用地，将预留的岸线在图上也布置上泊位。

三、与会代表认为，根据设计低水位定的港池底标高是合适的，考虑到××水电站实际运行情况，并结合城区规划，将码头面高程定为××米也是合适的。

四、同意采用固定吊装卸工艺方案。

五、关于码头结构，同意采用衡重式浆砌石方案，但要对衡重式码头墙身的断面尺寸及基坑坡度进一步优化，以节省投资。

六、为充分发挥港口效益，请有关部门考虑对港址至主河口这段航道的治理问题。

七、建议进一步充实完善供水、供电、消防、环保设计，以符合有关规定要求。

八、本工程概算使用的依据、定额、施工取费等是正确的。根据交通部交基发〔××××〕××号文件精神，要求设计单位重新编制概算上报审批。

九、会议认为，建设××港是很必要的，其经济效益是好的，建议积极筹措资金，尽快实施。

【点评】

该篇会议纪要言简意赅，层次清晰。

1. 由标题、通过会议纪要日期和正文三大部分构成，要素齐全，符合会议纪要的写作格式要求。

2. 开头简明扼要地将会议的自然情况（即会议召开的时间、地点、参加会议人员、会议基本情况等）交代得清清楚楚。

3. 会议纪要能全面地反映会议研究的内容，文字精练。记述会议议定的9个事项比较全面具体。

4. 写作用语简朴而实用。

六、会议纪要的写作范例

◎交流性会议纪要

【范例】

××物理学会第×届×部××省（区）市物理学会联合学术交流会会议纪要

×部××省（区）市物理学会联合学术交流会，是××物理学会的系列学术交流会议，每两年召开一次，前×届分别在××、××、××成功举办。××××年××月××日至××日，“第×届×部××省（区）市物理学会联合学术交流会”在××市举行。本届会议由×部××省（区）市物理学会主办，××物理学会承办，××大学物理学院、××师范大学数理信息学院协办。

来自×部××省区市和××、××、××等地区，约××个单位的×××余位代表参加了交流会。大会还特别邀请到中国工程物理研究院的×××院士出席并做特邀报告。出席开幕式的有关领导有：中科院××研究所副所长×××，××物理学会×××研究员，××物理学会、××大学物理科学与技术学院院长×××教授，××师范大学数理信息学院×××院长，××物理学会秘书长×××，×部各省区市物理学会理事长、秘书长等。

本次会议共收到学术论文××篇，经过会议专家评审，录用××篇。并分别在××大学学报（自然科学版）正刊和增刊上发表所有科研类论文。大会共交流××篇口头报告，涉及非线性光学材料、纳米材料、团簇物理、重离子束辐射技术在生物中的应用等多个前沿学科。此外大会还就教学类论文进行了评选，评出教学类优秀论文××篇。

会议期间，召开了各×部省（区）市物理学会秘书长工作交流会，会议确定了“第×届×部××省（区）市物理学会联合学术交流会”将于××××年由××省物理学会承办。

本次研讨会着眼于近年来物理学科的最新发展，交流物理学各分支学科的最新科研成果及物理教学、教改经验；展示了×部物理学研究的成果与进展，促进了×部科研单位和大（中）专院校及中学之间的物理学科的合作与交流，以期进一步提高×部地区物理教育和科研水平。

××物理学会

××××年××月××日

◎一般会议纪要

【范例】

中国财务公司协会第五届理事会第二次会议纪要

中国财务公司协会第五届理事会第二次会议于××××年××月××日在北京××饭店召开。会议由×××理事长主持，××位理事或受托人参加了本次会议，××、××和××三家理事单位因故缺席。银监会非银部的×××主任及中国银行业协会的×××专职副会长应邀出席了会议。

现将会议主要内容纪要如下：

一、中国银行业协会×××副会长介绍了经验。（略）

二、审议通过了《诚实守信，规范自律，优质服务，促行业发展倡议书》。（略）

三、审议了《中国财务公司协会第五届理事会工作规划》和《中国财务公司协会××××年工作计划》。（略）

会议结束时，×××理事长提出了四点要求。一是协会要认真贯彻落实好×××主任的讲话精神；二是秘书处要根据各位理事的意见，对各项议题认真进行修改完善，尽快下发；三是要认真修改协会××××年工作计划，计划要细化、具体、明确，要明确具体时间和具体负责人；四是秘书处要认真组织会员交流，互相学习，共同提高，以提高财务公司的社会地位。

××××年××月××日

第七章　条例、章程、制度的写作

第一节　条　例

一、条例的概述

1. 条例的含义

条例是国家权力机关或行政机关依照政策和法令而制定并发布的，针对政治、经济、文化等各个领域内的某些具体事项而作出的，比较全面系统、具有长期执行效力的法规性公文。条例是法的表现形式之一。一般只是对特定社会关系作出的规定。条例是由国家制定或批准的规定某些事项或某一机关组织、职权等规范性的法律文件，也是指团体制定的章程。它具有法的效力，是根据宪法和法律制定的，是从属于法律的规范性文件，人人必须遵守，违反它就要带来一定的法律后果。

2. 条例的适用范围

条例通常由国务院制定和发布。有时也由有关部、委制定，经国务院批准后发布。有的条例涉及范围广，属于重大行政措施，要经全国人民代表大会常务委员会讨论通过，并以中华人民共和国主席令的方式发布。条例发布后，在执行范围内具有强制遵循和执行的权威性与效力。省、自治区、直辖市级行政机关不使用这种文体。

3. 条例的特点

（1）内容的广泛性。条例的内容涉及经济、教育、科学、文化、卫生、体育事业、城乡建设事业和财政、民政、公安、民族事务、司法行政、监察、计划生育等各个领域，也包括经济性工作。

条例实质上是对国家政策、法律和法令的补充性说明或辅助性规定。

（2）制定机关的特定性。条例的制定机关是有权制定国家法律、法规的国家权力机关或行政机关，它包括全国人民代表大会及其常委会，国务院，省、自治区、直辖市人大及其常委会，省会市、国务院批准的较大的市的人大及其常委会。

（3）实施的强制性。因为条例制定机关是具有高层次的国家和地方权力机关和行政机关，所以条例具有权威性、强制性和约束性。制发机关所辖区域的一切机关、团体、企事业单位和公民都必须认真遵守执行条例的规定，不得违反，否则将承担相应的法律责任。

（4）严格的约束力。作为规章制度性质的文件，条例所规定的某些事项和某些规章制度，是根据党的路线、方针、政策制定的，各级组织和个人应该遵守什么、禁止什么、违反了怎样处置等，都有明确的规定，有非常强的约束力。

（5）制定的程序性。条例一般要经过专门的发布程序后方可生效。

（6）措辞准确，经得起推敲。条例是作为行政法规使用的，不容半点含糊，要让执行者一看便知，是非清楚，不至于发生歧义。这就要求条例的措辞绝对准确，每一章节条款、一句一词都只能有一种理解，以便确保其严肃性和权威性。

4．条例的种类

（1）组织规章条例。党的机关制定的公文条例，都属于组织规章性条例。它主要用来规范党组织的工作、活动和党员的行为，是党内的法律，任何党组织或党员违反了其中的规定，都将受到严厉的党纪处分。

（2）法律实施条例。国家的法律制定颁布之后，在执行时往往还会有许多不够具体明白的地方，有时需要用条例进行补充说明或作出辅助规定，以保证法律得到准确的执行。法律实施条例可以对法律中的概念进行解释说明，可以把某些条文细节化、具体化，还可以对法律进行补充。

（3）行政管理条例。国家行政部门在行使职权进行管理的时候，针对某项长期性工作制定的规章制度，属于行政管理条例。

二、条例的写作技巧

1．条例的写作注意事项

写作条例，要注意以下问题：

（1）要依据党规国法和自身的法定权限；

（2）不仅要写明准许什么、不准许什么，还要写明违反的处理规定；

（3）概念要明确，不允许有不同的解释。

2．条例的写作要求

（1）条例的写作必须符合国家法规，符合党的方针政策。制定条例时，要以维护国家、集体的根本利益为前提，所以在制定前，要充分进行调查研究，充分领会国家的有关政策精神和本地区、本单位的实际情况，不能有疏漏。

（2）条例的种类很多，必须要有明确的权限。要注意条例的使用范围，不可越权制定。

（3）条例的最大特点是分条列项，条目要从头贯到底，所以要注意结构严谨、条目清晰。凡经有关部门或会议肯定的，首先要把内容和事项搞清楚，抓住主要问题和基本精神，采取分章、分条、分款的办法，用简洁、准确、具体的文字，把内容一一表达清楚、明白，切不可模棱两可、含糊不清，更不能有遗漏，特别要注意未经决定或有分歧的意见，一概不可写入条例中。

三、条例的写作格式

标　　题	条例的标题由制发机关、事由和文种类别组成，有的可省去发文机关，或在文种类别前加“暂行”等表示性质的限定词。
发文时间	如果标题中不标明发文机关，必须在正文之后增加落款，署上发文机关和日期。
正　　文	条例的正文，可分为总则、分则和附则来组织结构。总则或相当于总则的部分，多有一段导入语，简要说明条例制发的目的、意义、法律依据、适用范围等。分则是分章节或条目分列条例的具体内容。附则部分是对分则的补充说明，多用以说明条例的生效日期、适用对象、解释权限，以及与相关的法令政策的关系等。 内容比较简单的条例，直接分条目列述即可。 条例是国家法令政策的具体阐释和补充，本身也具有法令的权威性和严肃性。它的写作，首先要正确把握其法律依据和界限；其次是要严密准确，不能有含糊和漏洞；再次是“条”“例”结合，“条文”是政策和法令，“例设”是补充与具体解释，前者要概括，后者须具体明确；最后，条文的结构要条理井然，语言鲜明准确。

四、条例的模板

中华人民共和国××××条例

第一条　为了××××，进行社会主义现代化建设，确定发行××××。

第二条　××××的发行对象是：××、××、××等。

第三条　××××发行的数额由国务院确定，并从××××开始发行。交款期限，单位交款××××结束，个人交款××××结束。

第四条　××的利率，单位购买的，年息定为××；个人购买的，年息定为××。

××在××时一次付给，××××。

第五条　××以××为计算单位。

……

五、条例的写作范例

◎行政管理条例

【范例】

××市林业行政管理处罚条例

（××××年××月××日××市第××届
人民代表大会常务委员会第××次会议通过并发布）

第一章　总　则

第一条　为了加强林业行政管理，保护、发展和合理利用森林资源，创造良好生态环境，根据《中华人民共和国森林法》、《××省绿化条例》和有关法律、法规的规定，结合成都市实际，制定本条例。

第二条　本条例所称林业行政管理是指对植树造林、森林保护、经营管理、森林采伐、木材加工运输过程中所进行的行政管理。

第三条　市林业行政主管部门主管全市林业工作。区（市）县林业行政主管部门主管本行政区域内的林业工作。

土地、工商、建设、环保、农业、水利、交通等相关行政管理部门，按照各自的职责，协助林业行政主管部门做好林业工作。

第二章　植树造林

第四条　植树造林实行部门、单位负责制。

植树造林责任单位的造林绿化任务，由所在地区（市）县人民政府下达责任通知书，予以确认。责任单位必须按要求按时完成造林任务。

植树造林要选育良种壮苗，遵守造林技术规程，实行科学造林，提高林木的成活率、保存率。本行政区域内当年造林、验收成活率不足85%的，不得计入年度造林完成面积。

切实加强幼林管护。需封山育林的，由各区（市）县人民政府组织实施。

第五条　依法保护单位和个人植树造林、承包造林的合法权益，任何单位和个人不得侵犯造林者依法享有的所有权和其他合法权益。

第六条　植树造林是公民应尽的义务。各级人民政府应当组织全民义务植树，开展植树造林活动。

第三章　森林保护

第七条　禁止盗伐、滥伐林木。

禁止毁林开垦、采土、采石、采沙及其他破坏林地的行为。

禁止在幼林地、封册育地和特种用途林内砍柴、放牧。

禁止毁林采种和违反操作技术规程采脂、挖笋、掘根、剥树皮及过度修枝等毁林行为。

第八条　禁止对天然林进行采伐和从事可能导致天然林毁坏的活动。

以保护、培育天然林为目的的抚育性采伐，经区（市）县林业行政主管部门逐级上报审核批准后，由森林经营单位按照批准的方案组织实施。

……

第四章　经营管理

第十五条　市林业行政主管部门根据林业法律、法规的规定，编制全市林业长远发展规划。

区（市）县林业行政主管部门，负责组织本行政区域内的森林资源调查并建立档案，编制森林经营方案和林业发展规划等项工作。

……

第十九条　在林木、林地权属争议解决以前，任何一方不得砍伐有争议的林木。

第五章　森林采伐

第二十条　采伐林木必须申请采伐许可证，按许可证的规定进行采伐；农村居民采伐自留地和房前屋后个人所有的零星林木除外。

……

第六章　法律责任

第二十三条　违反本条例第四条规定，未按要求完成造林任务，责令限期完成造林任务，逾期仍未完成的，可处未完成部分所需造林费用2倍以下的罚款。

……

第三十五条　当事人对行政处罚决定不服的，可依法申请行政复议或提起行政诉讼。逾期不申请复议或者不向人民法院起诉又不履行处罚决定的，由作出处罚决定的机关申请人民法院强制执行。

第七章　附　则

第三十六条　本条例自公布之日起施行。××××年××月××日××市人民代表大会常务委员会公布的《××市林业行政管理处罚条例》同时废止。

第二节 章 程

一、章程的概述

1．章程的含义

章程是一个党派组织、社会团体、公司企业为保证其组织活动的正常运行，系统阐明自己的性质、宗旨、任务以及规定成员的条件、权利、义务、纪律及组织结构、活动规则，要求全体成员共同遵守的一种规则性文书。

2．章程的使用范围

一是政党或社会团体，用以规定其组织的性质、任务、宗旨等，让本组织的成员共同遵守，以保证其纯洁性和战斗力；二是企事业单位用以规定其业务性质、活动制度和行为规范，以保证企事业繁荣昌盛。有章可循，诸事好办，无章可依，诸事难成，章程是非常重要的。

3．章程的特点

（1）内容纲领性强

章程规定一个组织的组织规程和办事规则，具有纲领的性质。它属下所有组织和成员都得承认，共同遵守。组织规程是该组织的最高准则，该组织的一切活动，都必须遵循这个章程，体现这个章程的基本精神。

（2）通过合法程序制定

章程一定要通过合法的程序制定，才能要求属下所有组织和成员认可，才能要求所有的组织和成员遵守。通常是成立起草小组拟出草案征求意见，最后由该组织的最高级会议——代表大会通过，成为正式章程。这一点，一般在标题下面就要标明，这是它有法定的权威和法定约束力的主要原因。

（3）用条款方式说明

一般公文，以说明为主要表达方式。为了讲明事情真相，有时也用议论。章程，它解说性质、任务、权利、义务和活动原则等，全用说明的方法，用最简洁的语言把有关内容阐述清楚。

章程的内容全部用条文表达。常用章条式排列，以显示各层次之间的关系。条文表达，断裂行文，是章程表达方面最突出的特点。

4．章程的分类

章程共分为两类，一是党政团体章程，如《中国共产党章程》《中国科技协会章程》；二是企事业单位章程，如《中国人民保险公司章程》。

章程的主要特点是法规性、规范性和约束力。一个政党和团体的章程，就是这个组织的根本法，该组织的所有成员都必须按照章程规定的条文规范自己的行为，其条文具有很强的约束力。违背章程的规定，就要受到该组织的惩罚或谴责，乃至被组织开除。企事业单位的章程，其成员也必须受其约束，严格按照章程规定的业务经营性质、业务活动和基本工作职责去办理。

二、章程的写作技巧

1．章程的写作注意事项

章程的写作，必须注意其严肃性，务必使每章每条都合理、规范和完备。所涉及的内容，要根据现有可能条件，尽量做到周到细致，完备无缺，同时又要考虑在一定时间内的稳定性。条文要明确、具体、通俗易懂，措辞规范，不使用抽象笼统的文句，条文要前后贯通，不能前后矛盾或解释不一。撰写章程还要广泛征求专家意见，多次讨论，逐步完善定稿。为了确定章程的效力，也可标明批准、公布机关及生效时间、修改权、解释权等。

2．章程的写作要求

写作章程时应字斟句酌，文字既要简练，又要贴切；内容既要完整，又要有层次性。具体要做到如下四点：

（1）要做到严谨、周密和规范。由于章程具有纲领性和稳定性的特点，要求写作者在下笔时谨慎行事，不可乱用词语。对于一些尚把握不准的提法和难以阐明的定义，不要勉强写入，以免造成歧义。

（2）规定要简练扼要，切实可行，不要提过高的要求和目标。

（3）由于章程具有一定约束力，所以写作时行文中对关键词的界定一定要以党和国家的大政方针为依据，切不可写入与法律条文相悖的字句。

（4）用语要贴切、恰当、准确、简明，对于一些容易产生误解的词要严禁使用。

三、章程的写作格式

标　　题	由章程制定者和文种类别组成。
通过时间 会　　议	在标题下，写上何时由什么会议通过，或何时由何机关批准，或何时公布，并用括号括上。
正　　文	章程的正文，一般都是开门见山和分章列款行文的。大体有总纲分章式、条目式两种写法。 1．总纲分章式。总纲分章式一般用于政党和团体的章程；总则、分则和附则式，多用于企事业单位的章程。 2．条目式。即比较简单的章程，逐条写下去，不再分章、分项、分款。

四、章程的模板

××省××××学会章程

（××××年××月××日×××大会修订通过）

第一章　总　则

第一条　本团体的名称为××××，英文译名为××××。

第二条　本团体是××省县以上机关党务工作者研究机关党的建设理论与实践问题的群众性学术团体。

第三条　本团体的宗旨是×××××××。

第四条　本团体接受业务主管单位××省民政厅的业务指导和监督管理。

第五条　本团体住所在××××××。

第二章　业务范围

第六条　本团体的业务范围：

……

第三章　会　员

第七条　本团体的会员分为×××、×××。

第八条　申请加入本团体的会员必须具备下列条件：

……

第九条　会员入会的程序是：

……

第十条　会员享有下列权利：

……

第十一条　会员履行下列义务：

……

第十二条　会员退会应书面通知本团体并交回会员证；会员如果一年不交纳会费或不参加本团体活动的，视为自动退会。

第十三条　会员如有严重违反本章程的行为，经××理事会表决通过，予以除名。

第四章　组织机构和负责人产生、罢免

第十四条　本团体的最高权力机构是会员代表大会，会员代表大会的职权是：

……

第十五条　会员代表大会。

……

第十六条　会员代表大会每届五年，因特殊情况需提前或延期换届的，须由××理事会表决通过，报业务主管单位审查并经社团、登记管理机关批准同意，

但延期换届最长不超过××年。

第十七条　理事会是会员代表大会的执行机构，在闭会期间领导本团体开展日常工作，对会员代表大会负责。

第十八条　理事会的职权是：

……

第八章　附　则

第四十六条　本章程经××××年××月××日会员代表大会表决通过。

第四十七条　本章程的解释权属本团体的理事会。

第四十八条　本章程自社团登记管理机关核准之日起生效。

五、章程的范例解析

【范例】

中国写作学会章程

（××××年××月××日中国写作学会第××届理事会修订通过）

第一章　总　　则

第一条　本会是我国高等院校从事写作教学和写作学科研究的教师，以及从事与写作学科有关的党政机关、新闻出版等方面工作的人员，在党的领导下，自愿组织的群众性学术团体。

第二条　本会的宗旨是：以马克思主义、毛泽东思想为指导，振兴写作学科，为四化建设服务。本会坚持四项基本原则，贯彻“百花齐放，百家争鸣”的方针，发扬理论联系实际的学风，团结和组织写作学科的教学和研究力量，积极探讨人类写作活动的基本规律，为建立和完善写作学科的基本理论体系和基本训练体系，提高写作教学和科学研究水平，普及写作知识，促进社会主义精神文明建设贡献力量。

第二章　任　　务

第三条　本会的任务是：

1. 制订与实施写作学科研究规划，交流、推荐会员的科研成果。
2. 组织编写各类院校的写作教材，交流教学经验。
3. 编辑出版会刊《写作》和有关写作的丛书。
4. 组织年会和其他教学和学术活动。
5. 加强与各省、市自治区写作学会的联系，促进和加强写作学科的国际交流。
6. 保护会员从事本会业务活动的正当权益。

第三章　会　员

第四条　凡我国高等院校从事写作教学的教授、副教授、讲师以及成就突出的助教，或从事与写作学科有关的党政机关、新闻出版等方面工作的相当于讲师以上的人员，承认本会章程，均可申请入会。入会人员须经各省、市、自治区写作学会推荐，报总会批准。会员有退会的自由。

第五条　会员的权利：

1. 有选举权和被选举权。

2. 有参加本会学术活动的权利。

3. 对本会工作有建议和批评的权利。

第六条　会员的义务：

1. 遵守会章，执行本会决议，完成本会交给的任务。

2. 向本会介绍教学经验。

3. 向本会提供科研成果。

第四章　组织机构

第七条　会员代表大会是本会最高权力机构，每四年召开一次。必要时，经常务理事会决定，可提前或推迟召开。

会员代表大会的任务是：

1. 审查理事会的工作报告。

2. 制订学会的工作计划。

3. 修改会章。

4. 改选理事会。

第八条　理事会是会员代表大会闭会期间的执行机构，由会员代表大会选举理事若干名组成，任期四年。理事会成员可连选连任，但每届理事须更新三分之一。理事会可单独召开，亦可结合学术年会召开。

第九条　由理事会推选会长一名、常务副会长一名、副会长若干名、秘书长一名、常务理事若干名，组成常务理事会，代表理事会主持学会的经常性工作。会长负责学会的全面工作，常务副会长协助会长主持学会的全面工作；副会长协助会长主管某一方面的工作，秘书长负责处理学会的日常事务；副秘书长协助秘书长分管某一方面的事务。秘书长根据工作需要，聘请副秘书长若干名。常务理事会下设秘书处、教学研究委员会、学术委员会、国际交流委员会和编辑出版委员会。

第十条　本会对各省、市、自治区写作学会和其他专业研究会，负有业务指导的责任。

第十一条　本会聘请名誉会长、总顾问及顾问若干名，任期与各届理事会相同。

【点评】

该篇章程格式规范。

首先，在第一章的总则部分介绍了中国写作学会的组织情况和写作学会的宗旨，即“本会是我国高等院校从事写作教学和写作学科研究的教师，以及从事与写作学科有关的党政机关、新闻出版等方面工作的人员，在党的领导下，自愿组织的群众性学术团体”；“以马克思主义、毛泽东思想为指导，振兴写作学科，为四化建设服务”。

其次，介绍了写作学会的任务、学会会员享有的权利，以及会员代表大会的任务。

最后，指出了写作学会的责任范围。叙述清楚，结构层次安排合理。

六、章程的写作范例

◎协会章程

【范例】

中国××工业协会财务工作研究会章程

第一章　总　　则

第一条　研究会名称：中国××工业协会财务工作研究会（简称研究会）。

第二条　研究会性质：本研究会由××行业从事财务工作的企业财务领导组成，系中国××工业协会下属专业机构。

第三条　研究会宗旨：以提高财务人员业务素质、提高会计信息质量、提高企业财务管理水平为目的；为财务人员沟通信息、交流经验、研讨企业财务工作的热点、难点问题提供平台。

第四条　研究会遵照国家宪法、法律、法令和政策开展各项活动，接受中国××工业协会的指导和管理。

第二章　业务范围

第五条　本研究会的业务范围：

（一）总结财务工作经验；

（二）互通财务信息；

（三）开展专题研究；

（四）组织业务培训。

第三章　成　　员

第六条　申请加入本会的成员，必须具备下列条件：

（一）承认并执行本研究会章程；

（二）在本单位担任总会计师、财务总监或财务负责人或从事财务工作三年以上、具有高级会计师资格或注册会计师资格；

（三）有为本企业和××行业服务意识，积极参加研究会活动，完成研究会安排的工作。

第七条　研究会成员需由所在企业推荐，经中国××工业协会理事会批准，由中国××工业协会颁发证书。

第八条　研究会成员如不再从事财务工作，应书面通知研究会，予以退会。研究会成员如不参加研究会活动，视为自动退会。

第四章　执行主席

第九条　执行主席、副主席

（一）研究会设正、副执行主席各一人，由各成员轮值，原则上一年轮换一次，在活动时更换。

（二）活动期限根据中国××工业协会工作要求决定。

第十条　职责

（一）执行主席、副主席根据形势需要和中国××工业协会工作安排以及成员要求，制定本期活动计划，联络研究会成员，组织实施本期工作任务。

（二）负责组织本期各项活动，及时与成员单位交流信息并报告协会。

（三）配合《中国××网》做好“××财务研究”栏目的信息交流工作。负责解答财务工作的有关咨询。

（四）完成研究会交办的其他工作。

第五章　经　　费

第十一条　本研究会不收取会费，活动经费由各成员单位负担，研究会召开会议所需费用，原则上以会养会。

××××年××月××日

第三节　制　度

一、制度的概述

1. 制度的含义

制度是党政机关常用的规范性文体之一，它要求有关人员遵守和执行机关对某项工作和某方面的活动规定的要求。它应用广泛，各方面的工作都可以有它的制度，如办公制度、财务制度、文书工作制度等。

制度的作用主要表现在：制度是工作措施中的重要环节，是完成任务的重要手段；制度是鞭策激励人们遵守纪律，努力学习和工作的行为准则。

2. 制度的特点

（1）规定性。即制度按照所涉及事物的性质、范围，限定人们可以做什么，不可以做什么；可以怎样做，不可以怎样做，用以规范人们的行为。

（2）程序性。即要求人们做某种事情时，必须按照一定的规则程序、方法进行。

3. 制度的分类

制度可分为岗位性制度和法规性制度两种类型。岗位性制度适用于某一岗位上的长期性工作，所以有时制度也叫“岗位责任制”。如《办公室人员考勤制度》《机关值班制度》。法规性制度是针对某方面工作制定的带有法令性质的规定，如《职工休假制度》《差旅费报销制度》。

二、制度的写作技巧

1. 制度的写作注意事项

制度的写作，要注意以下两点：

（1）行文要规范。

（2）语言要通俗、易懂。

2. 制度的写作要求

（1）体式的规范性。制度在一定范围内具有法定效力，因此在体式上较其他事务文书，更具有规范性。制度写作应用语简洁、平易、严密，在格式上，不论是章条式，还是条款式，本质上都是采用逐章逐条的写法，条款层次由大到小依次可分为七级：编、章、节、条、款、目、项。一般以章、条、款三层组成最为常见。

（2）内容的严密性。制度需要人们遵守其特定范围的事项，因此其内容必须有预见性、科学性，就其整体而言，必须通盘考虑，使其内容具有严密性，否则无法遵守或执行。

三、制度的写作格式

制度一般由标题和正文构成。

1. 标题及题下标示。制度的标题为“发文机关＋发文事项＋文种类别（制度）”的形式，但也有的将标题中的发文机关（或称适用范围）省去，写为“事由＋文种”的形式。适用范围、发布机关、发布日期用标题下括号标示法标明。

2. 正文。制度的正文，一般分如下三部分来写：

第一部分要写明制发制度的缘由，用“特制定本制度”这一过渡句，引起下文；

第二部分分条写明各项具体条文；

第三部分写实施范围、生效日期、修订权、解释权等内容。是否分章写，要根据内容多少而定。

上述第一部分、第三部分要简明扼要；第二部分要具体切实。

制度的文字要明白易懂，具体准确，防止重复和无用的语句出现。

3. 制发单位和日期。如有必要，可在标题下方正中加括号注明制发单位的名称和日期，其位置也可以在正文之下，相当于公文落款的地方。

四、制度的模板

××××党委学习制度

一、制订学习计划。年初制订本年度学习计划，确定学习指导思想和目的；安排学习内容，提出学习方法和要求。每位中心组成员也都要制订自己的学习计划。

二、确定学习时间。原则上每周学习××次（周×上午×时）。全年集中学习不得少于××次；每人每周自学不得少于××个小时。

三、学习地点固定在党委××××学习室。

四、严格学习考勤。全体成员必须坚持参加集中学习，保证自我学习，因事病不能参加集中学习者，要向××请假。

五、××学习要有翔实的记录。要对学习时间、内容、出勤情况等认真进行记录。

六、全体成员要认真做好集中学习和自学笔记，全年笔记字数不得少于×万字；全体成员每年要结合实际撰写××篇政治理论学习论文（或调查报告、学习心得）。

七、××××学习秘书由×××兼任，负责对学习事宜进行周密的安排。通知学习时间、学习书目，提供必要的学习资料。负责学习笔记的检查和论文收集工作。年初制订学习计划，年终进行学习总结。

五、制度的范例解析

【范例】

信访工作制度

根据《国务院信访条例》和《××市信访条例》的有关规定，制订本街道信访工作制度。

一、信访办职责

1. 受理市区党政机关、人大、政协等上级组织交办、转办或委托办理的人民来信来访；直接受理人民群众的来信来访。

2. 综合分析人民群众来信来访所反映的问题和意见；将建设管理中出现的、影响社区稳定的因素，向街道领导和上级有关部门报告。

3. 将涉及人民群众利益的来信来访，分送街道相关职能科室部门阅处；对需要告知结果的信访件负责督办；对部分信访件组织会办或自办。

4. 定期召开信访工作会议和进行信访业务培训和指导。

二、接待人员守则

1. 严格执行国务院《信访条例》和《××市信访条例》，在接待中仔细听取陈述，认真做好记录，耐心解答问题，做好群众的思想工作。

2. 按照“逐级上访、分级负责、归口办理”的原则，实事求是地处理群众反映的问题，合情合理地为群众办实事。

3. 维护群众的合法权益，切实保护来访群众检举揭发的民主权利。

4. 会同有关部门维护正常的上访秩序，做好安全保卫工作。

5. 遵纪守法，保守保密，廉政为民，不接受群众的馈赠。

三、来访接待工作

1. 实事求是。在政策允许和条件许可的情况下，满足群众的正当要求，为群众排忧解难。

2. 文明接待。做到热情、耐心、诚恳、以礼相待。

3. 严守纪律。保护上访人检举、揭发的权利不受侵犯。

4. 敢于批评。对无理要求和无理取闹的上访人，要敢于批评教育。

5. 指导集访。按集体上访反映问题的类别，指导其产生代表向有关职能部门反映。

6. 健全来访统计、文件保管等制度。

四、信件阅办工作

1. 收信登记。5 个工作日内做好来信登记。

2. 来信拆阅。提出拟办意见或转送有关职能部门阅处；对其中反映较紧急的问题应及时处理；重要来信要立案处理。

3. 来信处理。结案后（附处理单位的意见）书面报告上级机关或街道党政主要领导。

五、周四领导接待日工作

1. 准备工作。信访工作人员要了解街道领导分管范围。根据本周信访接待的领导，做好周四的发单、导访、收单、统计、接听电话以及陪同街道领导接待来访群众工作。

2. 接待要求。街道领导接待时，如需要有关职能科室负责人到场介绍情况或研究处理意见，由陪同接待工作人员负责联系。

3. 后续服务。街道领导接待后，由信访办负责汇总整理群众来访及接待情况，并送有关职能部门处理。

4. 督办工作。对领导有批示的群众来访件，由陪同接待工作人员负责督办，并在规定时限内告知处理结果。

六、保密工作

1. 妥善保存来访接待处理单和来信，不得随意丢弃。作废的材料要及时销毁或者按保密废纸处理。

2. 按“分级负责、归口办理”原则，在信访事项报送领导和向责任单位交办转处中，不告知无关的单位和个人。

3. 涉及重大问题的信访事项的协调、处理和落实情况，不向无关人员和单位泄露。

4. 凡信访人要求保密的内容，应谨慎处置，予以保密。

5. 不得将有关控告、检举内容的信访材料以及匿名信件、电话记录交给或者告知被控告、检举人。

6. 涉及有关控告、检举副处级以上领导干部的信件材料，应将信件材料送上级有关部门，不得在无关人员中传播。

七、立卷归档工作

1. 对已经立卷的公文由专人保管，防止资料散失。

2. 借用、借阅公文资料，要办理手续，并及时归还。

本制度由街道综治信访办负责解释。

【点评】

该篇制度格式简单规范。主旨明确，条理分明，语言简洁。

正文采用分条式进行叙述，对信访工作制度所要注意的问题进行了详细论述，充分体现了制度要求的合理性，简洁明了，符合政策，需要有关机关、单位工作人员共同遵守执行。

六、制度的写作范例

◎档案管理制度

【范例】

档案管理制度

一、归档文件、材料范围

凡是反映省政府机关工作活动，具有查考利用价值的文件材料均属归档范围。

（一）上级机关的文件、材料

1. 国务院、国务院办公厅召开的需要省政府贯彻执行的会议的主要文件、材料。

2. 国务院、国务院各部门颁发的属于省政府机关的主管业务并要执行的文件，以及普发的文件，非省政府主管业务但需要贯彻执行的法规性文件。

3. 国家领导人视察、检查本省工作时的重要指示、讲话、题词、照片、录音、录像等。

4. 国务院、国务院办公厅转发省政府的文件。

（二）本机关文件、材料

1. 省政府召开的党组会、省长会、常务会、全体会、省长办公会、秘书长工作会、厅党组会、厅务会和专员、市长会议及以省政府名义召开的工作会议、电话会议形成的材料。

2. 省政府、省政府办公厅发布的（包括转发及与其他机关联合颁发的）正式文件和无字号文件。

3. 省政府检查各委、办、厅、局，地、市工作或调查研究形成的重要材料。

4. 省长（含副职，下同）、秘书长、厅主任、副秘书长的重要批示，各处室交来的办理结果单和领导出外开会带回的需本机关处理的未经文书处理登记的文件材料。

5. 省政府（包括上报下批）干部任免、调配、专业技术职称评定、聘任、党员、团员、干部、工人名册、报表，纪律检查、治安保卫以及职工录用、转正、定级、调资、退职、离休、抚恤、死亡及干部奖惩等有关文件材料。

6. 省政府办理内容重要的人民来信来访材料和领导批示、处理记录、摘要、调查处理报告等材料。

7. 办公厅机关人事工作形成的归档材料。

8. 省政府办公厅形成的财务报表、凭证、账簿、年度计划等材料。

9. 本机关的历史沿革、年鉴、重要活动事件的剪报、声像、荣誉、奖励证书、凭证、实物和照片、录音、录像等资料。

10. 省政府办公厅机关常委、团委、工会和内部组织机构在工作活动中形成的重要文件材料。

11. 本机关办理的干部、工人的转移工资、行政、党团、工会组织介绍信及存根。

二、不归档的文件材料范围

（一）上级机关的文件材料

1. 国务院任免外省、市、区人民政府工作人员、普发供参阅不办理的文件、材料。

2. 国务院、国务院办公厅发来的供参阅的抄件和征求意见未定稿的文件材料。

（二）本机关的文件材料

1. 重份文件。

2. 无参考利用价值的事务性、临时性公文。

3. 未经会议讨论或未经领导审阅、签发的未生效文件，电报、草稿和一般性文件的历次修改稿。

4. 从正式文件、电报上摘录的供工作参阅的非正式材料。

5. 无特殊保存价值的信件，属一般性表态，询问一般性问题，提出一般性建议的人民来信。

6. 省政府办公厅各处、室互相抄送的文件材料，不应履行公文的行文、介绍信等。

（三）同级机关和非隶属机关的文件材料

1. 参加各省、市、自治区人大、政协等机关召开的会议，不需贯彻执行和无参考价值的文件材料。

2. 各省、市、自治区人大、政协等机关召开的会议，不需贯彻执行和无参考价值的文件材料。

（四）下级机关的文件材料

1. 各委、办、厅、局，各地、市、县送来的参阅文件、简报、情况反映，不应抄送或不必备案的文件材料。

2. 越级抄送的，一般不需要办理的文件材料。

3. 各委、办、厅、局，各地、市抄送省委省政府备案的一般性文件材料。

三、文件的查阅

1. 外单位人员查阅县团级文件，须持县团级单位介绍信到档案室查阅。

2. 外单位人员查阅地、市级文件，须持地、市级单位介绍信到档案室查阅。

3. 外单位人员查阅省、军级文件，须持单位介绍信经主管秘书长批准，方可查阅。

4. 各级绝密文件一般不扩大阅读范围，如因特殊情况非阅读不可的，需持单位介绍信，按其发放范围，由主管秘书长批准。

5. 办公厅机关各处室查阅文件，按其主管业务范围由档案室提供。

四、案卷的查阅

1. 对于案卷的查阅应从严控制，一般副本和资料能满足的就不动用案卷。

2. 查阅案卷一般只限于本机关领导和参与起草文件的有关人员；外单位确需查阅的，须持地级单位介绍信，注明查阅目的、范围、内容、方法，由党、团员二人，在档案室共同查阅，不得带出档案室。

3. 爱护档案材料，查阅案卷时，不得污损、涂改、圈点、折卷、抽页，不准摘抄或向外泄露查阅范围以外的内容。

五、会议文件的查阅

1. 查阅中央、国务院召开有关会议文件、材料，需持地、市级单位介绍信，绝密的经主管秘书长批准，机密的经主管处长批准。厅机关工作人员按主管业务范围提供。

2. 查阅省人民政府召开的大型会议文件，须持单位介绍信。

3. 查阅小范围会议（包括省政府常务会议）文件，持单位介绍信，绝密的需经主管秘书长批准。

4. 省政府党组文件只限有关领导和厅机关有关人员查阅，党组会议记录一般不予查阅，非查不可的，提出目的、范围、内容，可在档案室查阅。

六、资料的查阅

1. 查一般内部的、秘密的资料，持单位介绍信到档案室查阅。

2. 查党内的、密级较高的资料，持厅局级单位介绍信，必须由党员二人共同查阅。

3. 查省军级的资料，持厅局级单位介绍信，由党员二人，并经主管秘书长批准。

4. 查阅省政府党组会记录时，须经省政府党组书记、副书记批准。

七、关于文件、资料的借阅

1. 省军级和绝密文件、资料一般不外借，只限在档案室阅读。确因工作需要非借不可的，经主管秘书长批准，时限不超过五天。

2. 一般县、团级文件、资料，凡符合查阅手续的，可借出，时限不得超过七天。

3. 借阅的文件、资料都要履行借出登记手续，按时退还。

4. 如摘抄可解决问题的，尽量减少外借，以减少文件资料的磨损。

××省档案馆

××××年××月××日

◎办公会议制度

【范例】

××区组织部办公会议制度

会议是很重要的行政手段，在沟通信息、商讨问题、总结交流、布置任务、协调统一、制定决策等方面起着重要的作用。为了加强会议管理，特对各类办公会议作如下规定：

一、部长办公会议

部长办公会议一般每两周召开一次，如遇特殊情况可随时召开。部长办公会的主要任务是：

1. 传达贯彻中央、市委和区委重要会议精神及领导同志的重要讲话，布置或检查贯彻执行情况。

2. 讨论有关全区基层党组织建设、干部队伍建设和干部人事方案等方面的工作，研究布置组织部年度和阶段性工作。

3. 听取分管部长的工作汇报，讨论决定上述工作的重大事项。

4. 审议区委组织部向上级主管部门的重要报告和请示。

5. 研究审定部内有关重要问题。

6. 其他需要部长办公会讨论决定的重大事项。

部长办公会由部长召集主持，部长不能参加会议时，可由部长委托副部长召集主持，无特殊情况不予请假。

部长办公会出席人员是：部长、副部长。

部长办公会列席人员是：视工作需要，与会议议题有关的责任人或科长（室主任）。

部长办公会必须有半数以上部领导到会方能举行；部长办公会表决时，赞成票超过应到会部领导人数的半数为通过。

部长办公会由办公室主任负责记录。

二、部务会

部务会可视工作需要不定期召开，如遇重要情况可随时召开。

部务会的主要任务是：

1. 研究审定部内有关重要问题。

2. 安排部署工作或总结交流。

3. 通报、协调各科室的重要工作和重要活动。

部务会由部长召集主持。部长不能参加时，可委托副部长召集。

部务会的出席人员是：组织部正科长（含正科长）以上人员。

部务会由办公室负责记录。

三、科（室）务会

科（室）务会由各科、室负责人根据工作需要召开。

科（室）务会的主要任务是：

1. 各科、室的日常事务工作。

2. 对提交部长办公会议决定的事项，提出本科、室的意见。

3. 传达部长办公会议决定的事项，组织实施和承办。

科（室）务会由科长（室主任）召集主持。

四、全体会议

全体会议可视工作需要不定期召开，如遇重要情况可随时召开。

全体会议的主要任务是：

1. 传达贯彻上级和部长办公会的重要文件与会议精神。

2. 安排部署工作或总结交流。

3. 通报各科室的重要工作和重要活动。

全体会议由部长召集主持。部长不能参加时，可委托副部长召集。

全体会议的出席人员是：组织部全体人员。

全体会议由办公室负责记录。

第八章　规定、办法、细则的写作

第一节　规　定

一、规定的概述

1. 规定的含义

规定是机关、团体、企事业单位制定的，在一些重大问题上作出规范性要求，用以统一人们行动的法规性文件。国务院办公厅发布的《行政法规制定程序暂行条例》中指出，“对某一方面的行政工作作部分的规定”，称“规定”。

2. 规定的适用范围

规定的适用范围较广，党政机关、社会团体、企事业单位都可以使用。就涉及的领域来看，政治、经济、文教、卫生等，凡是规范人们行动，要求有关人员遵守和执行的事情，都可以用规定。

3. 规定的特点

规定具有强制性或约束力、严格的制定程序和相对的稳定性。

(1) 具有强制性或约束力。规定是规范人们思想、言论和行动的准则，一经公布，有关人员都必须遵照执行。

(2) 具有严格的制定程序。规定是严肃的规范文件，其制定要经过严格的程序。由中央发布的属于行政法规性质的规定的制定程序，一般要经过编制规划、起草、审定、发布四个步骤，由国务院法制局负责规划协调和审查。属于规章性质的规定，制定程序也要经过起草、报送或初审、审定和公布几个阶段才能生效。

(3) 具有相对的稳定性。规定是以宪法、法律、政策为依据制定的，因此其内容不得与宪法、法律和上级机关颁布的法规、章程相矛盾、相抵触。作为准则和规范，其内容要求稳定，这样才便于人们遵照执行；不能动辄修改，让人无所适从。当然，这种稳定也是相对的，当规定已不适应社会发展需要时，应及时予以修改或撤销。

二、规定的写作技巧

规定有以下写作要求：

1. 规定通常都要用“命令”或“通知”发布施行，因为规定的制发机关一般是国家权力和行政机关及其主管部门。

2. 规定的内容有一定局限性，它限于实施某一法律、法规，或加强某一管理工作而制定。

3. 规定的语言以说明为主，多以肯定的语气行文。

三、规定的写作格式

标　　题	规定的标题，应由发文机关、事由和文种类别组成，特别是国家高级行政机关制发的规定。但有时也可省写标题中的发文机关，改为文尾签署。规定如属“暂行”性的，标题中要标明。
正　　文	规定的正文，多由总则、分则、附则三部分构成。 1. 总则。总则是规定的第一部分，用来交代制发规定的缘由、目的、意义、指导思想、基本原则、适用范围等。总则一般自成一章，分为若干条。 2. 分则。分则分为若干章，每章有小标题，下列若干条款。分则是规定的主体，规定的实质性内容和要求都在分则部分集中表达，是写作的重点所在。 3. 附则。附则是规定的结尾部分，主要用来作补充说明以及交代执行要求，如还有什么单位和个人适用这一规定，规定的解释权属于哪一部门，规定何时生效等。 需要说明的是，规定一般采用通篇章条式的写法，但也有在章条前加绪言的。另外，如果内容简单，也可以不分章，直接分条，总则、分则、附则三部分不作外部标定，但三部分必须仍然是清晰的。
发文机关	如标题中已标明发文机关，可省去这部分，特别是高级行政机关制发的规定更属此列。
发文日期	如标题中已标明发文日期的，可省去这部分，特别是高级行政机关制发的规定更属此列。

四、规定的模板

关于××××规定

×党字〔××××〕××号

为贯彻落实《××××条例》，逐步××××，提高××××，特制定本暂行规定。

一、(略)

二、(略)

三、(略)

四、(略)

五、(略)

××××

××××年××月××日

五、规定的范例解析

【范例】

禁止使用童工规定

(2002年9月18日国务院第六十三次常务会议通过

2002年10月1日国务院令第364号公布)

第一条 为保护未成年人的身心健康，促进义务教育制度的实施，维护未成年人的合法权益，根据宪法和劳动法、未成年人保护法，制定本规定。

第二条 国家机关、社会团体、企业事业单位、民办非企业单位或者个体工商户（以下统称用人单位）均不得招用不满16周岁的未成年人（招用不满16周岁的未成年人，以下统称使用童工）。

禁止任何单位或者个人为不满16周岁的未成年人介绍就业。

禁止不满16周岁的未成人开业从事个体经营活动。

第三条 不满16周岁的未成年人的父母或者其他监护人应当保护其身心健康，保障其接受义务教育的权利，不得允许其被用人单位非法招用。

不满16周岁的未成年人的父母或者其他监护人允许其被用人单位非法招用的，所在地的乡（镇）人民政府、城市街道办事处以及村民委员会、居民委员会应当给予批评教育。

第四条 用人单位招用人员时，必须核查被招用人员的身份证；对不满16

周岁的未成年人，一律不得录用。用人单位录用人员的录用登记、核查材料应当妥善保管。

第五条　县级以上各级人民政府劳动保障行政部门负责本规定执行情况的监督检查。

县级以上各级人民政府公安、工商行政管理、教育、卫生等行政部门在各自职责范围内对本规定的执行情况进行监督检查，并对劳动保障行政部门的监督检查给予配合。

工会、共青团、妇联等群众组织应当依法维护未成年人的合法权益。

任何单位或者个人发现使用童工的，由劳动保障行政部门按照每使用一名童工每月处5000元罚款的标准给予处罚；在使用有毒物品的作业场所使用童工的，按照《使用有毒物品作业场所劳动保护条例》规定的罚款幅度，或者按照每使用一名童工每月处5000元罚款的标准，从重处罚。劳动保障行政部门并应责令用人单位把童工送回原居住地交其父母或者其他监护人，所需交通和食宿费用全部由用人单位承担。

用人单位经劳动保障行政部门依照前款规定责令限期改正，逾期仍不将童工送交其父母或者其他监护人的，从责令限期改正之日起，由劳动保障行政部门按照每使用一名童工每月处1万元罚款的标准处罚，并由工商行政管理部门吊销其营业执照或者由民政部门撤销民办非企业单位登记；用人单位是国家机关、事业单位的，由有关单位依法对直接负责的主管人员和其他直接责任人员给予降级或者撤职的行政处分或者纪律处分。

第六条　单位或者个人为不满16周岁的未成年人介绍就业的，由劳动保障行政部门按照每介绍一人处5000元罚款的标准给予处罚；职业中介机构为不满16周岁的未成年人介绍就业的，并由劳动保障行政部门吊销其职业介绍许可证。

第七条　用人单位未按照本规定第四条的规定保存录用登记材料，或者伪造录用登记材料的，由劳动保障行政部门处1万元的罚款。

第八条　无营业执照，被依法吊销营业执照的单位以及未依法登记、备案的单位使用童工或者介绍童工就业的，依照本规定第六条、第七条、第八条规定的标准加一倍罚款，该非法单位由有关的行政主管部门予以取缔。

第九条　童工患病或者受伤的，用人单位应当负责送到医疗机构治疗，并负担治疗期间的全部医疗和生活费用。

童工伤残或者死亡的，用人单位由工商行政管理部门吊销营业执照或者由民政部门撤销民办非企业单位登记；用人单位是国家机关、事业单位的，由有关单位依法对直接负责的主管人员和其他直接责任人员给予降级或者撤职的行政处分或者纪律处分；用人单位还应当一次性地对伤残的童工、死亡童工的直系亲属给予赔偿，赔偿金额按照国家工伤保险的有关规定计算。

第十条　拐骗童工，强迫童工劳动，使用童工从事高空、井下、放射性、高毒、易燃易爆以及国家规定的第四级体力劳动强度的劳动，使用不满14周岁的童工，或者造成童工死亡或者严重伤残的，依照刑法关于拐卖儿童罪、强迫劳动罪或者其他罪的规定，依法追究刑事责任。

第十一条　国家行政机关工作人员有下列行为之一的，依法给予记大过或者降级的行政处分；情节严重的，依法给予撤职或者开除的行政处分；构成犯罪的，依照刑法关于滥用职权罪、玩忽职守罪或者其他罪的规定，依法追究刑事责任：

1. 劳动保障等有关部门工作人员在禁止使用童工的监督检查工作中发现使用童工的情况，不予制止、纠正、查处的；

2. 公安机关的人民警察违反规定发放身份证或者在身份证上登录虚假出生年月的；

3. 工商行政管理部门工作人员发现申请人是不满16周岁的未成年人，仍然为其从事个体经营发放营业执照的。

第十二条　文艺、体育事业经未成年人的父母或者其他监护人同意，可以招用不满16周岁的专业文艺工作者、运动员。用人单位应当保障被招用的不满16周岁的未成年人的身心健康，保障其接受义务教育的权利。文艺、体育单位招用不满16周岁的专业文艺工作者、运动员的办法，由国务院劳动保障行政部门会同国务院的文化、体育行政部门制定。

学校、其他教育机构以及职业培训机构按照国家有关规定组织不满16周岁的未成年人进行不影响其人身安全和身心健康的教育实践劳动、职业技能培训劳动，不属于使用童工。

第十三条　本规定自2002年12月1日起施行。1991年4月15日国务院发布的《禁止使用童工规定》同时废止。

【点评】

该份规定由标题、题注和正文构成，格式规范。标题省略发文机关名称，仅由事由和文种构成。题注按时间及逻辑顺序，先标明会议通过的日期和通过的会议名称；再标注发布的日期、发令的机关和令的顺序号。施行日期在规定附则中标注。

这份规定正文采用条文式布局。开头即是第一条，直到最后共13条。各条文中又采用条款式表述，有的条下分款，只有第十一条分项。其中第一条写制定规定的目的和依据；第二至第五条是规定原则性的规范要求；第六至第十二条是规定的具体措施；第十三条是规定生效日期及其与1991年4月15日发布的规定的关系。实施条款的层次安排上先原则后具体，逻辑缜密，层次清晰。具体规定的条文则分条分列进行叙述，即“条”中设“例”，也就是在一条中先写“条”，规定“应”和“不应”做什么，然后写“例”，明确如违反这些规定，将受到什么处罚。正反结合，是非分明。

整篇规定条理清晰，规定具体，允许做什么，不允许做什么，做了要承担什么责任，一目了然，既增强了它的可操作性和可监督性，又便于人们了解掌握，从而自我约束，自觉遵守。

六、规定的写作范例

◎组织管理规定

【范例】

××省社会公共安全服务组织管理规定

第一条　为了加强对社会公共安全服务组织的管理，保障社会公共安全服务组织的健康发展，制定本规定。

第二条　社会公共安全服务组织是为机关、团体、企事业单位、公共活动场所和各类大众性文体、商贸等活动提供约定的安全保卫服务的专门组织，协助公安机关维护社会公共安全秩序。

第三条　县（市、区）以上社会公共安全管理机构是本地区社会公共安全服务组织的管理机构，其主要职责是：

（一）负责社会公共安全服务组织的管理和监督工作；

（二）负责社会公共安全员的聘用和培训工作；

（三）负责各类安全器材和安全设施的管理工作。

第四条　社会公共安全服务组织实行有偿服务。

收费项目和标准由省人民政府财政部门、物价部门制定。

第五条　社会公共安全服务组织应当与服务对象通过订立书面服务合同的形式，约定服务责任区域、服务项目、服务质量与要求、服务时间、服务收费以及各自的权利与义务和违约责任等条款。

……

第十三条　社会公共安全员着统一制式服装，佩戴统一标志，持统一工作证件上岗。

第十四条　本规定发布后，原有的保安公司、治安联防队和各类群众性有偿服务的治安防范组织一律终止。

第十五条 本规定具体运用中的问题由省公安厅负责解释。

第十六条 本规定自××××年××月××日起施行。

××省人民政府

××××年××月××日

第二节 办 法

一、办法的概述

1. 办法的含义

办法，是行政机关为贯彻某一法令或者做好某方面工作而制定的法规性文书。

2. 办法的适用范围

事情无论大小，都要有法可依。办法的应用范围广泛，使用率高，特别是在我们国家法制建设一步步前进，人们的法制观念一步步强化的时候，自觉守法已逐渐成为人们的行为准则。办法可以用于指导实施国家的某一法律、条例，也可以对某项工作作出具体规定。

3. 办法的特点

（1）办法的法规约束性侧重于行政约束力。

（2）办法的条款都具体、完整，不能抽象笼统。

4. 办法的分类

办法根据内容、性质的不同分类，办法可分为实施文件办法和工作管理办法两种。

二、办法的写作技巧

1. 办法的制定依据是上级机关的法令、条例等，写作时应保证内容具体、明确，实践性鲜明，确保切实可行。

2. 应侧重在行政约束力和具体指导上。条款要详细、具体，用语要恰当、严密。

3. 办法的法规性与约束力较之于条例、规定相对弱些；在实际执行中，还可视情况补充、修改，因此“办法”一般要以“暂行”来限制。

4. 内容庞杂的办法可分章叙写，章断条连。一般的办法分条叙写即可。

三、办法的写作格式

标　题	办法的标题应为“发文机关名称＋事由＋文种（办法）”的形式，也可省略发文机关名称，写为“事由＋文种（办法）”形式。办法如属“试行”“暂行”的，要在标题中标明。属会议通过或需标明发布日期的，可在标题下加括号注明。也有的在题下标示中同时标明发文机关名称，但这时不能再在标题或落款中重复出现发文机关名称。
正　文	办法的正文一般由三部分组成：即办法的制发缘由、办法的具体内容、结语或附则。制发缘由指制定办法的依据、目的；具体内容为办法正文的主体；结束语常用以说明办法的适用范围、实施日期、要求、解释权等。 办法内容复杂的，可分为总则、分则、附则来组织结构；内容简单的，通常用分条列述的写法。 办法的制定依据往往是上级机关的法令、决议、条例等。具体明确、切实可行是办法写作的基本要求。

四、办法的模板

××市××××办法

第一章　总　则

第一条　为××××××，根据有关法律、法规的规定，结合本市实际，制定本办法。

第二条　本办法适用于××××。

……

第三条　××××应当遵循政府引导、市场运作、规划统筹、节约集约、保障权益、公众参与的原则，保障和促进科学发展。

第四条　××××应当符合国民经济和社会发展总体规划，服从城市总体规划和土地利用总体规划。××××实行××××单元规划和年度计划管理制度。

××××单元规划是管理××××活动的基本依据。

××××年度计划应当纳入近期建设规划、年度实施计划及土地利用年度计划。

第五条 ××××可以依照有关法律法规及本办法的规定分别由市、区政府、土地使用权人或者其他符合规定的主体实施。

第六条 市、区政府应当保障开展组织实施××××的工作经费，对××××项目提供适当的资金扶持。

××××涉及的基础设施和公共服务设施建设，应当从土地出让金中安排相应的项目资金。××××涉及政府投资项目的，根据政府投资项目管理的相关规定实施。

第七条 市规划国土主管部门负责组织、协调全市××××工作，依法拟订××××相关的规划土地管理政策，统筹××××的规划、计划管理，制定××××相关技术规范，组织制定××××单元规划，负责××××过程中的土地使用权出让、收回和收购工作。

第八条 各区政府（含新区管理机构，下同）组织辖区内××××用地的整理，组织辖区内综合整治类更新项目和市政府确定由其实施的拆除重建类更新项目的实施，对功能改变类和其他拆除重建类更新项目的实施进行协调。

市发展改革部门负责拟定××××相关的产业指导政策，统筹安排涉及政府投资的××××年度资金。市财政部门负责按照计划安排核拨××××项目资金。

各相关主管部门依法在各自职能范围内为××××活动提供服务并实施管理。

……

第七章 附 则

第五十条 相关管理部门及其工作人员在××××管理中有违法违纪行为的，依法追究行政责任；涉嫌犯罪的，依法移送司法机关处理。

对××××实施主体违反城市规划和土地管理等方面法律、法规的行为，应当依法追究法律责任。

第五十一条 本办法自××××年××月××日起施行。本办法施行前本市相关规定与本办法不一致的，以本办法为准。

五、办法的范例解析

【范例】

中国互联网络域名管理办法

第一章 总 则

第一条 为促进中国互联网络的健康发展，保障中国互联网络域名系统安全、可靠地运行，规范中国互联网络域名系统管理和域名注册服务，根据国家有关规定，参照国际上互联网络域名管理准则，制定本办法。

第二条 在中华人民共和国境内从事域名注册服务及相关活动，应当遵守本办法。

第三条 本办法下列用语的含义是：

（一）域名：是互联网络上识别和定位计算机的层次结构式的字符标识，与该计算机的互联网协议（IP）地址相对应。

（二）中文域名：是指含有中文文字的域名。

（三）域名根服务器：是指承担域名体系中根节点功能的服务器。

（四）域名根服务器运行机构：是指承担运行、维护和管理域名根服务器的机构。

（五）顶级域名：是指域名体系中根节点下的第一级域的名称。

（六）域名注册管理机构：是指承担顶级域名系统的运行、维护和管理工作的机构。

（七）域名注册服务机构：是指受理域名注册申请，直接完成域名在国内顶级域名数据库中注册、直接或间接完成域名在国外顶级域名数据库中注册的机构。

第四条 工业和信息化部负责中国互联网络域名的管理工作，主要职责是：

（一）制定互联网络域名管理的规章及政策；

（二）制定国家（或地区）顶级域名CN和中文域名体系；

（三）管理在中华人民共和国境内设置并运行域名根服务器（含镜像服务器）的域名根服务器运行机构；

（四）管理在中华人民共和国境内设立的域名注册管理机构和域名注册服务机构；

（五）监督管理域名注册活动；

（六）负责与域名有关的国际协调。

第五条 任何组织或者个人不得采取任何手段妨碍中华人民共和国境内互联网域名系统的正常运行。

第二章 域名管理

第六条 我国互联网的域名体系由信息产业部以公告形式予以公布。根据域名发展的实际情况，工业和信息化部可以对互联网的域名体系进行调整，并发布更新公告。

第七条 中文域名是我国域名体系的重要组成部分。工业和信息化部鼓励和支持中文域名系统的技术研究和逐步推广应用。

第八条 在中华人民共和国境内设置域名根服务器及设立域名根服务器运行机构，应当经工业和信息化部批准。

第九条 申请设置互联网域名根服务器及设立域名根服务器运行机构，应当具备以下条件：

（一）具有相应的资金和专门人员；

（二）具有保障域名根服务器安全可靠运行的环境条件和技术能力；

（三）具有健全的网络与信息安全保障措施；

（四）符合互联网络发展以及域名系统稳定运行的需要；

（五）符合国家其他有关规定。

第十条 申请设置域名根服务器及设立域名根服务器运行机构，应向工业和信息化部提交以下书面申请材料：

（一）申请单位的基本情况；

（二）拟运行维护的域名根服务器情况；

（三）网络技术方案；

（四）网络与信息安全技术保障措施的证明。

第十一条 在中华人民共和国境内设立域名注册管理机构和域名注册服务机构，应当经工业和信息化部批准。

第十二条 申请成为域名注册管理机构，应当具备以下条件：

（一）在中华人民共和国境内设置顶级域名服务器（不含镜像服务器），且相应的顶级域名符合国际互联网域名体系和我国互联网域名体系；

（二）有与从事域名注册有关活动相适应的资金和专业人员；

（三）有从事互联网域名等相关服务的良好业绩和运营经验；

（四）有为用户提供长期服务的信誉或者能力；

（五）有业务发展计划和相关技术方案；

（六）有健全的域名注册服务监督机制和网络与信息安全保障措施；

（七）符合国家其他有关规定。

第十三条 申请成为域名注册管理机构的，应向工业和信息化部提交下列材料：

（一）有关资金和人员的说明材料；

（二）对境内的顶级域名服务器实施有效管理的证明材料；

（三）证明申请人信誉的材料；
（四）业务发展计划及相关技术方案；
（五）域名注册服务监督机制和网络与信息安全技术保障措施；
（六）拟与域名注册服务机构签署的协议范本；
（七）法定代表人签署的遵守国家有关法律、政策和我国域名体系的承诺书。

第三章　域名注册（略）

第四章　域名争议（略）

第五章　罚　　则（略）

第六章　附　　则

第四十四条　在本办法施行前已经开展互联网域名注册服务的域名注册管理机构和域名注册服务机构，应当自本办法施行之日起六十日内，到工业和信息化部办理登记手续。

第四十五条　本办法自2004年12月20日起施行。2002年8月1日公布的《中国互联网络域名管理办法》（信息产业部令第24号）同时废止。

【点评】

该办法是由国家信息产业部颁发的，具有很强的专业指导性。由于是以信息产业部令的形式下发的，因此没有在标题下方标明发布的时间。

正文是以分章列条的形式来叙述的。第一章总则部分说明制定该办法的原因和目的，对所涉及的专业概念进行界定和解释，对办法的使用范围作出规定。第二章至第五章是公文的主体部分，包括域名管理、域名注册服务机构的管理、域名注册及遇到域名争议的情况时的处理办法，以及违反该办法规定所要承担的责任等事项。第六章附则部分，用于说明文件实施之前发生的相关事实的补救措施，以及政策法律适用的一致性。可谓层次结构清晰，语言文字简洁。

六、办法的写作范例

◎印章管理办法

【范例】

××学校党委印章管理办法

一、印章的刻制

（一）各种公章需由上级主管领导机关制发，或持上级批准证明制作。校党委印章，由上级党委颁发。系处总支、直属支部的印章报党委办公室，由党委办公室根据党委决定审核批准。

（二）印章必须到公安部门指定的刻制单位刻制。

（三）党委及党群各部的印章为圆形，各级印章的规格、尺寸、字体、形体、材质按中共中央、国务院、省的规定刻制。

（四）验收合格的印章，建档登记，盖好印鉴备案。然后颁发启用通知，下发使用。

二、印章的保管使用

（一）印章要专人保管，明确职责。要经常检查，细心保护，安全保管，严格制度。发现失窃，要及时报处。

（二）严格手续。使用印章须经有关部门批准，并在登记表上注明。

（三）认真审阅。对用印文书内容要审阅清楚后再盖章。如需经办人亲自盖立，不让印管人员经手时，必须有上级领导批示，并登记清楚，否则不能用印。

（四）详细登记。填写用印登记表。用印时间、文书编号、用印单位、印数、经办人姓名、盖印人姓名等要认真登记。

（五）盖印正规。保证位置恰当、端正、图形清晰。若需代章要在落款后注明“代”字。代章只能上级代下级或同级，不可下级代上级。

三、印章停用、缴销

（一）因机构变动、撤销、改名或其他原因需换用新章时，要停用印章，并印发停用通知，清查印章，进行停用登记。登记时要写清停用机关、单位、原因、时间，做好停用的善后处理。

（二）对停止使用的印章要进行缴销。由上级机关颁发的印章，应缴回原颁发机关封存或销毁；本机关单位自制的印章自行处理；属个人的印章，应退给本人处理；一般戳记可销毁；撤销的单位应将原印章留存印模，连同上级通知一道作为档案专卷保管。

××学校党委办公室

××××年××月××日

第三节 细 则

一、细则的概述

1. 细则的含义

细则也称实施细则，是有关机关或部门为使下级机关或人员更好地贯彻执行某一法令、条例和规定，结合实际情况，对其所做的详细的、具体的解释和补充。细则是应用写作研究的主要文体之一。细则一般由原法令、条例、规定的制定机构或其下属职能部门制定，与原法令、条例、规定配套使用，其目的是堵住原条文中的漏洞，使原条文发挥出具体入微的工作效应。

2. 细则的特点

细则多是主体法律、法规、规章的从属性文件，它具有如下特点：

（1）规范性

细则是对法律、法规和规章的补充说明或辅助性的规定，自然具有法律、法规、规章的规范特点。

（2）补充性和辅助性

细则是主体法律、法规、规章的从属性文件，它对法令、条例、规定或其部分条文进行解释和说明，制定细则的目的是补充法律、法规、规章条文原则性强而操作性弱的不足，以利于贯彻执行。

（3）操作性强

细则对有关法律、法规、规章的基本概念进行界定，规定具体适用的标准及执行程序，从而使主体规范性文件具有更强的操作性。

二、细则的写作技巧

1. 制定细则不仅要有依据，还必须结合本地实际，把国家的法律、法规与本地的实际情况结合起来，才能真正起到制定细则的作用。

2. 制定细则要尽量减少与国家法律法规的重复条款。为了使细则与法律、法规相衔接，便于执行，适当地重复一些条款是难免的，但不能照抄或基本照搬。

3. 可有可无的内容要适当进行取舍，特别是那些纯事务性的细节和业务部门内部的工作关系，可以不在细则中规定。

三、细则的写作格式

标　　题	细则的标题通常被写为“事由 + 文种类别（细则）”的形式，发文机关和发布日期在标题标出，如果属会议批准或通过的，要用括号在标题下另加注说明“××××年××月××日××会议批准（通过或修订）”。

正　文	一般由总则、分则和附则三部分构成。多用列章分条的形式表述。总则要写明细则依据什么法律、法规和法律、法规的哪一章、哪一条而制定的，同时说明制定的目的。分则主要是针对细则所依附的法律、法规中不具体、不完备、不够明确之处和易生歧义之处进行解释、补充和具体化，尽可能做到详尽明确、周密细致、界限清楚，并保持条文的完整。附则要写清生效日期、解释权、修改权。细则一般同依附的法律、法规同时生效，但也可以适当滞后。 一般情况下，细则的正文有两种写法，一种是条款式写法，一种是章条式写法。 1. 条款式写法。条款式写法不分章，直接列条，适用于内容较简单、篇幅较短的细则。根据、目的、基本原则、指导思想等内容，写入前几条；解释、补充和规定，写在中间，条款最多；执行要求写在最后。 2. 章条式写法。章条式写法适合于内容较多的细则。全文分为总则、分则、附则三大部分。

四、细则的模板

××××××实施细则

×××令第××号

颁布时间：××××年××月××日

发文单位：×××××

第一条　根据《××××条例》（以下简称条例），制定本细则。

……（细则所涉及的内容）

第二十八条　本细则自××××年××月××日起施行。

五、细则的范例解析

【范例】

国有资产评估管理办法施行细则

（1992 年 7 月 18 日国家国有资产管理局发布）

第一章　总　　则

第一条　根据国务院发布的《国有资产评估管理办法》（以下简称《办法》）

第三十八条的规定，制定本施行细则。

第二条 《办法》第二条所说的法律、法规另有规定，是指全国人民代表大会及其常务委员会发布的有关资产评估的法律和国务院发布的有关资产评估的行政法规。

第三条 《办法》所说的国有资产是指国家依据法律取得的，国家以各种形式的投资和投资收益形成的或接受捐赠而取得的固定资产、流动资产、无形资产和其他形态的资产。

第四条 《办法》第三条所说的国有资产占有单位包括：

1. 国家机关、军队、社会团体及其占有国有资产的社会组织；

2. 国有企业、事业单位；

3. 各种形式的国内联营和股份经营单位；

4. 中外合资、合作经营企业；

5. 占有国有资产的集体所有制单位；

6. 其他占有国有资产的单位。

第五条 《办法》第三条规定的应当进行资产评估，是指发生该条款所说的经济情形时，除经国有资产管理行政主管部门批准可以不予评估外，都必须进行资产评估。

第六条 《办法》第三条所说的情形中：

1. 资产转让是指国有资产占有单位有偿转让超过百万元或占全部固定资产原值百分之二十以上的非整体性资产的经济行为。

2. 企业兼并是指一个企业以承担债务、购买、股份化和控股等形式有偿接收其他企业的产权，使被兼并方丧失法人资格或改变法人实体。

3. 企业出售是指独立核算的企业或企业的分厂、车间及其他整体性资产的出售。

4. 企业联营是指国内企业、单位之间以固定资产、流动资产、无形资产和其他资产投入组成的各种形式的联合经营。

5. 股份经营是指企业实行股份制，包括法人持股企业、内部职工持股企业、向社会公开发行股票（不上市）企业和股票上市交易的企业。联营、股份经营的企业进行资产评估时，应对联营及合股方投入的资产进行全面评估。

6. 企业清算是指依据《中华人民共和国企业破产法》的规定，宣告企业破产，并进行清算；或依照国家有关规定对改组、合并、撤销法人资格的企业资产进行的清算；或企业按照合同、契约、协议规定终止经济活动的结业清算。

第七条 《办法》第四条所说的情形中：

1. 抵押是指国有资产占有单位以本单位的资产作为物质保证进行抵押而获得贷款的经济行为。

2. 担保是指国有资产占有单位以本单位的资产为其他单位的经济行为担保，并承担连带责任的行为。

3. 企业租赁是指资产占有单位或上级主管单位在一定期限内，以收取租金的形式，将企业全部或部分资产的经营使用权转让给其他经营使用者的行为。

第八条 《办法》第四条规定可以进行资产评估，是指发生该条款所说的情形时，根据实际情况可以对资产进行评估或者不评估。但属于以下行为必须进行资产评估：

1. 企业整体资产的租赁；

2. 国有资产租赁给外商或非国营单位；

3. 国家行政事业单位占有的非经营性质资产转为经营性资产；

4. 国有资产管理行政主管部门认为应当评估的其他情形。

第九条 《办法》第四条所说的当事人是指与上述经济情形有关的国有资产占有单位、行业主管部门、国有资产管理行政主管部门以及其他单位。

第十条 对于应当进行资产评估的情形没有进行评估，或者没有按照《办法》及本细则的规定立项、确认，该经济行为无效。

第十一条 依照《办法》第五条规定对全国或者特定行业的国有资产进行评估，其评估办法由国务院另行规定。

第十二条 《办法》第七条所说的国家规定的标准是指国家和地方人民政府以及中央各部门颁布的有关技术、经济标准。

第二章 组织管理

第十三条 《办法》第八条所说的国有资产管理行政主管部门是指各级政府专门负责国有资产管理的职能部门。中央是指国家国有资产管理局，地方是指各级国有资产管理局或国有资产管理专门机构。

（第十四条至第二十三条略）

第三章 评估程序

第二十四条 国有资产占有单位发生《办法》第三条、第四条所说的经济情形时，应于该经济行为发生之前，按隶属关系申请评估立项。

按照统一领导、分级管理的原则，中央管辖的国有资产的评估立项审批，由国家国有资产管理局负责办理；地方各级管辖的国有资产和评估立项审批，原则上由同级国有资产管理行政主管部门负责办理；尚不具备立项审批条件的地、县，可由上级国有资产管理行政主管部门根据《办法》和本细则作出具体规定。

重大的亿元以上资产评估项目和经国家计委批准立项的中外合资、合作项目的评估（含中央、地方国营企业和集体企业占有的国有资产），除报同级国有资产管理行政主管部门立项审批外，还须报国家国有资产管理局备案，必要时由国家国有资产管理局直接审批。

第二十五条　资产评估立项原则上应由被评估国有资产占有单位申报。

（第二十六条至第三十六条略）

第四章　评估方法（略）

第五章　中外合资、合作资产评估（略）

第六章　股份制企业资产评估（略）

第七章　法律责任（略）

第八章　附　　则

第五十九条　国有自然资源资产价值评估，应在国有资产管理行政主管部门管理下进行。其评估办法及实施细则由国家国有资产管理局会同有关部门共同制定，报国务院批准执行。

第六十条　资产评估涉及企业、单位资金增减变动账务处理和评估费用的开支渠道，按财政部有关规定执行。

第六十一条　各地可根据《办法》和本细则制定具体实施办法，过去发布的有关资产评估的规定与《办法》和本细则相抵触的，均以《办法》和本细则的规定为准。

第六十二条　集体企业资产评估可参照《办法》和本细则规定办理。

第六十三条　本细则由国家国有资产管理局负责解释。

第六十四条　本细则自发布之日起执行。

【点评】

这个细则由标题、发布时间、发布单位和正文等部分构成。“标题”包括细则涉及的主要内容（国有资产评估管理办法施行）和文件的文种名称（细则）。在标题下方括号内标明了文件的发布时间（1992年7月18日）和发布单位（国家国有资产管理局）。

该细则采取分章列条的形式，将文件涉及的复杂内容安排得条理清晰而又合乎规范。第一章总则部分，是关于施行细则制定的缘由和政策依据，即“根据国务院发布的《国有资产评估管理办法》第三十八条的规定，制定本施行细则”。特殊概念的界定，专业术语解释等事项的说明和解释，对于补充、细化、正确理解该细则的制定依据文件——《国有资产评估管理办法》，具有重要的指导作用。第二章至第七章是细则的主体部分，分别就《国有资产评估管理办法》的施行涉及的组织管理、评估程序、评估方法、中外合资合作资产评估、股份制企业资产评估及相关法律责任等方方面面的问题作出了详细而具有很强的可操作性的规定。第八章附则部分，就一些较特殊的事项进行说明，使得该细则更加完整和规范。

该篇细则不仅叙述详尽、周密，解释准确，而且把政策界限及处理办法也交代得很清楚，体现了细则这一文种的补充性和可操作性特点。

六、细则的写作范例

◎工作细则

【范例】

××工程管理科工作细则

技术组为便于管理，做到分工明确，责任到人，奖罚分明，特制定本细则：

一、每个工程项目均设技术组项目负责人，负责人负责从方案设计到竣工验收全过程、技术组工作职责范围内各项工作的组织及跟进。项目负责人由技术组组长根据项目特点及本组工作情况拟定人选，报科长确定。

二、项目负责人第一时间了解项目特点、工程背景及设计任务书，参与规划建设局组织的方案评审会，掌握跟踪项目进度。

三、项目负责人参加规划建设局的方案移交及方案交底工作，要求实地踏勘，并按照《方案移交办法》进行检查，记录备案，复印一份交予组长。

四、组长安排人员分专业审查设计方案图。着重审查功能、使用价值的满足程度、方案的安全性、与市政条件、地形条件的吻合及可行性、预审其经济性等。方案审查时间要求为：500 万元以下项目四天；500 万 ~3000 万元项目五天；3000 万元以上项目七天。每延误一天扣 5 分，计入每月奖罚计分表。项目负责人负责跟进，汇总审查意见交设计方修改，若有必要可组织会议交底。

五、项目负责人按计划要求，安排相关专业人员审查地质勘查、三通一平及图纸文件，约定时间出结果，并交投资控制组进行预算，内务组进行招投标。

……

十三、项目负责人组织安排项目的竣工验收。审查竣工资料、协助做好归档工作。所有项目必须要求有施工图，并有电子版，交内务组存档。

十四、项目方案及施工图审查，每审出一个问题奖励2分。若审图不认真，对于在前期工作中出现过的问题，在审后的项目中再次出现并造成损失或不足，视情况每处扣10~30分，并记录在案进入年度评定。审图中提出合理建议，节约投资，按每10万元奖励5分。每月按积分评定奖励工资。

××××年××月××日

第九章 规则、公约、守则的写作

第一节 规 则

一、规则的概述

1. 规则的含义

规则，是国家机关、社会团体、企事业单位对某一事务或活动的行为准则作出具体规定的规范性文书。它是各种组织为保证某项活动或工作能够顺利开展，或达到某种目标，对人们的行为方式、方法规定出的必须共同遵循的准则。

规则的适用范围很广，涉及面可宽可窄。

2. 规则的特点

（1）局部性

规则所规定的范围比其他规章性公文要窄，适用于对局部范围的人员、活动和场所作具体的要求和规定。

（2）时效性

规则一般为内部行文，在一定范围甚至一定时间内起作用。

（3）单一性

因为规则具有局部性，所以它的内容比其他任何规章性公文都要简单，规定的对象比较集中、单一，只是局部范围内的特定对象，无须超越这个范围，无须涉及其他。

（4）具体性

规则所规定的内容是具体的，而且以事务性的工作居多，细致入微，具有规范化、程序化、定型化的特性。

二、规则的写作要求

1. 制定规则前要充分调查了解所属范围内的群众需求和意见

规则是为维护劳动纪律、公共利益，保证学习、工作、生活等活动正常而有序地进行所制定的行为准则，一旦制定，就对该范围内的群众有较大的约束力，不考虑群众正当要求、合理意见，不问客观实际，想当然地主观拟定，即使定出“霸王律”，也会事与愿违。因此，写作前的调查研究，是不可缺少的程序。

2. 规则条文内容须直指特定对象，具体而详细

规则是从事某项活动或工作的有关人员必须遵守的规定，其内容必须有很强的针对性，紧紧围绕特定对象，针对某一类人或针对某一项活动提出具体详尽的规范化要求。

3. 态度要明朗、措辞要准确、语气要肯定

规则是人们行动的准则，有较大的约束力。它要求用准确的词句，明确地表达出倡导、允许、禁止、限制的内容，写明违犯规则的处理办法，其语气要坚决。

三、规则的写作格式

标　　题	标题通常包括发文机关、事由和文种类别（规则）三要素。但很多规则的标题中省略发文机关。
发文时间	将制发的时间和依据加括号标注于标题之下正中位置。如果是随正式公文发布的规则，可以不单独注明日期，以发布规则的那篇公文的发文时间为准。
正　　文	规则的正文首先写发文缘由；其次写具体内容，包括具体方法、措施、处罚手段等；最后写生效日期、解释权等方面的说明。 通常，规则的正文写法有如下三种： 1. 通篇分条式。内容比较简单的规则，一般都用通篇分条式写法。 2. 分章列条式。内容复杂的规则，分为总则、分则、附则三大部分，总则为第一章，分则有若干章，附则为最后一章。各章分若干条。 3. 引言加条款式。同通篇分条式写法比较相似，只是前面有一段没有列入条款的引言，一般用来交代根据、目的、意义。
签　　署	签署发文机关、日期。但有时采用括号内注明时间、单位及形式，国家高级机关发布的规则多采用这种写法。

四、规则的模板

机关工作规则

××××年××月××日

第一章　总　则

一、为确保××机关各项工作制度化、规范化、程序化，根据市委、市政府

及省局行政工作规则的有关规定，特制定本规则。

二、××各项工作以马列主义、毛泽东思想、邓小平理论、“三个代表”和科学发展观重要思想为指导，以贯彻落实党的路线、方针和政策为主线，坚持以人为本，树立全面、协调、可持续的发展观；坚持解放思想，实事求是，与时俱进，开拓创新；坚持依法行政，清正廉洁，科学公正，务实高效；努力建设行为规范、运转协调、公正透明、廉洁高效的学习型、服务型、落实型机关。

三、××各级领导、各科室必须依法行使职权，牢固树立忠于职守，乐于奉献，清正廉洁，服务群众的思想。要不断转变工作作风，提高行政效能，树立食品药品监管的良好形象，确保各项工作圆满完成。

第二章　领导体系（略）

第三章　民主决策（略）

第四章　依法行政（略）

第五章　行政监督（略）

第六章　政务公开（略）

第七章　工作部署（略）

第八章　会议制度（略）

第九章　公文审批（略）

第十章　公务活动（略）

第十一章　请示报告（略）

第十二章　作风纪律（略）

五、规则的范例解析

【范例】

××省会计从业资格无纸化考试考场规则

××省财政厅　×财会〔××××〕××号

第一条　考生在本科目考试开始前20分钟凭本人准考证和身份证，经监考人员核对准考证和身份证，在考生签到表上签名后，进入考场，对号入座；将准考证和身份证放置在微机操作台上，以便核查。考试开始30分钟后，考生不得进入考场参加考试。考试开始后30分钟内，考生不得交卷离开考场，离开考场后不得以任何理由再进场续考。

第二条 考生进入考场时，除书写用笔及不带汉字存储功能的计算器（免套）外，必须将所携带的背包、饮品、书籍、纸张、笔记、报刊、通信工具（应设置为关闭状态）、电子记事设备等物品放在考场指定的物品存放处。

第三条 考生应输入自己的准考证号和报名序号登录考试服务器，并仔细核对屏幕显示的姓名和准考证号，核对无误后，方可进行下一步的操作。考生不得用与本人无关的准考证号和报名序号登录，不得拷贝或删除系统的目录和文件。

第四条 如出现无法登录考试服务器、机器故障或网络故障等异常情况的，考生应举手示意，请监考人员解决，不得自行处置，否则按违纪论处。

第五条 考试过程中，任何人不得移动考场监控摄像头，否则一经发现，按违纪论处。

第六条 考生在考试中途一般不得离开考场，如确有需要暂时离开考场的，必须经监考人员同意并由指定的监考人员陪同，但考试时间连续计算。

第七条 考试过程中，考生应当严格遵守考场纪律，保持考场肃静，服从监考人员管理，不得在考场内吸烟、喝水、随意站立走动。

第八条 考试过程中，考生不得相互交流，不得协助他人答题，不得使用通信工具等电子设备，不得抄录屏幕内容，不得使用U盘等存储设备，否则按违纪论处。

第九条 考试结束后，考生不得关闭计算机，必须立即离开考场。如果考生在考试开始30分钟后，考试结束前交卷，必须完成交卷操作，方可离开考场。离开考场时，不得将草稿纸带出考场。离开考场后，不得在考场附近谈论、逗留。

第十条 考生因未按要求操作造成成绩差错的，后果自负。

第十一条 为保证考试正常进行，除本考点主考、副主考、技术维护人员，本考场监考、流动监考及巡视人员外，其他人员一律不得进入考场。

第十二条 考生在考试期间违规违纪的，按《××省会计从业资格考试违规违纪处理规定》进行处理。

第十三条 本规则自发布之日起执行。

【点评】

该份考场规则的语言文字使用非常严肃，如第一条从时间上，第二条从携带物品上，第三条、第四条从准考证号等操作秩序上，第五条至第八条从考试过程上等进行规定，这是应考人员应遵守的考场规则。文中对其他人员应遵守的考场规则，写得既简练又严厉，如第十一条“除考点主考、考场监考及巡视、监察人员外，其他人员一律不得进入考场”。特别是“一律”这个词，用得可谓精当。

六、规则的写作范例

◎工作规则

【范例】

村党支部工作规则

为了更好地发挥村党支部的核心领导作用，进一步明确村党支部的工作职责、决策原则和议事范围，根据党章的有关规定和党的十七届五中全会精神的要求，特制定本规则：

一、工作职责

村党支部担负着直接联系群众、宣传群众、组织群众、团结群众，把党的路线、方针、政策落到实处的重要责任。党总支应当把发展壮大集体经济，带领群众奔小康，建设富裕、文明、民主的社会主义新农村作为首要任务。

二、决策原则

1. 村党支部处于核心领导地位，对本村的各个组织和各项工作实行统一领导。

2. 党章规定的事项和村里的重大问题必须经党员大会讨论决定。

3. 党支部讨论决定问题，必须严格按照民主集中制原则和上级的有关规定进行，必须坚持少数服从多数的原则。党支部委员会实行集体领导分工负责。

4. 有关群众切身利益的重大问题，必须先征求群众意见再讨论决定。

5. 对党支部集体作出的决定，任何个人无权改变，个人或少数人如有不同意见，允许保留或向上级党委反映，但必须无条件服从，并在行动上坚决执行。

6. 党员大会（含学习日）每月一次，支部委员会每月两次以上。支部党员民主生活会每年一次。

三、议事范围

（一）党员大会（略）

（二）支部委员会（略）

××村党支部

××××年××月××日

第二节 公 约

一、公约的概述

1. 公约的含义

公约是社会组织或团体为了维护公共利益，通过讨论、协商所制定出的，约定大家共同遵守的规则。

2. 公约的特点

公约是在大家共同的思想认识和一致要求的基础上制定的，它一经订立，便发生作用。公约虽然不像法律、法令等文件那样带有强制性，但是对有关单位和群众都具有一定的约束力，要求大家一致遵守，使大家明确该这样做，不该那样做。公约是群众进行自我教育的很好的一种形式，它对工作、生活和学习能起一定的督促和指导作用。

3. 公约的分类

公约有两种，一种是广义的公约，是国家间关于经济、技术或法律等方面专门问题的多边条约；另一种公约是指人民群众为了维护劳动纪律或公共秩序，或为了公共利益，更好地贯彻党的方针政策或有关指示，保证学习、生产、工作任务的胜利完成，经集体讨论，把约定要做的事情或不应当做的事情，应该宣传的事情或必须反对的事情，明确地写成条文，以便共同遵守的狭义公约，或称单边公约。

公约是参与制定的单位和个人共同信守的行为规范，它对于维护社会秩序、促进安定团结、加强社会主义精神文明建设有着不可低估的作用。

二、公约的写作技巧

公约有以下写作要求：

1. 公约内容既要符合党的方针、政策、法令，又要切合本单位的生产、工作或学习的实际需要。

2. 事前做好宣传工作，使大家明确订立公约的意义。订公约时，要充分发动群众认真讨论，出主意，提建议，根据群众意见写成草稿，然后再交群众讨论定稿，内容力求切实可行。要避免由个别人或少数人包办代替。

3. 公约的条文，要写得具体明白，语气肯定，文字要简洁，便于记忆，便于执行、督促和检查。

4. 公约定好后，要抄写清楚，贴在大家容易看到的地方，以便相互督促，共同遵守，真正落实。

5. 在执行公约的过程中，随着形势或情况的发展与变化，应及时修改补充。

三、公约的写作格式

标　　题	标明公约的名称，说明公约的性质，也可以加上地区或单位名称，如《党风廉政建设公约》等。
正　　文	公约的正文由引言、主体和结尾组成。 1. 引言。引言主要用来写明制定公约的目的、意义，常套用“为了……特制定本公约”的固定格式。 2. 主体。条文式写法，将具体内容一一列出。这部分最重要，一定要做到系统完整，层次清楚，言简意赅，朴实畅通。 3. 结尾。用来写执行要求、生效日期等。如无必要，可免除这一部分。
落　　款	在右下方写上订立公约的单位名称与日期。如标题上已写单位名称的，只需写清日期。

四、公约的模板

××市××××协会××公约

（××××年××月××日第××届会员代表大会通过）

1. 认真贯彻执行党和国家的各项方针政策，模范遵守国家法规、规章，合法经营，照章纳税。

2. 爱岗敬业，诚实守信，积极进取，勇于开拓，不断提高行业素质。

3. 精心设计，精心施工，严格管理，优质服务，保质保量保安全，便民不扰民，重合同，守信誉，树立良好职业道德。

4. 团结互助，交流经验，合法竞争，共同提高。

五、公约的范例解析

【范例】

××市各界人民拥军优属公约

为发扬拥军优属的光荣传统，密切军政军民关系，发展安定团结的大好形势，同心同德建设“四化”，特制定本公约：

一、拥护人民解放军。要关心爱护人民子弟兵，主动加强军政军民团结，发扬军民一家人的传统。

二、向人民解放军学习。学习解放军对党、对祖国、对人民无限忠诚的崇高品质；学习解放军严格执行三大纪律八项注意的优良作风；学习解放军艰苦奋斗的革命精神；学习解放军在现代化建设中的先进经验和先进事迹。

三、积极支持部队现代化建设。协助部队完成军事训练、战备执勤、国防施工和军农生产等各项任务。

四、经常教育干部、群众保护驻军指挥机关、国防工程、射击场地、仓库等军事设施，严禁在有军事设施的地方砍伐树木、采石、取土。积极协助部队搞好营区秩序，不得拿用营区的设备和物资。

五、各级领导机关要定期登门拜访当地驻军，介绍地方有关情况，征求意见。对军政、军民关系中发生的问题，要本着互谅互让的精神，同部队充分协商，实事求是地、及时地妥善处理。

六、热情关怀部队生活，对部队所需要的粮食、副食、蔬菜，以及其他各种物资，要根据当地实际情况，做好供应工作。

七、对随军家属的工作安排及子女入学等问题，要积极协助解决。

八、各级政府要加强保护军人婚姻的教育，对于破坏军婚者，要依法惩处。

九、积极开展拥军优属活动，认真贯彻拥军优属政策，热情关怀烈属、军属、残废军人等的生产和生活。在农村中，要使他们的生活不低于当地社员的实际生活水平。

十、认真贯彻有关退伍、复员、转业军人的政策规定，欢迎他们到地方工作，对他们进行妥善安置。

以上公约，全市人民要严格遵守，认真执行。要树立“拥军优属、人人有责”的社会风尚。要定期检查公约执行情况，使拥军优属工作制度化、经常化。

××××年××月××日

【点评】

该篇公约属条款式公约。格式规范，内容简洁完整，文种使用正确。

正文开门见山地指出了制定本公约的目的，即“为发扬拥军优属的光荣传统，密切军政军民关系，发展安定团结的大好形势，同心同德建设‘四化’”。接着以“特制定本公约”一句，承上启下，介绍了全市各界人民应遵守的十条约定。最后，提出了要求和号召，即“全市人民要严格遵守，认真执行。要树立‘拥军优属、人人有责’的社会风尚。要定期检查公约执行情况，使拥军优属工作制度化、经常化”。

整篇公约用语谦和，态度积极，表明对拥军优属工作的重视。

六、公约的写作范例

◎民间公约

【范例】

爱护树木花草公约

一、植树造林、种花种草，绿化祖国，美化环境，人人有责。

二、不摇晃幼树，不剥皮，不攀折树木。

三、不随意采摘花果。

四、不破坏草地，不践踏草皮和花圃。

五、老师和家长应教育儿童和青少年养成爱护树木花草的习惯。

六、人人有责任制止破坏树木花草的行为。

××社区居委会

××××年××月××日

◎行业公约

【范例】

中国互联网行业自律公约

第一章　总　　则

第一条　遵照“积极发展、加强管理、趋利避害、为我所用”的基本方针，为建立我国互联网行业自律机制，规范行业从业者行为，依法促进和保障互联网行业健康发展，特制定本公约。

第二条　本公约所称互联网行业是指从事互联网运行服务、应用服务、信息服务、网络产品和网络信息资源的开发、生产以及其他与互联网有关的科研、教育、服务等活动的行业的总称。

第三条　互联网行业自律的基本原则是爱国、守法、公平、诚信。

第四条　倡议全行业从业者加入本公约，从维护国家和全行业整体利益的高度出发，积极推进行业自律，创造良好的行业发展环境。

第五条　中国互联网协会作为本公约的执行机构，负责组织实施本公约。

第二章　自律条款

第六条　自觉遵守国家有关互联网发展和管理的法律、法规和政策，大力弘扬中华民族优秀文化传统和社会主义精神文明的道德准则，积极推动互联网行业的职业道德建设。

……

第十八条　自觉接受社会各界对本行业的监督和批评，共同抵制和纠正行业不正之风。

第三章　公约的执行

第十九条　中国互联网协会负责组织实施本公约，负责向公约成员单位传递互联网行业管理的法规、政策及行业自律信息，及时向政府主管部门反映成员单位的意愿和要求，维护成员单位的正当利益，组织实施互联网行业自律，并对成员单位遵守本公约的情况进行督促检查。

……

第二十五条　本公约执行机构及成员单位在实施和履行本公约过程中必须遵守国家有关法律、法规。

第四章　附　　则

第二十六条　本公约经公约发起单位法定代表人或其委托的代表签字后生效，并在生效后的30日内由中国互联网协会向社会公布。

第二十七条　本公约生效期间，经公约执行机构或本公约十分之一以上成员单位提议，并经三分之二以上成员单位同意，可以对本公约进行修改。

第二十八条　我国互联网行业从业者接受本公约的自律规则，均可以申请加入本公约；本公约成员单位也可以退出本公约，并通知公约执行机构；公约执行机构定期公布加入及退出本公约的单位名单。

第二十九条　本公约成员单位可以在本公约之下发起制定各分支行业的自律协议，经公约成员单位同意后，作为本公约的附件公布实施。

第三十条　本公约由中国互联网协会负责解释。

第三十一条　本公约自公布之日起施行。

中国互联网协会

××××年××月××日

第三节 守 则

一、守则的概述

1. 守则的含义

守则是国家机关、社会团体、企事业单位为维护公共利益和工作秩序，向所属成员发布的行为准则和道德规范。守则是根据本单位具体情况制定的，有的还是工作中的具体操作规范，有特定的使用范围和较强的针对性。

守则的制定有三个依据：一是党和国家的方针、政策；二是有关法律、法规；三是全社会共同遵守的道德规范。因此，遵守守则，实际上也就是遵纪守法，就是讲文明、讲道德。

2. 守则的特点

（1）概括性。守则篇幅短小，写作时要用简明概括的语言行文，不能写得太繁杂。

（2）针对性。要根据党的路线、方针、政策，结合本地区、本系统、本单位的实际情况，有针对性地拟定具体条文。

（3）准确性。在文字表述上，提倡什么，反对什么，应该准确、明白，不能模棱两可，含混不清。

（4）可行性。所规定的条文，所提出的要求，应该实事求是，切实可行，通过努力可以做到，防止要求过高，变成一纸空文。

（5）通俗性。语言应明白、流畅、通俗易懂，防止长句和专业术语的大量运用。

二、守则的写作技巧

1. 条款应明确、具体、通俗。要充分考虑条文内容的可行性和语言的通俗性，即要根据党的路线、方针、政策，结合本地区、本系统、本单位的实际情况，有针对性地拟定具体条文，实事求是，切实可行。

2. 因守则是职工、学生等自我教育的一种形式，所以要通过群众酝酿讨论。

3. 条文不可多不可长，以便于记忆和检查。

三、守则的写作格式

标 题	守则的标题由发文机关、事由和文种类别（守则）组成，有时可省去发文机关和事由，只写“××人员守则”或“守则”。

正　　文	守则的篇幅一般比较短小，多采用通篇分条式写法。如果内容复杂，为了更有条理性，也可采用章条式写法，由总则、分则、附则三部分组成，下面再分章，章下再分条。 在正文的写作中，条与条之间的划分是否符合逻辑规律，能不能做到条理清楚，层次分明，是写作守则成败的关键。另外还要注意语言表达的简练、质朴、准确。
发文机关 日　　期	如标题中已标明发文机关，或标题下标明了发布日期，这部分内容可以省略。

四、守则的模板

机关工作人员守则

一、认真贯彻执行党的路线、方针、政策，同党中央保持高度一致，按照“三个代表”重要思想的要求，全心全意为人民服务。

二、努力学习、刻苦钻研、开拓创新、锐意进取、深入实际、扎实工作。

三、坚持党性原则，加强自身修养，培养良好的工作作风，自觉维护机关内外的团结，做到互相理解、互相尊重、互相帮助、互相协调。

四、热爱本职工作，忠于职守、尽职尽责、无私奉献、争创一流工作业绩。

五、加强党风廉政建设，公正廉洁、克己奉公、同心同德、艰苦奋斗。

六、加强组织纪律观念，严格遵守各项规章制度，自觉搞好责任卫生，保持机关内外环境优美，卫生清洁。

七、听从领导、服从分配，认真落实目标责任制，圆满完成分工承担的各项工作任务。

八、强化服务意识，提高办事效率，热情接待来客来访者，提倡微笑服务。

九、加强保密观念，严守保密纪律。

××××办公室

××××年××月××日

五、守则的范例解析

【范例】

职工宿舍文明守则

第一条　为加强公司宿舍区的文明建设，使职工有一个清洁、宁静、安全、文明的生活环境，特制定职工宿舍文明守则。

第二条 保持生活环境的整洁卫生，不随地吐痰，不乱丢果皮、纸屑、烟头等。一切车辆（含自行车）要按指定的位置摆放整齐。

第三条 宿舍区内的走廊、通道及公共场所，禁止堆放杂物、养鸟和其他宠物。

第四条 讲文明礼貌，不随地大小便，不从楼上抛丢垃圾、杂物和倒水。不准弄脏和画花墙壁。

第五条 养成良好的卫生习惯，垃圾、杂物要倒在垃圾池（桶）内。

第六条 注意安全，不许私自安装电器和拉接电源线，不准使用明火炉具（用电炉具）及超负荷用电。

第七条 预防火灾，严禁在宿舍区燃放烟火和鞭炮。

第八条 自觉维护宿舍区的安静，在中午、晚上休息时间不使用高音器材，不进行有噪声的活动，以免影响他人休息。

第九条 美化环境，爱护花草树木和一切公共设施。

第十条 各住户生活区的卫生要经常打扫，保持整洁。

第十一条 遵纪守法，严格遵守治安管理的有关规定，自觉维护宿舍区的秩序。

以上规定希望广大职工自觉遵守，违者按公司住房管理规定的条款给予处理。

××有限责任公司

××××年××月××日

【点评】

这是一份约束性守则。共分十一条，其中第一条为制定本守则的目的；第二条至第十条是对各住户的要求；第十一条为大家共同遵守的有关规定。最后，是对住户提出的希望和对违规者的处罚，即“以上规定希望广大职工自觉遵守，违者按公司住房管理规定的条款给予处理”。

通篇守则用语谦和，不失为一篇好的约束性守则范例，可以借鉴。

六、守则的写作范例

◎工作守则

【范例】

工作守则

一、热爱祖国，热爱共产党，热爱社会主义。

二、热爱集体，勤俭节约，爱护公物，积极参与管理。

三、热爱本职，学赶先进，提高质量，讲究效率。

四、努力学习，提高政治、文化、科技、业务水平。

五、遵守纪律，廉洁奉公，严格执行规章制度。

六、关心同志，尊师爱徒，和睦家庭，团结邻里。

七、文明礼貌，整洁卫生，讲究社会公德。

八、扶植正气，抵制歪风，拒腐蚀，永不沾。

××市委办公室

××××年××月××日

第十章　规程、指示、布告的写作

第一节　规　程

一、规程的概述

1. 规程的含义

规程是对某一事项或操作在一定范围内要求人们遵守的统一的要求和程序。其目的是规范人们的行动，以便有一个正常的生产和活动的程序。

2. 规程的分类

根据内容的不同规程可以分为会议规程、处理规程、比赛规程、操作规程等。

二、规程的写作技巧

1. 各项要求和程序要以科学为依据，不能脱离实际；
2. 内容要具体、准确，要按逻辑顺序，分清条理；
3. 语言要通俗，文字要简洁，并且要易懂易记，便于操作。

三、规程的写作格式

规程的基本格式一般由标题、正文、署名和日期三部分组成。

标　　题	一般由适用范围、事项和文种构成。一般采用“××操作规程”“××活动规程”的形式。
正　　文	正文一般采用分章列款式，按总则、分则、附则行文。内容简单的可直接分条叙述。署名和日期一般写在右下方，有的也可不署名及日期。还有将公布单位、颁布时间或批准单位、批准时间放在标题之下，用括号括起来。至于采用何种形式，要视具体情况而定。

四、规程的模板

安全操作规程

一、实习学生进车间必须穿好工作服，并扎紧袖口。女生须戴安全帽。加工硬脆工件或高速切削时，须戴眼镜。

二、实习学生必须熟悉车床性能，掌握操作手柄的功用，否则不得动用车床。

三、车床启动前，要检查手柄位置是否正常，手动操作各移动部件有无碰撞或不正常现象，润滑部位要加油润滑。

四、工件、刀具和夹具，都必须装夹牢固，才能切削。

五、(略)

六、(略)

七、(略)

八、(略)

九、(略)

十、(略)

××××公司

××××年××月××日

五、规程的范例解析

【范例】

仓库安全操作规程

1. 材料、工具、零部件设备要分类摆放整齐、稳固，高度要适当。精密工具、量具应妥善放置。

2. 搬运有刃口、毛刺或涂油的工具及零件，要戴手套，货物应放置稳当，不准露出货架。

3. 工具、零部件不准放在电器开关附近或压在电线上。

4. 不准在光滑或涂油的零部件上行走。所用梯凳，不准有油垢，放置要牢固。

5. 夜间搬运零件、工具时，应有充分照明，道路畅通。应根据物件重量和体力强弱进行搬运，以防发生事故。

6. 2人一起搬运物件，应互相配合，步调一致。零部件在用电瓶车运输时，应放置平稳、牢固。

7. 加热后的零件必须冷却后再进行点数、运输和存放。必须运输热物件时，须用适当容器，并装设“热活”标志，以防烫伤。库内应通风良好。

8. 货物堆放距屋顶、墙壁、灯具不得少于50厘米，距屋柱或货垛之间不得少于20厘米。

9. 采用起重机械做室内搬运时，应遵守相应的起重机械安全操作规程，并应与起重工、挂钩工、行车工密切配合。

××设备安装公司

××××年××月××日

【点评】

这篇规程的写法比较简单，标题采用了标准形式的公文标题结构形式，正文部分内容简洁，分条写出了规程的各项具体内容和要求，使人一目了然，语言通俗易懂，条理清晰。

六、规程的写作范例

◎会议规程

【范例】

会议规程

第一条　会议程序

本公司各类会议的程序安排如下：

1. 经营会议

(1) 会议主席作经营政策报告10分钟；

(2) 上次议案回顾讨论20分钟；

(3) 部门业务成果报告30分钟；

(4) 各部门协调及讨论事项30分钟；

(5) 未决议事项复议10分钟；

(6) 上级指导、报告10分钟；

(7) 主席结论10分钟。

2. 产销会议（略）

3. 厂务会议（略）

4. 营业会议（略）

5．专案会议（略）

6．周会（略）

第二条　会议规范

本公司各项会议的通知应在3天以前发出。定期的例会，如遇到节假日，应顺延一天。会议的时间、地点，如没有安排固定的负责者，则由主席事先决定通知，公司会议记录由主席指派，定期例会除非有重大事故，均须依照确定时间进行。会议记录限一天内呈报上一级主管，主管批示限3天内完成，再交由会议主持人办理。本公司各种会议的规范如下：

1．经营会议

每周一利用下班时间（下午6:30至8:30）在总公司举行，由总经理担任主席，除各部级主管参加外，还应请董事长、常务董事、监事列席指导。经营会议的目的是让公司的最高层干部参与经营策略的制定，听取各部门工作报告，同时决定本公司一周的工作重点和工作方针，协调各部门一周内的业务活动。

2．产销会议（略）

3．厂务会议（略）

4．营业会议（略）

5．专案会议（略）

6．周会（略）

××纺织机械厂

××××年××月××日

第二节　指　示

一、指示的概述

1．指示的含义

指示是领导机关对下级机关布置工作，阐明工作活动要点及要求、步骤和方法时所使用的一种具有指导原则的下行公文。指示具有较强的指导性、政策性，对某项重要事项、工作的顺利进行起着决定性作用。

指示虽与命令、决定一样，也具有很强的权威性和约束力，但仍有一些差异。

2．指示的特点

（1）命令只能由国家行政领导机关或领导人使用，而指示则是县以上的党政机关或个人都能行文，使用范围较命令要广。

（2）命令、决定具有很强的法律效应，要求下级必须严格遵照执行；而指示则既有法规性质，又有指导性质，原则上要求贯彻执行，但也允许在执行过程中根据实际情况灵活变通。

(3) 指示一般对下级工作具有很强的指导作用，它不但讲工作原则，还讲方法、措施等；而命令、决定则很少对工作作具体指导，多是原则性部署。

3. 指示的分类

指示可分为两类：一类是针对普遍或全局性的问题作出的；另一类是针对特殊问题或重要的局部性问题而制定发布的。从时间的要求上可分为紧急指示和一般指示。

二、指示的写作技巧

1. 指示的注意事项

(1) 指示原由。主要写明指示的原因、根据或目的，在这部分通常要说明作指示的必要性和重要意义，以引起下级机关的高度重视。

(2) 指示的内容。这是指示的主体部分，包括工作任务、工作活动的指导原则、具体措施和方法等内容。为做到条理清晰，常采用分条方式撰写，使下级能迅速明白应该做什么、怎么做。

对下级工作的指导主要在这部分体现，因此无论是布置任务，还是提出措施，都应符合实际情况，做到既具体明确，又切实可行。不能脱离实际瞎指挥。

(3) 执行要求。实际上是对执行指示的具体要求。作为实际指示的保证，它是指示内容的延续与补充。其要求都是针对所发指示提出来的。

此项既可单独用一段表述，也可在指示内容后与之并列写出。

2. 指示的写作要求

(1) 领会精神，掌握情况。领会上级指示精神，熟悉和掌握党的有关方针、政策和国家的法律、法令及上级机关的有关现行规定等，是制发指示的前提。深入实际，调查有关问题的真实情况，经过准确的综合分析，使指示的内容有较强的针对性，是制发指示的基础。撰写指示者“吃透”上级精神和掌握下级情况，是写出高质量指示的重要条件。

(2) 明确要求，针对性强。撰写指示要从调动与发挥下级机关的积极性、创造性和主观能动性出发，要求指出推动工作的办法和开展工作的途径。对于存在的问题应当指出，但不应当苛求；撰写指示和撰写通报不同。指示是针对存在的问题，指出原则、办法；通报是针对存在的问题，给予批评处理，以教育机关工作人员。

(3) 选择适当的表达方法。指示主要采取说明式和议论式两种表达方法，在写作中大体有以下三种用法：一是在阐明指示的理由部分和阐明工作原则的指示中，多用议论的表达方式；二是在提出工作任务、工作要求、工作方法、划清事项界限的提示中，多用说明的表达方式；三是在既要阐明工作意义、原则，又要提出工作任务、方法的指示中，往往这两种表达方式兼而有之。

三、指示的写作格式

标　　题	由发文机关、事由和文种组成。
成文时间	用括号在标题正下方注明年、月、日。
发文字号	由机关代字、年份、序号组成，位置在标题之下居中处。
主送机关	即受文单位，写作格式与一般公文相同，顶格书写，后面用冒号；也可以用“抄送”形式写于公文最后一项的下方。
正　　文	由开头、主体和结尾三部分组成。开头部分是指示的开端，主要交代发出指示的原因、目的、依据、意义。主体部分是指示的具体内容，包括工作任务、指导原则、具体步骤、措施方法等内容。结尾部分要以简洁的文字向受文者重申工作的重要性，提出希望和要求。

四、指示的模板

×××关于×××的指示

（××××年××月××日）

由于……（指示缘由）

为此，×××特作如下指示：

……（指示事项）

……（执行说明）

五、指示的范例解析

【范例】

中共中央关于坚持“少宣传个人”的几个问题的指示

（1980年7月30日）

各省、市、自治区党委，各大军区、省军区、野战军党委，中央各部委，国家机关各部委党组，军委各总部、各军兵种党委，各人民团体党组：

三中全会决定要“多歌颂工农兵群众，多歌颂党和老一辈革命家，少宣传个人”。随后在五中全会通过的《关于党内政治生活的若干准则》第三条就此作了正式规定。实践证明，这个方针是正确的，三中全会以来执行这个方针总的来说是有成绩的。但是也还有一些问题。主要是对老一辈革命家的歌颂仍有一些过于突出个人，不够实事求是；纪念文章多了一些；一部分纪念文集重复积压；特别是许多纪念方法严重地流于形式，有的甚至为了收集个人文物，成立专门小组，跑遍全国。这些不适当的纪念方法不但造成铺张浪费、脱离群众，而且本身就带有个人创造历史的色彩，不利于在党内外进行马克思主义教育和扫除封建主义遗毒。为此，中央决定：

（一）从现在起，除非中央有专门决定，一律不得新建关于老一辈革命家个人的纪念堂、纪念馆、纪念亭、纪念碑等建筑。正在建设的和虽已建成但尚可改造的，应尽可能改建为其他社会经济文化福利设施。毛、周、刘、朱等少数领导人和一些革命先烈的纪念设施，以及革命历史的纪念设施，应当有，应当管理好，但是必须严格控制，防止多建滥建。各地已设者均应向中央报告，以便作出统一规定，并一律不许任意增设。其中很少历史价值特别脱离群众的，如一时不能改建，宁可先行封闭。各地如有历史意义而适宜集中保存的革命文物，应集中到中央或者市一级的博物馆、纪念馆，以利于长期保存。至于现尚在世的中央领导同志的故乡、母校和曾经活动的场所，一律不得进行任何形式的纪念布置，已有的布置一律撤销，并须将撤销情况向中央报告。

（二）关于老一辈革命家和其他革命英雄的斗争史，以及革命战争、革命运动、革命工作的历史，写成不是夸张的回忆录发表或保存，对于教育后代和研究历史，都是必要的。但出版个人传记或个人文集，则应比较慎重。今后这类传记和文集，有全国影响的应经中央宣传部核准，属于地方范围的应经省一级宣传部核准，不要随便编辑出版，或为此随便成立各种组织，未经中央或省核准而成立的组织应当撤销。对于重要人物或重要历史问题的宣传，报刊或出版社应注意遵照中央有关指示。

（三）报纸上要多宣传马列主义、毛泽东思想，多宣传社会主义优越性和工、农、兵、知识分子为四个现代化奋斗的成就，多宣传党的政策方针决议，少宣传领导人个人的没有重要意义的活动和讲话。

（四）毛主席像、语录和诗词在公共场所过去挂得太多，这是政治上不庄重的表现，有碍国际观瞻，今后要逐步减少到必要限度。其他领导人像和题词也按同样原则处理。毛主席像章要尽量收回利用，以免浪费大量金属材料。

（五）过去几年为许多受迫害致死的老同志昭雪平反，追悼会开得较多较隆重，现在这种情况已基本结束，不应再消耗过多的人力物力和分散群众建设四化的注意力。因此，除特殊情况中央另作规定者外，一般高级干部丧事应力求简化和节约。例如，向遗体告别的仪式一般可取消；追悼会规模要缩小，送花圈和出席追悼会的负责人要减少；悼词要缩短和避免溢美之词；逝世后即发表简短消息，追悼会新闻要减少和缩短。

【点评】

该份指示针对性强，很有说服力和教育意义。

中共中央就“少宣传个人”这项工作的开展向各地各单位提出原则和要求，适用“指示”文种，非常符合规范。

这篇指示议事上夹叙夹议，既作出了具体的规定和要求，又讲明了原因，阐明了道理。

六、指示的写作范例

◎一般性指示

【范例】

中共××省委关于加强信访工作的指示

党的××届×中全会以来，我省信访工作在落实党的政策、平反冤假错案、解决历史遗留问题和群众各种现实生产、生活问题等方面，做了大量工作，取得了很大成绩。但是，近一个时期，由于有些领导同志对信访工作的长期性和重要性认识不足，有的地方在机构改革中，削弱了信访工作机构和干部力量，致使群众反映的一些问题不能就地得到及时解决，办案迟缓、重信重访、集体上访等问题又突出起来。

处理信访问题，直接关系到成千上万人民群众的利益，是执行党密切联系群众的重要方法；是关系贯彻党的根本宗旨和贯彻国家宪法的大事，是各级党委和政府的一项经常性的政治任务。任何时候都不能忽视这项工作。

为了开创我省信访工作的新局面，更好地为两个文明建设服务，必须进一步加强信访工作。特作如下指示：

1. 切实加强对信访工作的领导。各级党委和政府要经常把信访工作列入重要议事日程，有布置、有检查，及时研究和解决工作中的问题。市地、区县都要把信访工作领导小组建立健全起来。县以上各部门、企事业单位，都要有一名主要领导同志主管信访工作。

2. 健全与充实信访工作机构。根据工作需要，市地党委和政府、行署可以联合设立信访办公室或分别设立信访处。县区一律设立局一级联合的信访办公室，由县区委办公室代替。

要选调一些党性强、作风正派、有一定政策业务水平的干部充实信访工作队伍，要保持信访干部的相对稳定，加强对他们的思想政治教育，关心他们的工作和生活，充分发挥他们的作用。

3. 建立和健全严格的信访工作责任制，彻底改变无人负责现象，做到群众来信件件有着落，案案有结果。

要建立健全分级负责制。(略)

要建立健全归口办案制。(略)

要建立健全岗位责任制。(略)

各级各部门对上级交办或领导指示的信访案件，要及时组织调查处理。对于顶着不办、打击报复上访人员或因工作失职造成严重后果的，要追究责任。

4. 各地要对信访工作进行一次检查，抓住重点案件，制定具体措施，指定专人限期解决。对个别长期无理取闹、串联闹事、冲击机关和殴打工作人员的，由公安部门处理；对以上访为名，进行诬告陷害的，要依法追究责任；对混在上访人员中的盲流乞讨、痴呆傻人员和精神病患者，分别由民政、卫生、公安部门负责处理。

5. 充分发挥来信来访的信息、反馈群众监督和保障人民民主权利的作用。要经常分析信访形势，及时了解群众反映，从中发现新情况、新问题，以便党委和政府部门及时解决。

××××年××月××日

◎部署性指示

【范例】

××省地税局党组书记、局长×××同志关于机关团的工作指示

一、要积极引导地税青年进一步坚定信念，切实凝聚人心，发挥共智

少年强则中国强，少年智则中国智。从全省地税系统的情况看，35岁以下青年××××多人，45岁以下干部职工×××××多人，占了很大比例。可以说，青年是地税事业的主力军和生力军，是地税的未来和希望所在。能否发挥好青年的作用，事关大局，必须高度重视。

我们要客观地看到，当前地税青年存在着一些不容忽视的问题。例如年轻人自我控制力不足，容易产生对照比较心理；个别青年比较浮躁，工作热情忽高忽低；个别青年自我缓解压力的能力不强；个别同志存在"爱岗不敬业"的情况，进取精神和敬业精神有待加强，等等。基础不牢，地动山摇。这些问题不解决好，就难以发挥出青年的作用，甚至有时还会产生负面影响。

我认为，团委在这方面一定要主动出击。要积极引导各级青年进一步坚定理想信念，打牢思想认识基础，牢固树立正确的世界观、人生观和价值观，牢固树

立大局意识、奉献意识和服务意识。要积极组织各种教育活动，号召青年继续解放思想，实事求是地看待成绩，面对问题，促使各级青年认识到自身在地税事业建设中的地位和作用，切实增强责任感和使命感，逐步形成想事、谋事、做事都有利于地税事业的良好局面。要采取多种富有针对性和实效性的措施，把大家的心团结在一起，把智慧汇集在一起，把力量凝聚在一起，切实发挥出地税青年的作用，推动地税事业蓬勃发展。

二、要关心支持地税青年，努力创造一个有利于青年成长成才的平台

要较好地发挥青年人的作用，就必须有一个有利于青年成长和成才的平台。从当前全省地税青年的知识结构看，本科学历以上人数占××%以上，总体结构较好。但就综合能力和素质水平来讲，仍存在一定的局限性。特别是在一些基层单位，一些青年同志在各个岗位间流动不多，各项业务掌握不全面，业务水平和协调能力有待提高；一些青年的社会、经济、财税等相关知识有待丰富，综合素质有待加强；一些征管一线的青年法律知识相对薄弱，侵权渎职行为偶有发生，拒腐防变能力不强，廉政风险因素相对集中，等等。

所以，我认为，各级党组和领导、各级团委必须从有利于地税事业和谐科学发展的角度出发，关心爱护年轻人，为他们成长成才提供机遇和帮助。一是要深入进行调研，切实掌握青年人在想什么、做什么、最需要什么，多给予支持和鼓励，解决好青年群体的突出问题和热点难点问题。二是要结合实际情况，加大教育培训力度，努力提高地税青年的业务能力和综合知识水平，改善知识文化结构，培养高素质人才。三是要积极创造条件，为地税青年打造展示能力的平台，在各项工作中提供更多的锻炼机会，为青年提供发展机遇。

省局党组最近一直在考虑如何推优选强，为优秀的青年创造机会。今天，党组经慎重讨论，决定在省局机关选拔一批正科、副科级青年干部到基层挂职锻炼；并决定在××地区选拔青年干部到对口单位挂职锻炼。对于在锻炼中表现突出的干部，一律给予重用。这既是机遇，也是挑战，希望省局机关的年轻人不负众望，把握好机会，用心干事，好好锻炼，向省局党组交出一份满意的答卷。

三、要加强对青年工作的领导，积极营造健康、活力、向上的良好氛围（略）

从省局机关团委成立一年来的工作情况看，成效显著，令人欣喜。我相信，省局机关团委一定能发扬成绩，克服不足，为省局机关、全省地税系统青年及团员、为地税事业作出新的更大的贡献。

××××年××月××日

第三节　布　告

一、布告的概述

1．布告的含义

布告是国家机关在向人民群众公布政策法令和重大事件，以及宣布其他需要人民群众了解、遵守和执行的事项时使用的一种公文。

布告，在使用上，只限于上级对下级，在平级之间不可以使用（通告，除用于上级对下级外，平级之间亦可使用）。布告所发布的内容，主要是针对某些具体事项，而且是面向国内或一定的区域。行文的风格不像公告那么庄重严肃。

2．布告的特点

布告具有公开性、强制性和规范性的特点。

3．布告的分类

布告，是对公众宣布事实或有所劝诫时用的。

牌示，是政府机关在宣布简单事情时用的，即把文件贴在木牌上。

给示，主管机关发给个人或团体给予保护或使用某种特权的文告。

榜示，供机关或团体在考试揭晓时使用。

二、布告的写作技巧

1．布告的写作注意事项

根据布告的特点，在撰写布告的时候要特别注意以下三点：

（1）要符合国家政策；

（2）要针对布告的事项，发布具有针对性的内容；

（3）语言要通俗易懂，不能引起歧义。

2．布告的写作要求

（1）布告应以党和国家在某一历史时期的政策法令为依据，各项规定切不可与现行政策相悖。要写好布告，必须熟悉现行政策法令，熟悉党和国家已经公布的文件。总之，要以政策和法律为准绳。

（2）布告必须摸准民情，全面掌握有关情况，要善于抓苗头，才能有强烈的现实性和针对性。

（3）布告应张贴于外，对象是广大群众，要尽量避免使用群众不熟悉的专用术语和冷僻词汇，以便记忆和执行。

三、布告的写作格式

标　题	布告的标题比较灵活，根据不同的情况，一般有三种写法： 1. 写出完整的标题。发文机关、事由和公文种类都写出。这一般用于事由不太大的情况，给人一目了然的感觉，从题目中就可以了解布告的中心内容，如《××省人民政府关于迅速制止乱砍滥伐保护森林资源的布告》。 2. 写出一部分，省略事由。只写出发文机关和公文种类，由于事由比较长，为了醒目，则将事由省去，如《××省人民政府布告》。 3. 只标“布告”二字。如果布告的内容和文字都简短，就用不着在题目中写明。现在有很多布告都直接用“布告”标题，既醒目又简便，特别是各级人民法院的刑事审判结果的布告，就多用“布告”作标题。
编　号	布告有专门的编号，由于是对外张贴，所以编号一般写在标题的下一行右半部。
正　文	布告的正文包括引言、事项和结语三部分。 1. 引言就是导语，说明发此布告的根据、原因和目的。 2. 事项是正文的中心内容。为了方便人民群众阅读识别，这部分一般采用分条分款的形式来叙述规定的要求，有的条款还特地作说明解释。 3. 结语是布告的结尾。有的布告以“特此布告周知”或“此布”“切切此布”作结尾，有的则提出遵照执行的要求或写上生效的日期，用以表达正文完结。
落　款	布告正文结束后，在右下方都要有签署和日期。签署可以是个人的姓名，但姓名前必须冠以职务，也可以是发布机关。日期指发布告的日期，要写全年月日，放在签署之下。 当然，落款要根据具体情况而定。如果标题只有“布告”二字，必须写明发布机关名称及发布日期。如果标题中有发布机关名称，文尾可不再写发布机关名称。标题下有发布日期的也可以不在文尾书写发布日期。布告一般应加盖印章，以示负责。

四、布告的模板

××省人民政府关于××××布告

××××是国民经济的大动脉。保证××××、××××、××××，是关系到××××的一件大事。为维护××××，保障××××，根据××××，特布告如下：

一、（略）

二、（略）

三、（略）

……

十、（略）

凡违反上述规定的，广大人民群众有权协助××和××进行劝告和制止。对不听劝告和造成严重后果的，公安机关将根据××××分别予以××××、××××、××××。

特此布告。

××省人民政府

××××年××月××日

五、布告的范例解析

【范例】

××省人民政府关于维护铁路运输安全的布告

铁路是国民经济的大动脉。保证铁路运输畅通无阻、安全正点、当好先行，是关系到我国社会主义现代化建设和广大人民群众切身利益的一件大事。为维护铁路运输秩序，保障国家财产和人民生命安全，根据宪法和国家有关法令、条例以及铁路规章，特布告如下：

一、旅客一律凭票进候车室，验票进站，其他人员不得擅自进入。

二、严禁爬乘货车、无票乘坐客车。

……

十、不准在铁路上放牧、玩耍和放置障碍物。

凡违反上述规定的，广大人民群众有权协助公安机关和铁路部门进行劝告和制止。对不听劝告和造成严重后果的，公安机关将根据《中华人民共和国治安管理处罚条例》和《中华人民共和国刑法》分别予以警告、罚款、拘留，直至追究刑事责任。

特此布告。

××省人民政府

××××年××月××日

【点评】

该篇布告中心明确，格式规范，标题采用标准的写作格式，完整地写出了发文机关、事由和公文种类，准确醒目。

撰写布告时做到了以国家的政策法令为依据，同时写明了公告的缘由，公布了广大旅客必须遵守铁路运输秩序的行为规范以及要注意的事项，结尾用“特此布告”作结。行文规范严谨，具有庄重感。

六、布告的写作范例

◎法规性布告

【范例】

××市人民政府关于
加强文物古迹保护的布告

我市是一座历史悠久而富于革命传统的城市，文物古迹非常丰富。保护好文物古迹，对于继承祖国优秀历史遗产，建设高度精神文明，促进“四化”建设，有着重要意义。为了贯彻执行国家保护文物的政策、法令，切实加强我市文物古迹的保护管理，特布告如下：

一、在市范围内，一切具有历史、科学、艺术价值的文物，都由国家保护，不得破坏、盗窃和擅自运往国外。对破坏、盗窃文物的犯罪活动，要坚决打击。

二、凡属国务院和各级政府公布保护的革命遗址、革命纪念建筑、古遗址、古墓葬、古建筑、古石刻等，均应妥善管理。非经批准不得在文物保护范围内兴建工程、挖沟取土、打井开渠；严禁开山采石、烧荒、放牧、乱砍林木及其他一切危害文物安全或影响环境美化的活动，所有使用文物保护建筑物的单位，必须与文物管理部门签订合同，保证文物安全，不得乱拆、乱改、乱建或破坏、改变文物面貌。凡不利于文物保护的使用单位，经国家、省、市研究认为必须迁出的，应限期迁出。

三、地下埋藏和出土的一切文物，一概归国家所有，任何单位和个人不得据为己有或私自买卖。不得以任何借口擅自挖掘古遗址、古墓葬。在生产建设和施工中，如果发现文物，应保护好现场，立即报告文物主管部门处理。

四、人民银行、供销社、废品收购站、造纸厂等单位收购的文物，如古代金银器、铜器、铁器、古旧图书、字画、文献资料等，不得擅自处理，应报告文物主管部门派人鉴定拣选后再行处理。

五、流散在民间的传世文物，统一由文物部门开设的文物商店和指定的代购点收购，其他单位和个人一律不准收购。各县、区公安局和工商行政部门，要和文物管理部门互相配合，采取措施，坚决取缔文物黑市，打击文物走私。对非法收购、游乡收购、盗走文物者要依法惩处。

六、保护文物是一项光荣的政治任务。各级政府要加强对文物保护工作的领导，广泛宣传文物保护的重要意义，宣传文物政策法令，普及文物常识，进行保护祖国文物的教育，提高保护文物的自觉性。形成“保护祖国文物，人人有责”的社会风气，把广大干部、群众动员起来，同心协力，做好文物保护工作。

××××年××月××日

第十一章 计划、规划、安排、总结的写作

第一节 计 划

一、计划的概述

1. 计划的含义

计划是某一个单位、部门或个人，对预计在一定时间内所要做的工作或所要完成的其他任务加以书面化、条理化和具体化的一种文书。这里所说的计划主要是就工作计划而言，是对某一单位或部门某一时期内的工作作出打算和安排的文书。

计划根据内容分，有生产计划、工作计划、教学计划、财务计划、学习计划、科研计划等；按照时间区分，有年度计划、季度计划和月份计划等。

计划通常是单位（部门）或个人使用。根据工作需要，既可以上送又可以下达。上送，即报送上级领导机关和主管部门，供领导机关了解某一段时间内其下属单位的工作安排和打算，以便下属单位接受督促检查或接受必要的指导和帮助；下达，供下级所属单位了解上级领导机关的工作部署和安排，以便下属单位在工作中与上级步调一致。

2. 计划的特点

（1）明确性。制订计划必须目的明确。要根据本单位、本部门的实际情况，针对形势发展和上级要求，拟定出切实可行并会产生实效的计划。

（2）全面性。写计划前要对全局性的各项工作作全面、合理的考虑安排，保证统筹兼顾，以免顾此失彼。

（3）时间性。时间是计划的一个重要因素，不但写计划前对任务与时间要作全面考虑，计划实施中尤其要强调其阶段性的工作效果，以确保任务的整体完成速度。

（4）针对性。计划是针对本地区、本单位实际情况，结合工作需要和主客观条件而制订，是为了解决问题或达到特定的目标而制订的，既具体又可操作。

（5）可行性。因为计划不仅是用来具体执行的文书，而且也是进行具体活动的准则和纲领。因此，计划当中的措施、步骤和办法等必须切实可行。

（6）预见性。工作必须以计划为先导，而制订计划却又是在工作尚未进行

之前，故而计划有很强的预见性；必须站得高、看得远，对将会出现的形势和问题充分估计，并进行正确分析，这才可能保证完成预定目标或工作任务。为了确保计划的科学性和成功率，写计划前对该项计划在质量、数量、时间、步骤、措施、内部与外部的工作条件等诸方面都要作出成功与不成功因素的分析。

（7）具体性。所谓“具体”包含两个含义：一是不空洞；二是可行，即可能办到。如果措施只求冠冕堂皇，订出的计划或空洞无物，或做不到，它就必然毫无用处。

（8）约束性。计划属非正式公文，一经法定会议批准或用公文正式印发，在其认定的范围内就具有相应的约束力，且有一定的权威性。

3. 计划的分类

（1）按计划的时间界限划分

①长期计划

②中期计划

③短期计划

（2）按计划制定者的层次划分

①战略计划

②施政计划

③作业计划

（3）按计划的对象划分

①综合计划

②局部计划

③项目计划

（4）按计划的约束力划分

①指令性计划

②指导性计划

二、计划的写作技巧

1. 写作计划应注意的问题

（1）正确使用计划的特殊种类。机关或单位对未来工作的预先安排、打算，多数情况下都使用“计划”这一文种表达出来。但它还有其他几种类别名称，如“规划”“工作要点”“打算”“安排”。它们各自有一定的特殊功能，使用时不可混淆。

（2）要“把握好两头”。所谓“两头”，一头是指党和政府的方针、政策以及上级的有关要求、规定；另一头是指本部门、本单位的实际情况。

（3）要突出重点，抓住中心。机关、单位的工作千头万绪，但每一时期、每一阶段又有作为统帅和带动其他工作的中心工作。因此，撰写计划时，以有利于重点问题的表达为原则。

（4）要掌握正确的表达方法。计划是一种严肃的执行性文体，具有一定的行政约束力，因此计划的内容都要准确地、实事求是地向读者表达清楚。

2. 计划的写作要求

撰写计划，有以下六点要求。

（1）计划的制订，首先要熟知和贯彻党和国家的有关方针政策及上级的指示精神，同时结合本行业、本系统的具体方针或个人的具体情况，正确处理整体和局部的关系，正确处理长远利益和当前利益以及集体利益和个人利益的关系。

（2）计划是实现预想目标的保证，其措施、步骤必须根据实际情况制订，要切实可行。一般要求目标要高于、严于现状，以利于调动群众的积极性，确保工作的顺利开展。要尽量具体可操作，如工作的进程和时序，第一步要求，第二步要求，最后实现目标，不同的对象有不同的要求，等等。

（3）计划的制订，要从实际出发，广泛听取群众意见，提出的工作任务、工作方法和具体步骤，都要有可靠的群众基础。要达到什么效果，以及可能出现的问题也都应预先予以充分估计。同时，无论单位计划还是个人计划，都要既能体现先进性，又能体现可行性，既不说大话，又有一定高度，而且这个高度经过主观努力可以达到。这样，计划才能真正发挥作用。如果将计划订得太高，无法实现，或者将计划订得太低，不用任何努力都可以实现，就失去了制订计划的意义。

（4）计划的内容要明确、具体，不论是计划的任务、指标，还是措施、责任、时间都必须明确、具体。

（5）因计划是事先考虑安排的，在执行的过程中，应根据随时出现的新情况给予必要的补充和修订。

（6）在一定的时间内完成什么任务，实现什么目标，达到何种预期效果，都应在计划中表明。这是计划类文书的核心内容。没有目标，没有任务和要求，计划类文书也就失去了存在的价值。

三、计划的写作格式

标　　题	工作计划的标题应包括制文单位、时间限断语、事由和文种类别（计划）四部分，一般四者要齐全。时间限断语是工作计划适用的时限范围。事由要标明是“工作计划”，还是“生产计划”或其他计划。但有时因制订者认为工作计划的执行范围仅在本单位，已很明显，在标题中将其省略；比较规范的工作计划仍要标明制文单位。

正　　文	工作计划的正文，首先扼要说明制订该工作计划的缘由、根据，对完成任务的主客观条件作些分析，说明完成该工作计划的必要性与可能性。其次是工作计划的具体内容，即在多长时间内完成哪些任务，并设计完成任务的步骤和方法等。最后是结尾语，提出重点或强调有关事项，作出简短号召。
落　　款	落款部分主要签署制文单位、日期。高级机关制订的工作计划，也有在正文后不另署制文单位和制文日期的，此时制文单位名称应于标题中标明，制文日期往往在标题下括号内注明。工作计划的正文通常采用分条列述式，结尾语视情况决定其长短与去留。事先认真调查研究，具体内容切实可行是工作计划写作的要点。

四、计划的模板

项目计划书模板

编号：××××××　　项目负责人：×××

客户：×××　　品牌：×××

项目名称：××××××

客户方主要联系人：×××

客户方项目决策人：×××

项目目标：（略）

项目内容：（略）

项目要求：（略）

协议签订日期：××××年××月××日

一、战略管理规划

1. 预估项目利润空间（略）

2. 预估项目在公司发展规划中的作用（略）

3. 项目投入预估（略）

4. 与其他项目的相对位置（略）

5. 对项目相关各过程的规划及保障各过程实现的条件（略）

二、依赖性管理规划

1. 评价顾客及其利益相关者的要求（略）

2. 交互管理：在项目进展中管理相互影响的工作。
（1）客户方人际关系对项目的影响（略）
（2）客户方决策层对项目的意见（略）
（3）客户方执行层对项目的意见（略）
（4）项目方向制定的依据（略）
（5）项目内部管理应注意的问题（略）
（6）与下家公司的关系（略）
3. 变更管理：整个项目的进程中预测变更并管理变更。
（1）项目大方向变更的依据（略）
（2）项目具体内容变更的协调（略）
（3）客户方提出变更的协调（略）
（4）内部提出变更的条件（略）
（5）变更确认的决策层（略）
4. 关闭：
（1）项目完成的条件（略）
（2）必须提交客户的物资清单（略）
（3）项目完成后的反馈意见获取途径（略）
（4）项目费用结算的时机和条件（略）
三、范围管理规划
1. 概念开发：
（1）产品名称释义（略）
（2）产品功能详解（略）
（3）产品既有市场分析（略）
（4）产品行业分析（略）
（5）产品既有消费者分析（略）
（6）竞争对手概述（略）
（7）商品概念阐述（略）
……
十二、项目总结
1. 项目实际运营情况总结（略）
2. 项目相关内容统计归档（略）
3. 项目经验教训总结（略）

五、计划的范例解析

【范例】

中国物资再生协会××××年主要工作安排

××××年总体工作思路：一是，协会要以党的十八大和第××届全国人民代表大会提出的各项任务为指针，与时俱进，积极开拓协会工作新局面；二是，协会工作必须积极围绕国家经济工作，围绕政府经济主管部门各个时期的工作进行；三是，协会工作必须全心全意依靠广大会员，全心全意为广大会员单位服务；四是，协会工作必须坚持自治、自立、自养的“三自”方针。

具体工作主要有以下九个方面：

一、开好两个会

（一）中国物资再生协会报废汽车专业委员会业经国家经贸委批准，民政部注册登记，日前已正式挂牌运营。在国家经贸委资源司的直接领导下，组织机构、工作职责、会员管理等项事宜均已确定，专业委员会主任由协会副秘书长××担任，下设：政策法规部、培训部、网络信息部。专业委员会成立大会初步定于×月初召开，届时将邀请国家经贸委、公安局、监察部、财政部、国家税务局等部门领导参加会议。

（二）召开协会×届×次理事会。此次理事会为了配合协会主办的“中国国际再生资源博览会”在××举行，定于××月中旬在××召开，国际回收局秘书长×××先生将参加会议。

二、业务培训及文件汇编工作

（一）围绕《报废汽车回收管理办法》（释义），举办政策理论及专业技术培训班，邀请××大学、国家经贸委以及专业技术人员授课，以便全面理解和领会《办法》的实质，更好地加以贯彻执行。

（二）办好废旧物资回收企业专业技术资格培训。对从事废旧物资回收经营人员进行岗位培训，争取两年内达到国家要求的持证上岗目标。

（三）协会曾编辑出版了《管理文件汇编》，但文件内容截至××××年年底，应广大会员的要求，协会决定今年出版《管理文件续编》，主要收集整理××××~××××年有关国家政策、法规、法令、文件以及领导讲话。

三、积极筹备，努力成功举办两个展览

（一）由中国物资再生协会、中国轮胎翻修利用协会、中国环保产业协会联合主办，国际回收局、国家经贸委、中国对外贸易促进会等单位支持的“××××中国国际再生资源利用产业博览会”将于××月中旬在××举办，这是再生资源行业的第×次国际博览会，国际回收局将作为支持单位率团参加博览会，届时还将有××多个国家和地区的商务代表参展。目前招商工作已经开始，其他准备工作已进入紧张有序的运行之中。

（二）与再生资源有关协会联合举办全国再生资源交流会。由中国再生资源商业行业协会、中国物资再生协会、中国废钢铁应用协会、中国有色工业协会再生金属分会、中国轮胎翻修利用协会、中国塑料协会等联合，将于×～×月份在××省××市举办再生资源交流会，交易内容包括专项物资交易、专题讲座，交易品种包括废钢铁、废有色金属、废橡胶、废塑料、废纸等。

四、继续组织参加国际回收局会议

今年国际回收局春季会议将在××首都××举行，秋季会议在××举行。国际回收局已决定××××年春季会议将在中国首都北京举行。今年协会将注意以往签证中遇到签证困难而影响参加会议等问题，提前做好有关方面的工作，组织参加国际回收局春、秋两季会议，为会员单位创造更多的机会，走出国门，开阔视野，学习国外的先进经验和管理办法。

五、组织人力、财力，对行业标准进行修订、制订工作

一方面参加由冶金研究院等主持的《废钢铁标准》的修订，另一方面做好各方面准备，研究制订《报废汽车拆解技术标准》（暂定）。

六、继续做好中国物资再生信息网的运营工作

（一）继续办好中国物资再生信息网，使版面设计灵活新颖，信息方便快捷，部分信息将在网上公布，扩大会员入网面，力争今年会员入网率达到××%。

（二）筹建中国报废汽车信息网，争取全国报废汽车资格证企业大部分参加联网，网页建成后，可以更加有效地对报废汽车回收、拆解进行规范性管理，从而达到规范化、法制化管理目标。

七、加强信息统计工作，要将此项工作放在重要位置上，抓紧抓好

八、配合政府部门做好军队退役报废装备交接的有关工作

九、继续做好行业政策及政务信息工作以及争取有关税收优惠政策工作

××××年××月××日

【点评】

该篇文件的“中国物资再生协会××××年主要工作安排”这一标题制作醒目且非常符合规范，既包括了制订计划的单位、计划的时限，又包括了计划的内容。正文的前言部分概括交代了制订计划的思路，是本计划的总纲。接着分为九个方面逐条提出了本年度协会要完成的任务：开好两个会；业务培训及文件汇编工作；积极筹备，努力成功举办两个展览；继续组织参加国际回收局会议；组织人力、财力，对行业标准进行修订、制订工作；继续做好中国物资再生信息网

的运营工作等。

本篇计划可谓任务目标明确，层次分明，条理清晰。

六、计划的写作范例

◎年度工作计划

【范例】

××××年镇政府工作计划

新春伊始，镇党委、政府今天召开××××年经济工作部署大会，这对于完成全年工作目标任务非常重要。去年12月底和今年初先后召开了镇第七届人民代表大会和镇六届三次党代会，确定了今年经济工作的主要目标任务。我们一定要围绕年初制定的目标，牢固树立科学的发展观，团结拼搏，扎实工作，实现我镇经济社会又好又快地发展。为此，要做好以下几方面工作。

一、切实加强抗灾工作

今年我镇从××月××日开始至××月××日连降大雪，积雪总厚度超过×厘米，降雪之大历史少有。为积极应对恶劣天气，动员全镇广大干部群众迅速行动，做好各项安全工作，努力把灾情减少到最低限度。据统计受这次雪灾的影响全镇倒伏杨梅树××××棵，大枝断裂××××棵，全镇倒塌蔬菜大棚××××平方米，压塌养猪、养鸡棚××××平方米，压死母猪×头，压烂蛋鸡××××只，直接经济损失约××××万元。撤离危房住房××户，消除事故隐患×起（××农贸市场、××水产有限公司制冷车间），积极排查事故隐患，对抗灾能力差的堂里、涵村、秉汇、工农桥农贸市场采取措施，临时停止营业，确保安全。同时多次组织人员及时清除××农贸市场屋顶积雪，确保安全和正常营业。全镇出动铲车××辆，人员×万余人次，清除道路积雪。在这次大雪灾害天气下，各村和交通、电力、广电、公安等职能部门行动迅速，措施扎实，加强了值班和巡查力度，确保了电力、交通安全畅通运行和正常的生活、生产工作秩序。针对这次雪灾造成的损失，对倒塌的蔬菜大棚、猪舍、鸡棚要抓紧修复，对受损的果树要及时组织果农生产自救，相关职能部门要提供最优质的服务和技术指导，认真做好抗灾各项工作。

二、加大招商引资力度，增强经济发展后劲

继续拓展招商思路，通过各类媒体宣传和主题推介，产业招商投资说明等活动，不断创新招商方式。利用我镇独特的人文资源、自然资源、生态资源，突出以旅游服务业为招商引资重点，大力引进生态、休闲、观光旅游项目和产业关联度高、辐射带动能力强的环保型工业项目。要整合优势资源，加大推介和招商力度，吸引社会各方面的资金共同参与金庭镇的开发建设。要充分利用农业园区的平台，大力引进包括生命科学、医药科研、农业产学研一体等高科技、高附加值的研发项目，努力提高招商引资的质量和科技含量。大力引进能源消耗少、技术含量高、贡献大的项目。同时，积极引导和鼓励企业利用现有的土地和厂房增资扩股，扩大生产能力。积极探索一产与三产有机结合的发展新路，同时要强化服务。另外要强化服务，确保招商项目开工建设。各单位、各部门都要牢固确立服务意识，树立全方位服务观念和全镇一体的大观念，创造优质、高效、便捷的服务环境，提高办事效率，对已确定的项目在责任到人的基础上，要加强跟踪服务，勤联系多沟通，全力营造良好的发展环境。

三、集中力量，加快发展以旅游业为重点的服务业（略）

四、加快开发建设景点步伐（略）

五、加快推进实事工程建设（略）

六、继续强化各项行政工作管理（略）

七、强化法制观念，全面提升行政执法水平，认真听取人民代表的建议、批评和意见，狠抓落实（略）

××××年××月××日

◎季度工作计划

【范例】

××××年第四季度工作计划

一、围绕经济发展环境，加大优化经济环境力度。季度内组织开展一次机关效能听证质询会，进行一次机关效能综合检查。

二、做好专项资金综合治理工作。季度内完成对全市专项资金综合治理工作的重点抽查，特别是省、市确定的八类重点资金；对查出的重大违规违纪问题立案处理；做好年度专项资金综合治理工作汇总，完成迎接省、市专项资金综合治理检查验收的准备工作。

三、继续抓好行政权力公开透明运行工作。季度内完成市政府本级和全市××个行政部门的行政权力公开透明运行工作；搞好乡镇行政权力公开透明运行的试点。

四、抓好民主评议行风工作。季度内组织完成对全市××个民主评议参评部门的问卷测评工作，同时对各参评部门开展明察暗访，确保评议结果的公正性。

五、做好迎接省、市审理检查和处分落实的准备工作。组织一次对全市处分决定落实情况的自查自纠活动，在省、市检查前完成并全面督导检查工作。

六、配合市委、市政府做好年终考核工作。根据市委、市政府安排配合完成对全市乡局级领导班子及其成员的年度考核；季度内完成对全市乡局级领导班子及其成员的述评考廉工作。

第二节 规 划

一、规划的概述

1. 规划的含义

规划是各级行政机关常用的计划性公文之一。规划是比较大的、长远的、带战略性的发展计划，是一种宏观的长远计划。

2. 规划和计划的比较

规划和计划相比较，计划显得单纯、具体，完成的时限性较强。规划则属于对一定地区或较大的事业、工作等在若干年内的战略性部署，可以用它来制定发展远景和总目标，以划分实现远景目标的大的阶段与步骤。

制订规划的目的是统筹全局，增加决策的科学性，也可以通过远景蓝图的描绘，鼓舞士气，激发群众的积极性。

3. 规划的分类

按内容性质分，有总体规划和专业规划。

按管辖范围分，有全国发展规划和机关、企事业单位的部门发展规划。

按时间分，有远景规划、中期规划、近期规划。

二、规划的写作技巧

规划的写作要求如下：

1. 要集思广益、调查研究，靠某一个人闭门造车是制订不出好的规划的。

2. 要写得概括，不能也不可能太细、太具体。

3. 语言要平实，不能因为它的内容是激励士气的远景蓝图，就随意想象与描写。

三、规划的写作格式

标　　题	工作规划的标题包括制发机关、事由和文种类别（工作规划）“三要素”，且一般不能F省略。标题中的“事由”一项，要写明时限和“工作规划”的范围，是属于“国民经济发展规划”，还是属于“市政建设发展规划”。一般来讲，工作规划的时限应是五年，或者十年。一年、两年的“规划”就应改作“计划”。

正　　文	工作规划的正文多由现状分析、规划内容、对策措施三部分组成。现状分析部分要简要说明制定工作规划的依据、目的和总的目标等；工作规划的内容是正文的主体，要具体设计各方面的指标；对策措施部分是针对第二部分的内容提出的原则、方法。
签　　署	因标题中已包含制发单位，只需在正文右下方签上制发日期。 国家机关制订的大型工作规划，制发日期多在标题下加括号标示。

四、规划的模板

××局干部工作规划

一、总体要求

以科学发展观为统领，全面贯彻落实党的十八届五中全会和县委十二届十六次全会精神，更加关心和重视老干部工作，坚持以人为本，倡导人文关怀，切实保障离退休干部政治、生活“两项待遇”的落实，进一步深化服务管理，注重发挥老干部的优势和余热，为促进××科学发展和社会和谐作出新的贡献。

二、工作重点

（一）以争创市级“××××”，切实加强离退休干部党支部建设（略）

（二）不断优化服务管理，全面落实老干部政治待遇和生活待遇（略）

（三）活跃丰富老干部文化生活，开展各项有益身心健康的活动（略）

（四）强化服务意识，不断增强做好老干部工作的责任感（略）

××局干部：×××

××××年××月××日

五、规划的写作范例

◎**建设规划**

【**范例**】

国资委直属机关精神文明建设规划

为进一步加强直属机关精神文明建设，提高干部职工的思想道德水平和文化素质，促进物质文明、政治文明和精神文明建设协调发展，推动和谐机关建设，按照中央国家机关精神文明建设协调领导小组的有关精神，结合实际，制定本规划。

一、指导思想

以十八大会议精神为指导，深入开展群众性精神文明创建活动，树立和落实科学发展观，扎实推进直属机关思想道德和文化建设，促进干部职工的全面发展，为推进国有企业和国有资产管理体制改革，推动直属机关各单位的改革发展，提供强有力的精神动力和思想保证。创建工作要围绕中心，服务大局；统筹规划，整体推进；以人为本，协调发展；创新载体，丰富内涵；结合实际，力求实效。

二、总体目标

提高干部职工遵守社会公德、职业道德和家庭美德的自觉性；以创建学习型机关、学习型支部、学习型组织为载体，加强直属机关文化建设，丰富机关文化生活，提高干部职工文化素质和道德情操。每年力争20个单位跨入直属机关文明单位行列，20个处室跨入机关文明处室行列；中央国家机关文明单位的数量在现有基础上，以每年10%的数量递增。委机关力争在两年内成为中央国家机关文明单位，并不断巩固扩大成果，成为中央国家机关文明单位标兵，通过扎实有效的创建活动，全面提高直属机关精神文明建设的整体水平。

三、具体措施

根据国资委直属机关实际和文明单位创建要求，提出以下具体措施：

（一）健全机构，明确责任

在国资委党委领导下，成立“国资委直属机关精神文明建设领导小组”，负责国资委机关和直属单位、直管协会精神文明建设工作的领导和组织、协调工作。领导小组办公室设在机关党委。直属单位和直管协会要成立相应的组织机构，党政一把手为精神文明建设领导小组主要负责人，明确责任，并设立办事机构、配备必要的专兼职工作人员。

（二）制订计划，明确目标

按照中央文明委、中央国家机关精神文明建设协调领导小组和国资委党委的工作部署，结合直属机关实际，制订本单位精神文明建设具体规划，明确创建的具体目标，并抓好落实。

（三）加强考核和评先推优工作

直属机关精神文明建设领导小组将对创建工作加强督促检查，并按照中央国家机关文明单位、文明个人评选条件和评选办法及国资委直属机关文明单位、机关文明处室、直属机关文明之星评选条件和评选办法开展评先推优工作，对文明单位和文明个人进行表彰，并予以一定的精神和物质奖励。

国资委直属机关党委

××××年××月××日

第三节　安　排

一、安排的概述

1. 安排的含义

安排属计划的一种，它是更为具体的、短期和单一的计划。由于工作的标准、时限要求和涉及范围等因素，不作具体的布置和部署就不能有效地组织工作、如期完成任务，所以安排的制订也是十分重要的。

2. 安排的特点

安排是计划类文体的一种，它除了具有计划类文体特点的共性外，还有自身的一些特性。

（1）内容比较单一。安排中的事项比较单一，往往仅局限于某一项活动、工作内容；多项活动或工作内容综合安排较为少见，虽然也可以同时讲几项不同的事情，但大都是围绕同一中心工作进行的，而且所安排事项内容的表达，大多数又都是单一的，往往提及要点，很少详细阐明。

（2）措施要求比较具体。安排的措施比较具体，更为切合实际，实施过程中一般变动不大。空泛性，原则性、方向性、灵活机动的安排无法落实执行，因此，这种安排既不实用，也不多见。

（3）时间较短。俗话说“长计划，短安排”，可见，安排的时间要求比较短，有的为“日”安排，有的为“周”安排，有的为“月”安排，有的为不长的“一段时间”安排。

（4）简明扼要。安排要简明扼要，眉目清楚，开宗点题，一般不要求写什么前言，也不要写出目标要求、实施措施和完成任务的步骤等，而是择其主要的把所要安排的工作列清，把要求、措施讲明。

安排的时限往往适用于近期工作，但是长期的计划也用“安排”行文，分析起来，可能有两种情况：一是该计划缺乏完整的内容，只是对同项工作做些打算，简单地安排一下，所以有时不用计划，而用“安排”行文；或是该计划没有经过详细的论证研究，没有经过一定程序讨论通过，所以用“安排”行文。二是有些计划很完整，也经过了一定的审批手续，却用“安排”行文，虽然是谦虚的表示，实则不太恰当。

3. 安排的种类

（1）按其性质分，有学习安排，某某生产活动安排、会议日程安排等。

（2）按范围分，有部分制订的安排、单位制订的安排、班组制订的安排等。

（3）按时期分，有日工作安排、周安排、月安排等。

（4）按表现形式分，有条款式、表格式等。

二、安排的写作技巧

1. 使用“安排”这一文种，要注意和“计划”区别开。如上文所说，这可以从适用时限长短、详细周密程度、事项内容繁简程度来考虑，以免错用文种。

2. 安排写作要开宗明义，不要大谈其意义，要直截了当进入正文。

3. 安排事项要重点突出，文字要简练，条理要清楚，语言要肯定。

4. 安排措施要具体、要切合实际，切忌泛泛而谈。

三、安排的写作格式

安排的结构通常由标题、正文、签署三部分组成。

标　题	安排的标题多由发文机关、事由和文种类别（安排）组成，有时也可省写发文机关。
正　文	安排的正文和一般计划的写法大体相同，也多由缘由、目的部分，主体部分和结束语部分三项组成。缘由、目的部分简要说明制文的依据、意义等；主体部分写明任务、要求、步骤、措施等；结束语常用几句希望或号召的语句，也可省略。
落　款	签署发文机关、制发日期。如属上级机关对下属单位的工作安排，也可将这部分内容在标题与题下标示中标明，不必在正文后重复落款。

四、安排的模板

年度工作安排

服务大局，保障民生，全面完成××××年社会保险工作任务

××××年我市社会保险工作的总体要求是：××××××。重点做好以下几个方面的工作：

一、积极稳妥推进机构调整，优化业务结构

……

1. 完成日常业务的属地化管理（略）

2. 加强队伍建设，优化人员结构（略）

3. 在充分挖潜的基础上做好机构调整（略）

4. 市局机关各业务处室要加强对社保政策的宏观研究（略）

二、进一步提高社保覆盖面，稳步提高保障水平（略）

三、加强社保基金科学管理和安全运行（略）

四、进一步规范业务流程，全面提高管理服务水平（略）

五、加强基础建设，夯实社会保险管理基础（略）

同志们，今年是××特区成立××周年，市委×届××次全会提出了“×××××××”的目标，我们社保人义不容辞，责无旁贷，让我们解放思想，改革创新，同心同德，扎实工作，向全市人民交上一份满意的答卷。最后，祝大家新春愉快，万事如意！

×××

××××年××月××日

五、安排的写作范例

◎民主生活会安排

【范例】

关于召开区委班子民主生活会的安排

根据××〔××××〕××号文件“关于召开××××年上半年各级党委班子民主生活会的通知”精神，结合我区的具体情况，决定于××月××日召开区委班子民主生活会。为开好这次民主生活会，特作如下安排：

一、这次民主生活会的主要任务

以强化党员意识，提高班子整体功能为中心，认真查找领导班子及成员思想作风上存在的主要问题，进一步端正工作的指导思想，转变工作作风，狠抓落实，按党的十三届八中全会精神和上级的要求，把全区工作搞得更好。

二、这次民主生活会的内容

主要是两个文件规定的内容，现综合如下：

1. 结合班子成员所分管的工作和战线工作任务，检查工作中存在的主要问题。侧重解决工作的指导思想是否端正的问题，作风是否扎实，即是否“说实话，想真招，办实事，真抓实干”的问题，是否有强烈的事业心和责任感，即是否敢于碰硬的问题。

2. 检查班子成员在党务、行政、经济及其他各项工作中的整体意识方面存在的问题。重点查找执行集体决议，处理集体领导和个人分工负责二者的关系中存在的问题，看是否做到了胸怀全局、步调一致，是否存在不团结、不协调的问题。

3．检查班子廉洁自律的情况。主要看为人民服务的宗旨树立得是否牢固，有无以权谋私等问题，在密切联系群众方面还有哪些差距。从思想上解决班子成员的公仆意识问题。

4．检查班子成员在开展“三基本知识”学习活动和“树形象，做贡献”活动中的表率作用。解决党员意识不强和先锋模范作用不突出的问题。

三、这次民主生活会的具体要求

1．会前要认真做好准备工作

一是班子成员要主动找下级及有关群众开展谈心活动，然后根据党员干部的要求，结合群众意见，提前写好发言提纲。二是各总支、支部要组织各方面的群众，通过各种方式，广泛征求基层干部和群众的意见，提前上报区委组织部。

2．会上要进行积极的思想斗争

一是班子成员自己要认真发言，进行严肃的总结和自我批评，不走过场。

二是广泛开展坦率、真诚的批评，每人都要发言，而且不能避重就轻。

三是在批评与自我批评的基础上，认真从思想作风上找原因，查根源，总结经验教训，达到清理思想，提高认识的目的。

3．会后要做好整改工作

一是班子和班子成员要制定出具体、实在、切实可行的整改措施，交基层组织讨论通过。

二是各级纪检部门和组织部门要定期检查并通报整改措施落实的情况。

中共××区委员会

××××年××月××日

第四节　总　结

一、总结的概述

1．总结的含义

总结是对前一阶段社会实践活动进行全面回顾、检查、分析、评判，从理论认识的高度概括经验教训，以明确努力方向，指导今后工作的一种机关事务文体。它是党政机关、企事业单位、社会团体都广泛使用的常用文体。

2．总结的特点

（1）实践性。客观规律是通过“实践—认识—再实践—再认识”而获取的，只有发挥主观能动性，投身工作实践，不断总结，才能求得规律。所以说总结是实践的本质的反映，它的对象是自身的工作，它的内容应当完全忠实于自身的实践活动。总结来自实践，它的观点是从自身实践活动中抽象出来的认识和规律。

（2）目的性。总结是人们对前一阶段工作实践的回顾。是为了更好地去认识世界、解释世界、寻找规律，目的都是为了将来可以能动地改造世界。不论是经验还是教训，都有利于指导实践，都是改造自然和社会的一面镜子。

（3）理论性。总结是对已做工作的回顾，但总结的目的和关键又不在于简单地回顾和反映，而是要进行深入的分析和研究，得出经验和教训，以指导今后的工作。所以，总结要体现理论性，要从回顾中提炼出规律性的东西，从实践上升到理论，完成感性认识到理性认识的飞跃。写总结虽然要以事实为基础，但还需要提升到理论的高度，既不仅要说出“是什么”，也还要阐明“为什么”和“怎么办”。要通过分析总结出一些新鲜独到而又具有指导意义的东西。

（4）群众性。总结涉及活动的主体一般是基层群众，反映的是群众的实践成绩，总结所提炼的智慧和经验教训也多来自群众。总结比计划更需要听取群众的意见。

（5）业务性。一般来说，总结是本单位、本部门、本系统的人所共同关心的问题。它的业务性、技术性比较强，否则就“空”了。但“务虚”和“务实”必须结合，要有明确的指导思想、确实的材料。当然也要集中群众的智慧，讲究群众性。

3. 总结的作用

（1）推动工作前进。任何一项工作，不管是个人或群体都需要进行多次反复操作、辛勤劳动才能完成。每一次具体实践，都有成绩与失误、经验与教训，及时总结就会及时取得经验教训，提高认识和工作技能。通过不断实践，不断总结，人们对客观事物的认识也会越来越深，知识面越来越广，智慧越来越多，所进行的事业通过总结才会不断发展、前进。

（2）寻找工作规律。任何一种事物、一项工作，都存在内在联系、外部制约，都有它自身的发展、运动规律。遵循这些客观规律办事就能顺利达到预期目的，否则就会受到违背规律的惩罚而招致失败。而要找寻、发现客观规律的途径，就需要总结。

（3）培养、提高工作能力。一个人的工作能力是指他承担某项工作、执行某项业务和任务的能力。具体表现在两个方面：一是专业知识水平；二是他解决、处理实际工作的能力。在实践中二者常常糅合在一起，相得益彰。运用所学知识处理实际工作的能力主要是通过实践培养起来的，绝不是天生的。因此，总结是提高能力的重要手段。

（4）总结是团结群众，争取领导支持的渠道。一件工作、一项任务完成之后必须进行总结，在总结中全面、深入地回顾、检查，找出成绩与缺点、胜利与失败、经验与教训，实事求是地作出正确评价，使大家统一认识。这样的总结群众心服口服，能把群众最大限度地团结起来。同时，通过总结把成绩、经验、问题和今后努力的方向等向领导部门汇报，能引起领导的重视，争取领导的支持、指导。

二、总结的写作技巧

1．总结的写作步骤

总结的写作大致分为三个阶段。

（1）准备阶段

①调查研究，占有材料。其途径一是在平时工作中深入调查，广泛听取意见，随时记下重要事项；二是通过查阅有关资料和召开有关的座谈会等了解情况，掌握第一手资料。

②学习理论，掌握政策。总结要有正确思想作指导，这个指导思想就是党在各个时期的有关路线、方针、政策以及上级有关指示精神。只有做到这一点，才能把感性认识上升到理性认识，才能确立总结的主题，写出真正具有价值的总结来。在学习理论的时候，应特别注意新闻媒体的新提法，随时跟上形势的发展。

③认真筛选材料。一旦主题确定之后，就要紧紧围绕主题精心选择最能表现主题的、最能说明问题本质的材料。在观点正确的前提下，材料越典型，总结的质量会越高。

④拟写提纲。要根据主题表达的需要，精心编写提纲。有了提纲，才可以把总结的整体轮廓用文字固定下来，以免写作时遗忘；才可能做到心中有数，条理井然；才能使行文有所遵循。

（2）成文阶段

①写标题。总结的标题主要有以下三种形式：

A. 直陈式标题。一般由单位名称、时限、事由和文种四个方面构成。

B. 正副式标题。一般正标题只概括总结的内容，不标明“总结”的字样，而正副标题中显示出其文种特点。

C. 不标文种式标题。写成一般文章的题目形式，虽未注明“总结”字样，但本身就体现出总结的性质或内容。

②写正文。正文内容包括开头、主体两个部分。

开头部分。开头又称前言或引言，一般概述基本情况，或揭示总结的主要精神，或概括主要经验成绩，或说明主要做法，等等。这部分要提纲挈领，高度凝练。

主体部分。主体是总结的核心部分，一般要写明以下几个问题：第一，基本情况。即进行了哪些工作，采取了哪些措施，取得了什么成绩。第二，经验和体会，即工作中哪些做法是成功的、取得成绩的主客观因素是什么。这部分是总结的重点，在全文中占主导地位。写作时应注意主次详略的取舍，注意把感性认识升华到理性的高度。第三，问题和教训，即工作中遇到哪些问题，给工作带来哪些损失和影响，要着重分析问题和教训存在及产生的主观原因。当然，这部分内容可视总结的重点而取舍，如果是着重反映问题的总结，则应把这一部分当作重点写。第四，今后的打算和努力方向，即针对工作中存在的问题，提出切实有效的改进措施，提出一些新的奋斗目标，以表明决心，展望前景，鼓舞斗志。

总结的正文是重点，内容比较复杂，因此，一定要安排好层次结构。就一般情况而言，总结的正文部分常用以下几种结构方式：一是顺序式。按“情况—成绩—经验—问题—意见”的顺序，这是人们习惯使用的程式化写法。为了使眉目清楚，每部分还可以加用小标题、序号等，分若干问题、若干条。这种结构方式适用于大型的综合性总结。二是阶段式。把工作或经历的整个过程，分成几个阶段，分别说明每个阶段的成绩、经验和教训。采用这种方法，全文层次清楚、脉络分明，便于看出每个阶段工作的发展进程和每个阶段的特点。这种方式适用于周期较长，阶段性又很明显的工作总结。三是条列式。将总结的内容按性质和主次，逐条排列为几部分，每一部分既有相对的独立性，又有密切的联系。分别使用一、二、三……序号。而在同一条里，又把成绩经验、方法措施、问题教训、意见办法等结合在一起进行阐述。采用这种结构方式，各条之间逻辑关系比较清楚，适用于专题性的经验总结。四是标题式。按照材料之间的逻辑关系，把正文分成若干大段，并列出小标题，每个小标题都是对感性材料理论上的概括。这种方式适用于经验性的总结或内容较多的综合性总结。五是比较式。比较式有两种：第一种是先定标准后进行比较，第二种是纵横比较（前后比较、历史与现状比较和同行业比较）。

（3）调整修改正文阶段

要仔细斟酌总结中的字句、段落，细细推敲，对不规范的字句、段落进行修改，对说服力不强的字句和段落要加以调整，对烦琐冗余的部分要进行删除，使全文一气呵成。

2．总结的写作要求

撰写总结，有以下几点要求。

（1）端正态度，提高认识。总结的目的是要对过去的生产、工作、学习作正确的分析和估计，从中得出科学的结论，用来指导今后的工作。因此，必须以党的方针政策为依据，并遵循实践是检验真理的唯一标准的原则，客观、全面、辩证地分析事物。

（2）一分为二，实事求是。写总结必须从客观实际出发，如实反映情况，恰当评价工作，这才能写好总结，充分发挥总结的作用。要有什么写什么，杜绝一切虚假现象，不能只报喜不报忧，更不能片面，前后矛盾。要一分为二，特别是在归纳经验时不能随意拔高。

（3）主次分明，抓住重点。一篇总结要分清主次轻重，对工作中做法比较有特点，体会比较深刻的问题，要作为重点着力去写。

（4）突出特点，写出新意。总结一定要结合本单位的实际情况，写出本单位最突出、最新鲜、最有个性、最能反映事物本质的特点来。

（5）条理清楚，语言准确。总结主要不是供自己看的，有的总结是向上级汇报的；有的是向同级单位介绍经验的；有的总结是向下级报告工作的。因此，眉目一定要清楚。首先分清层次，让人一目了然。文字要尽量简明、准确。

（6）注重分析，找出规律。总结不仅要回答“是什么”的问题，而且还要回答“为什么”和“怎么办”。因此，它要进行较多的分析，从实践中找出规律，要有较强的理论性与指导性。

（7）多用第一人称。总结一般都用第一人称来写，作者所总结的，往往是本单位、本系统或作者本人的情况。

三、总结的写作格式

标　　题	标题一般要包括发文机关名称、时间和文种类别，但有时仅写时间和工作总结文种，而省写发文机关名称。还有一种写法是使用双标题，用一句主题词、句作正标题，用副标题标明发文机关名称、时间和文种类别。
正　　文	正文一般依次撰写出下列四方面的内容：首先概述某一阶段内的整个工作情况，包括工作背景、基础、成绩、效果等；其次写经验体会，包括具体的做法、事例、数据等；再次是写存在的问题与不足，分析产生问题的原因；最后写今后的设想和努力方向。写作正文时，根据内容的复杂程度，可以分小标题分列陈述。
落　　款	落款法定作者、日期，如果在标题中和题下已标明的，可省略。

四、总结的模板

工作总结

一年时间就这样很快结束了，作为一名社会治安综合治理工作人员，我在工作中不断地去解决那些看似很小却意义重大的事情，使自己的工作能力得到了很大的提高。在领导的关心和同事们的热情帮助下，我不断加强自身建设，努力提高自身修养，认真履行岗位职责，较好地完成了各项工作任务。现将一年的工作经验总结如下：

一、建立健全组织，认真落实综合治理责任目标（略）

二、排查矛盾，及时处理各方面存在的隐患（略）

三、强化法制教育，提高创安意识，着力精神文明建设（略）

一年以来，领导高度重视社会治安综合治理工作，牢固树立“发展是第一要务，稳定是第一责任”的思想，积极落实综合治理各项措施，不断完善维稳机制，构筑了较为完善的社会治安防控体系，但是我们还存在一些问题和不足，干部职工对综治工作认识不到，工作不积极，民主法治意识不强。普法宣传力度不够，在深层次上需要下功夫。

××××年的工作打算：

一、进一步落实领导工作责任制，扎实推进综治维稳工作（略）

二、进一步建立健全深化矛盾纠纷排查调处工作机制，及时妥善处理和化解各种社会矛盾（略）

三、加大综治维稳的宣传力度，在全单位范围内继续营造一种良好的舆论氛围（略）

×××

××××年××月××日

五、总结的范例解析

【范例】

××××年教育工作总结

××××年，全市教育系统以邓小平理论为指针，认真贯彻落实全国、全省、××市基础教育工作会议和中共××市十届二次、三次全委（扩大）会议精神，坚持以率先基本实现教育现代化总揽教育改革和发展全局，紧紧围绕“全面提升教育发展水平，全面提升素质教育水平，全面提升队伍建设水平，全面提升教育管理水平，全面提升作风建设水平”的工作思路和总体要求，团结一致，扎实工作，圆满完成了全年教育工作任务。

一、积极推进教育现代化建设，教育事业快速发展

各类教育协调发展。幼儿教育普及水平进一步提高。学前三年幼儿入园率达××%；建成村成型幼儿园××所、中心村幼儿园××所；举办幼托班、寄宿制幼儿园等，积极为幼儿、家长、社会提供优质服务。九年义务教育普及水平进一步提高。小学入学率、巩固率、普及率、毕业率均保持在100%，初中入学率、

年巩固率、毕业率分别达到××%、××%和××%，残疾儿童少年和贫困家庭子女入学率分别达××%和××%，××个镇区被确认为“××市无辍学乡(镇)”。全市共有流动儿童少年×××××名左右。公办学校吸纳流动儿童少年××××多名，吸纳率达××%左右；加强流动人口子女教育管理，备案或筹建办学点×个，撤销非法办学点××个。高中教育普及水平进一步提高。初中毕业生升入高中阶段学校的比例达××%，其中升入职业类学校的比例达××%。成人教育发展水平进一步提高。积极开展各类培训，培训致富骨干、城镇企业下岗转岗职工、农村实用技术人员、农村新增和剩余劳动力××××××人次；职工教育培训×××××人次，培训率达××%；累计推广致富项目××个，辐射农户××××户，产生直接经济效益达××××万元；自学考试、计算机和外语“双考”万人报考率继续居全省第一；积极创建“无文盲市”，青壮年非文盲率达××%。地方高等院校建设顺利进行。××大学职业技术学院、××信息技术职业学院批准筹建并破土动工，××大学和××大学签订土地批租协议。社区教育得到重视。制定《××市社区教育实验方案》，建立社区教育实验组织网络和社区教育实验示范区，以街道和企业为试点，开展社区教育实验。具有地方特色的普教、成教、地方高等教育和终身教育协调发展的现代教育体系框架基本形成。

……

二、积极启动课程改革实验，素质教育深入推进

课程改革实验全面启动。从××××年秋季开始，我市随××市整体进入省课程改革实验区，全面启动课程改革实验。全市小学一年级和初中一年级全面开展教育课程改革实验。全市共有××所中小学、×××名中小学教师、×××××名中小学生参加课程改革实验。加强对课程改革实验工作的指导。制订《××市基础教育课程改革实验方案》，建立领导机构，明确课程改革实施的指导思想、总体目标和具体目标、主要任务、主要内容和要求、实验范围以及规模和周期、实验步骤和措施。进行课程改革动员、培训。召开动员大会，组织全市教育工作者收看省教育厅副厅长×××关于基础教育课程改革的电视辅导报告，全面动员和部署全市基础教育课程改革实验工作；邀请专家举行基础教育课程改革实验知识培训和学科培训，做到“先培训后上岗、不培训不上岗”。开展课程改革实验专题研讨活动。围绕解读新课程标准、执行新课程计划、试用新教材、探索与新课程相适应的教学方法和评价方法、开发地方课程和校本课程以及开展结合实践活动的课程等专题，进行系列研讨活动，取得了初步成效。

……

三、不断优化师资素质，队伍建设得到加强（略）

四、继续加强教育管理，教育管理日趋规范（略）

五、切实提高工作效率，作风建设成效明显（略）

在回顾总结成绩的同时，我们必须保持清醒的头脑，正视教育发展和改革中存在的问题。一是随着城市化进程的不断加快，市区人口急剧增加，市区教育资源与加快城市化进程的要求不相适应；二是受教育资源的限制，流动儿童少年不能完全享受与本地学生同等的教育待遇，流动人口子女教育与形成移民城市的要求不相适应；三是中小学教师结构不够合理，思想素质、知识水平和业务能力参差不齐，高中专任教师达高一层次学历的比例偏低，名教师、名校长数量不多，队伍建设水平与素质教育的要求不相适应；四是乡镇之间教育投入力度不够平衡，部分学校公用经费不足，教育投入水平与加快教育事业发展的要求不相适应。

××市教育局

××××年××月××日

【点评】

该篇总结通过列举大量的具体事实，总结了××××年度××市教育工作的基本情况，既包括经验，也包括存在的不足。

标题由总结的时限（××××年）和文种名称（教育工作总结）组成，简练、醒目、明确。正文的开头部分，概述了××市教育工作系统一年来主要的工作情况。主体分为五个部分，分别从“积极推进教育现代化建设，教育事业快速发展”；“积极启动课程改革实验，素质教育深入推进”；“不断优化师资素质，队伍建设得到加强”；“继续加强教育管理，教育管理日趋规范”；“切实提高工作效率，作风建设成效明显”五个方面总结了经验，最后一段从四个方面归纳出教育发展和改革中存在的问题，客观具体。

总之，这篇总结既有具体工作，又有准确的数字，不失为一篇较好的总结。

六、总结的写作范例

◎年度工作总结

【范例】

××县工商局××××年包村工作总结

按照市委要求，在县委、县人民政府的统一安排和部署下，今年3月份，我县开展了轰轰烈烈的“驻千村、联万户、解民忧、帮民富、促和谐”活动，我局工作队于3月11日进驻××乡××村。现将一年的工作情况做简要总结。

一、提高思想认识，明确工作职责

开展“驻、联、解、帮、促”活动是全体党员和广大干部践行“三个代表”重要思想的必然要求，活动的根本目的就是促使农牧民群众增加收入，不断提高农牧民的物质文化生活水平，也是加快我县经济发展的现实选择。市委、市政府决定开展这样一个活动，就是让广大党员干部通过深入基层以自身的实际行动真心关怀、真心帮助农民群众，让他们尽快摆脱贫困，走上致富之路，使广大党员干部成为解放思想、与时俱进，勇于实践、锐意创新的模范，切实承担起组织群众、宣传群众、动员群众、带领群众的职责。因此，我工作队深刻领会活动精神，在活动开展伊始，我们以便民、为民、服务于民作为自己工作的出发点和落脚点，以帮助当地群众脱贫、增收为目标，明确了自己的工作职责。

二、深入了解民情，找出工作突破口（略）

三、认真安排落实、拓宽增收渠道（略）

四、紧抓精神文明建设不放松（略）

截至目前，已完成了村民培训工作，从×××农科所购买优良品种×××公斤，现在观察农作物长势良好。村民饮水配套设施全部改善。在××月上旬已完成植树××××棵。新“两委”办公室已建好。出资××××元购买办公桌椅等设施，改善了办公环境。并对该村和党员村民代表进行了两次培训。现在和“两委”干部一起多方争取资金，招商引资，准备筹建一个猪养殖场，拟订×月份去××考察该项目。总之，该村工作队进驻后不辞劳苦、任劳任怨，在村“两委”和有关部门的大力支持和配合下，圆满完成年初制订的帮扶计划，为××村解决了实际困难，得到了该村班子和全体村民的一致好评。

××××年××月××日

◎半年工作总结

【范例】

××××年上半年工作总结

××××年，××办在区委区政府的正确领导下，在××集团党委的支持下，紧紧围绕建设××商贸区，实现了地区环境整治、维护社会稳定、地区安全、信访、政务公开、引进楼宇企业、现代服务业和新增税源等工作目标，现将上半年工作总结及下半年工作计划汇报如下：

一、××××年上半年工作总结

（一）地区环境管理工作

为促进××商贸区的发展和奥运会的召开创造良好的市容环境。

1. 开展迎奥运三项整治活动。清理流动商贩×××余处，沿街摆卖、店外经营××处，商家乱贴乱挂××处，清理小招贴×万余处，取缔铝合金占道加工×处。

2. 强化地区交通秩序管理，确保道路畅通。取缔××路自行车停车点，撤销前××三期路段的停车位。规范客运服务车的管理，清理乱停乱放自行车××台，倒骑驴××台，为三期开业创造良好的门前环境和交通环境。

3. 抓××地区卫生环境治理。结合爱国卫生清洁月活动，重点清理××地区的卫生死角，组织驻××地区商家及驻街单位开展大清扫活动，洗刷牌匾，清洗玻璃，清理室内外环境卫生，清理乱停乱放自行车、倒骑驴、乱堆杂物、小招贴，清理执法岗亭卫生，清洗××周边地区交通围栏，义务清理小招贴×××余处。

4. 严格按政策把好牌匾广告审批关。对沿街两侧所有牌匾广告重新登记，重新审验，取缔了不符合规定的牌匾×块，对残缺破损的牌匾及时进行修复。

（二）经济工作

为完成全年经济工作指标，我们采取以下措施，抓好招商引资和新增税源工作。

1. 强化招商力量。通过竞聘，新增招商科副科长一名，专门负责招商工作。

2. 明确目标，任务到人。全年任务分解到每个月，并且到每个人头上，确保任务落到实处。

3. 细化考核，严格督导。定期召开调度会，听取汇报，遇到难以解决的问题领导亲自协调解决，绝不漏引一个企业。

目前，已经100%地完成全年招商引资目标，预计全年200%超额完成引进企业指标，引进企业占地面积达到×××平方米，完成税额×××××元，预计全年100%完成税收任务。

（三）队伍建设

加强队伍建设是做好地区市容管理的基本保证。为此，年初我们实施重新聘用上岗、定岗定责制。实行“三包”“三制”管理。每天早晨7点到第二天凌晨4点管理人员分布在各段进行管理，周六、周日不休息，实行三天一换休。采取中午换岗吃饭的办法解决午间空当无人管理的问题。

1. 成立了督查考核办公室。用制度约束人，用机制制约人，督查考核办对每个管理人员每天在岗与否、管理段落是否达标进行督查，并将督查结果公示，作为今后人员使用和晋级的依据。

2. 加强对执法人员文明执法、依法行政、法律法规培训，利用管理过程中出现的事例进行现身说法，使执法人员掌握在新形势下既要做好社会稳定工作，又要把市容环境秩序管理好，还不出事的方式方法。执法人员的综合执法能力不断提高，执法水平和业务能力不断增强。

（四）社会稳定、安全等项工作（略）

二、××××年下半年工作计划

（一）工作目标（略）

（二）保证措施（略）

下　编

公文规范处理

第十二章　发文办理

汇报传达类公文也就是机关公务文书，处理程序同机关公务文书。

发文办理是机关内部为制发公文进行的制文、处置与管理的活动过程，也是发文机关履行法定职责，表达自身意志和愿望，创造、加工和记录、传递有用信息的过程。

公文发文办理指以本机关名义制发公文的过程，包括拟稿、审核、签发、复核、缮印、用印、登记、分发等程序。

第一节　拟　稿

一、拟稿的基本要求

综合性或专业性公文，一般分别由办公室或职能部门拟稿，对政策性强、涉及面广、问题复杂、文字量大的公文可组成专门班子共同拟稿。草拟的公文要符合国家的方针、政策、法律、法规及有关规定，如提出新的政策、规定等，要切实可行并加以说明；要做到情况确实，观点明确，表述准确，结构严谨，条理清楚，直述不曲，字词规范，标点正确，篇幅力求简短；要力求人名、地名、数字、引文准确。

二、认真填写发文稿纸

发文稿纸的填注内容包括：公文形式、公文标题、主送单位、抄送单位、内部发送、附件、拟稿部门、拟稿人及联系电话、拟稿部门核稿及领导人签字、有关部门会签、秘密等级及保密期限、紧急程度和发文字号、时间、序号等。

三、拟稿注意事项

拟稿即起草公文。这是一项政策性、思想性、业务性很强的工作。公文的起草，应由谙熟该项工作和业务的专人承办，领导人应提出基本思想和主要观点，指出解决问题的原则和措施。重要公文的起草，应由机关领导人亲自主持指导，成稿后要经集体研究，并在适当范围内征求意见。草拟公文注意以下几点：

1. 要符合国家的法律、法规，符合党和政府的方针、政策及有关规定，如提出新的政策规定，应加以说明。

2. 情况要确实，观点要明确，条理要清楚，层次要分明，文字要精练，书写要工整，标点要准确，篇幅力求简短。

3. 人名、地名、数字、引文要准确。时间应写具体的年、月、日。

4. 公文中的数字，除发文字号、统计表、计划表、序号、百分比、专用术语和其他必须用阿拉伯数码者外，一般用汉字书写。在同一公文中，数字的使用应前后一致。

5. 引用公文应注明发文时间、机关、标题和文号。

6. 用词要准确、规范。在使用简称时，应先用全称，并加以说明，不写不规范的字。

7. 草拟公文，应使用钢笔或毛笔。

四、撰写公文的过程和方法

撰写公文的过程和方法如下：

1. 领会意图

公文是机关根据处理某项工作的实际需要来写的，领会意图，明确发文的目的，是写好公文的前提条件。所谓意图是指机关领导人提出的公文基本内容，包括主要观点、意见、措施及写作要求等。领会意图，要弄清以下几个问题：

（1）发文目的，即为什么要发文；

（2）用什么样的形式，即行文的文种；

（3）行文的对象，即发送和阅读的范围，包括主送和抄报（抄送）对象；

（4）公文的主要内容以及领导者对发文的具体要求。

2. 准备材料

领会了发文目的、明确了行文主题之后，撰写者就要围绕主题准备材料。只有充分地准备并占有材料，才能全面、准确地反映某项工作的客观情况，才能综合分析，概括出事物的本质和规律，才能充分地表现公文的主题和完满地表达领导意图。当然，并不是拟写任何公文都需要准备材料，比如，写一份简短的命令、公函、请示等。对于比较复杂的公文，往往必须进行准备材料的工作。

收集材料包括两个方面：一是收集和阅读机关的文字材料，比如拟写一份专题报告，需要查阅上级发布的有关文件、本机关的计划、大事记、下属单位的有关典型材料和统计资料等；二是通过召开座谈会、个别访问等形式调查情况，掌握正、反两方面的材料。

对所收集的材料，要根据写作公文的需要，进行认真选择，所选择的材料要真实、可靠、新鲜、别致，具有典型性。在此基础上进行整理，使材料系统化、条理化，为文件的写作打下基础。

3. 拟定提纲

准备材料的过程实际上也是充分酝酿和构思的过程，因为准备材料是有目的地根据一定的思路进行的，随着对材料的占有和熟悉，对问题的认识更深化、更完善，往往需要调整原来的思路甚至重新构思。因此，要在正式撰写之前，根据行文目的和掌握的材料，重新拟定提纲，安排结构。篇幅不长的文件，提纲可以简略些。对于篇幅长、内容丰富而又非常重要的文件，要拟写比较详细的提纲。拟写提纲时要注意三点：一是明确主题，围绕主题来确定公文中总的观点和各个层次的分观点，构成公文的骨架；二是合理分配材料，做到依据充分，详略得当；三是安排好段落层次，做到脉络清楚，层次分明。

撰写重要的文件，在执笔人拟出初步提纲后，可以召集一定的会议进行讨论，呈送领导同志审查，吸取各方面的意见加以修改补充，使之更臻完善。由起草小组或两人以上共同起草文件，更需要共同研究写作提纲，以免发生前后重复、脱节或相互矛盾的现象。

4. 起草正文

列出提纲后，就可以着手起草了。草拟公文要根据公文内容、文种格式、行文对象、行文规则和写作要求，按详细提纲来写作。撰写时，观点要鲜明、突出，材料与观点相结合，材料说明观点，观点统率材料。要正确运用表达方式和写作技巧，注意公文的语言风格和惯用模式，力求篇幅简短，语言精练，表达清楚。

5. 认真修改

草稿写出后，要认真检查，发现问题，进行修改。一般从四个方面进行检查、修改。一是从思想内容上检查、修改，避免观点错误，论述片面等问题；二是从材料上检查、修改，看材料是否充实，使用是否恰当，与观点是否相符等；三是检查、修改逻辑结构，调整安排不够妥当的段落层次；四是从语言上检查、修改，字斟句酌，行文要简明精练，达到文通字顺、符合语法、标点符号正确、书写清晰工整的要求。通过精心检查、修改，努力使撰写出的公文臻于完善，以此维护公文的严肃性和领导机关的权威性，发挥公文应有的作用。

第二节　文稿的审核

公文送负责人签发前，应当由办公厅（室）进行审核，对文稿的内容、形式进行把关，以提高公文的质量，确保送领导人签发的文件符合规范。

一、文稿审核的含义

文稿审核，是指公文的审核人员按照一定的原则和方法在公文签发之前对其进行全面的检查、修正活动。

审核工作一般由部门负责人、综合办公机构的文秘人员进行，重要文稿的审核还应由机关领导亲自参与，必要时也可以传阅形式或会议形式，请领导集体共同审核并批示修改意见。一些内容性质一般或内容非常简单的文稿，也可不经专人审核，由拟稿人自行检查修改后呈送有关领导人核准签发。审核中发现的问题，通常分别采用提出原则性修改意见后退撰稿人或其他有关工作人员具体修改；直接对文稿作全面系统的修改等方式加以修正。实践中的审核与拟稿活动（主要是其中的修改工作）是循环往复进行的，改后审，审后再改，直至确认已消除一切可能的错漏为止。

审核人在对文稿全面核查、确认无误后，应在“发文稿纸”相应栏目内签注姓名，以示负责。

二、文稿审核的方法

1. 通读审核法

通读全稿一至两遍，努力把握全文的中心思想、结构层次，然后根据发文原因、目的来推敲文稿的思路、结构、逻辑关系，看看思路是否清晰，结构是否妥当，逻辑关系是否严密。如果思路不清，首先要整理思路，重新安排结构；如果思路、结构基本可以，再考虑下一步具体修改问题。有的核稿人员喜欢一边看稿一边修改，结果一篇文稿一句一段改下来，到最后发现尽管文字通顺了，但全篇的思想、结构还是比较混乱，于是又重新修改，以致事倍功半。如果文稿较长，可以一边阅稿一边将文稿的提纲整理出来，再从提纲中来看其思路和结构。

2. 审阅审核法

指公文审核人员对文稿从字到词、从词到段，乃至全文的结构仔细审核，发现问题随时留下标记，待全文审阅完毕，再回头对存在的问题进行逐项修改。

3. 讨论审核法

一些内容复杂、事关重大的公文文稿，可以组织有关人员进行集体修改，先就文稿的内容和形式进行认真讨论和研究，提出具体的修改意见，然后确定专人汇集整理大家的看法并进行必要的修改。

4. 特邀修改法

对一些政策性强、业务难度大的公文文稿，如果核稿人员把握不准，可以邀请熟悉政策的有关领导和熟悉业务的权威人士，对文稿进行把关或提出意见，使公文更加准确、科学。

三、文稿审核的重点

1. 确定是否有发文的必要

只有当一份公文为解决问题所必需，或能产生比面谈、电话、会议、现场办公等方式更好的效果时，才真正具备形成该文稿的必要。

如凡属本部门、本单位职权范围内的事情，凡可以与有关单位协商解决的问题，一律自行解决，不另行文；凡内容重复、脱节以至于互相矛盾的公文不另行文。总之，要把不该发的文件坚决卡下来。

2. 行文方式是否妥当

如根据文件的主送机关来确定行文采用的是什么方式，是上行文还是下行文、平行文，使用的文种是否正确，是否应联合行文等。

3. 是否符合行文规则和拟制公文的有关要求

如是否准确地体现了发文机关与收文机关的关系，主送、抄送是否准确，需要会签的部门意见是否取得一致，公文的内容是否符合国家的法律、法规及其他有关规定，有关政策、规定是否切实可行，行文是否符合公文的写作要求，文字表达是否准确无误，日期、结构层次序数、公文中的数字是否符合规范，等等。

4. 公文格式是否符合有关规定

如检查公文是否完整，其秘密等级、保密期限、紧急程度、发文机关标志、发文字号、标题、正文、附件、日期、印章等是否符合规定等。

对于文稿审核中发现的问题，并不是全部由审核人来负责修正，可以视情况不同提出不同的处理意见：对于文稿中出现局部的、小范围的问题，审核人可以直接对文稿进行修改；对于文稿中出现的多方面的、大范围的问题，审核人可以提出修改意见后，退还给拟稿人，由其对文稿进行具体修改；对于一些专业性比较强的文稿也可由审核人与拟稿人相互协商，共同修改。联合行文的文稿，先由主办单位负责审核，同时还要组织好其他发文单位进行会商工作，并由其依次审核文稿。

会商意见应签在“发文稿纸”的有关栏目内，要写明对有关内容是否同意，并亲笔签名和注明时间。会商时应注意以下几点：①协商的对象应齐全没有遗漏；②协商过程中，如未就有关问题取得一致，应及时向有关上级机关反映情况，请求指示，如未获准，不得按自己的意见向下行文；③协商时可采取多种具体方式，可以“跑会”，即主动到对方驻地去面商；也可以“函会”，即向对方寄发草稿和有关函件，请其签注意见后再寄回；也可以用会议方式同时召集有关机关或部门的责任者一起协商讨论，取得一致意见。

审核人对文稿核查无误后，应规范地在“发文稿纸”的相应栏目内签注姓名、时间，以示对公文审核工作负责。

四、文稿审核的步骤

公文审核一般分两步，即初审、复审，有些文稿还需要会审。

1. 初审

初审即初步阅览。也就是公文核稿人员收到文稿后，不急于拿起笔来修改，而是先将文稿大致看一遍。这样做有以下几个好处：

（1）初步了解文稿的主要内容，以确定可否发文，或发什么样的文。若不需要发文或可改为部门发文，则将文稿退回起草部门。

（2）对可发文的文稿，看是否需要大改。若认为文稿结构混乱，表述不清，必须做大的修改，一般也可退回原起草部门，建议重新拟写。对不需作大修改的文稿，则留下进行复核。

（3）看文稿紧急程度，以便于先处理急件。

2. 复审

复审即正式审稿。也就是对文稿从头至尾，逐字逐句逐段，反复推敲，认真修改。

3. 会审

会审也称会稿，是对初审、复审都通过的文稿的继续审核。即会同主办部门的拟稿人或有关人员，一起对文稿进行修改。为了把好公文会审这一关，一是要做好会审前的准备工作，即事先与有关人员联系，确定会审的时间、地点，列出会审要点，提出可能发生的分歧意见；二是要做好会审时的协商工作，分歧意见应在会审中达到统一，如达不成统一意见，可将意见整理后一并交签发公文的负责人裁定。

第三节　文稿的签发

一、签发的权限规定

签发是指机关或部门领导人对拟以本机关或本部门名义发出的文件送审稿签署表示核准的意见。签发是文件形成的最后一个关键性环节。文件经过领导人核准签发后即已生效。签发人是代表一级党委或政府或部门行使权力的领导人，对文件从政治到文字上都负有完全责任，应以高度的责任感行使好这一权利。签发是领导人履行职权的一种形式，因此，签发人必须只是对自己职权范围内的有关文件，才有权签发，不得越权签发文件。文件法定签发人因公外出，可以授权或委托其他负责人代行签发。各个机关部门一般都应根据自己的具体情况制定有关文件审批签发权限方面的规定。

下面就一般情况下比较普通的一些做法作一说明：

1. 各级党政领导机关，凡以党委或政府名义发出的内容比较重要，涉及面较广，对全局工作具有普遍指导意义的公文，由党委或政府的正职或主持日常工作的负责人签发；党委和政府联合发文，分别由党委和政府的正职或主持日常工作的负责人签发。

2. 各级党政领导机关，凡以党委或政府名义发出的属于某一战线、某一方面工作的文件，由党委或政府主管该方面工作的负责人签发；如党委和政府联合发文，分别由党委和政府的主管负责人签发。

3. 以党委或政府名义发出的公文，已经党委或政府会议讨论通过的发文稿，由党委或政府的主管负责人签发，有些发文稿也可由秘书长或办公厅（室）主任签发；属于事务性的发文稿一般由秘书长或办公厅（室）主任签发。

4. 以党委办公厅（室）或政府办公厅（室）名义发出的，属于办公厅（室）职责范围内工作的发文，则由办公厅（室）主任签发。如以党委、政府两个办公厅（室）联合行文的，则由两个办公厅（室）主任分别签发。如办公厅（室）的发文内容比较重要或者超出了办公厅（室）的工作职责范围，其发文需经党委或政府主管的负责同志签发。如需两个办公厅（室）联合发文，也应由党委和政府主管的负责人分别签发。

5. 业务职能部门代替上级党委或政府起草的发文稿，应由业务职能部门的领导人审核签署意见后，由上级党政领导机关负责人审定签发。

6. 各级党委或政府所属的某一业务部门自行发文，由业务部门的负责人签发；业务部门的联合发文，由联合发文的各个单位负责同志分别签发。

7. 以各级党委或政府名义的发函，由党委或政府主管的负责人签发；以党委办公厅（室）或政府办公厅（室）名义的发函，由办公厅（室）主任或秘书长签发。

二、签发的原则

在具体操作中，公文签发的原则有五条。

1. 按职权划分的原则

由于领导人工作上有分工，因而只有对自己职权范围内的有关文件才有签发权。

2. 集体负责的原则

对于某些有关全局的长期性、关键性文件，必须由领导班子集体讨论通过，共同负责，最后由主要领导人签发。或由领导班子集体讨论通过后报请同级人民代表大会及其常务委员会批准，而后再由机关主要领导人签发。

3. 授权代签原则

当文件法定签发人因公外出或因其他原因不能视事，可以授权或委托其他领导人代为签发，事后再送法定签发人阅知。一般性的事务文件，但又必须以领导机关的名义发文时，也可委托办公厅（室）负责人代签。

4. 加签原则

凡欲以业务主管部门名义发出的文件，原则上应由业务部门负责人签发。但当文件内容涉及方针政策等重大问题时，应送主管领导人审阅后加签。

5. 会签的原则

当文稿内容涉及两个以上业务主管部门的职权范围时，必须经相关部门的负责人共同协商，并在发文稿纸的“会签”栏内签署具体的核准意见。会签后的文稿，有两种发布形式：一是以业务主管部门的名义联合发文；二是以领导机关的名义发文。以业务主管部门名义联合发文，会签后即成定稿；以领导机关名义发文，会签后仍是草稿，经机关领导人签发后才能成为定稿。

三、签发的程序

先审后签，是各级领导在签发文件时必须坚持的操作程序。签发人对自己核准的文件从政治内容到文字都要负完全责任，如果未经过目就签字同意，那是很危险的，也就失去了“签发”的实际意义。领导人在签发前审阅的重点是：

看是否需要行文，该以谁的名义行文。关于是否需要行文，应该掌握的原则是：可发可不发的公文坚决不发；凡在会议上已经部署了的工作，或在报刊上已经发布过的公文，除印制少量供存档的文本外，一般不再重复行文；凡是能够通过口头汇报、请示或可以当面协商解决的问题，不要行文。

看是否符合国家的法律、法规及有无与上级机关的同类文件不协调或相抵触的地方，做到准确、严谨、滴水不漏。

看是否需与有关部门、地区协商、会签，是否经主管部门负责人先行审核，是否经办公室审核、登记。如发现文稿内容涉及其他部门的职责范围或相关地区的管理权限，且又没有协商、会签时，应暂不签发，责成主办单位组织协商、会签后再送审。

审阅文稿时要尊重主办单位或拟稿人已经付出的劳动，只要文稿在大的方面没有问题，就不必吹毛求疵。但如发现有问题需作重大修改时，就不要迁就，甚至可以推倒重来。

四、签发的格式

签发的格式包括核准意见、签发人姓名、签发日期三项，缺一不可。

核准意见要具体。常见的核准意见有：“同意印发”“打印发出”“抄清后发”等。如果认为文稿还应送其他领导同志审阅，应写明“请×××同志审阅后印发”。在实际工作中，有的领导人习惯于用圈阅的形式代替签发。按照规定，圈阅是有条件的。圈阅是指审批文件的领导人阅毕文件后，在送阅、送审单内自己的姓名周围画一个圆圈，把自己的姓名圈在中间，表示对文件内容已阅知或同意；有的在画圈的同时还引一条直线至空白处，再签上自己的姓名和圈阅时间。过去，不少有关公文处理的教科书都把“圈阅”视为不负责任，明确反对。但在实际工作中，仍有不少领导人习惯于圈阅。由于圈阅并没有签署具体意见，个别不负责任的领导人事后往往推托说：“圈阅只表示我知道，但并不表示我同意。”审批公文，主批人应当明确签署意见，并写上姓名和审批时间。其他审批人圈阅，应当视为同意。就是说，圈阅是有条件的。

1. 主批人——对文件内容负主要责任的领导人，不能圈阅了事，必须签署具体批准意见。

2. 其他审批人——对文件内容承担次要责任的其他领导人，在没有不同意见（同意主批人意见）的前提下，才可以圈阅。

3. 签发人姓名要写全。有的领导人在签发公文时，只写姓，不写名；或写名不写姓；甚至仅写一个字母，一个代号，让人费解或引起误解，都是应当避免的。

4. 签发日期不缺项。签发日期应年、月、日都有。有的领导人只习惯于写月、日而不写年份，时间一长，就会影响对文件生效日期的认定和查考。

核准意见、签发人姓名、签发日期均应写在专用发文稿纸左上侧“签发”栏内，不要直接写在文稿首页或尾页空白处，以便立卷归档。

总之，那种只签核准意见不签名，或只签名不写核准意见，甚至以画圈代签发，都是不允许的。

五、做好签发工作应注意的问题

做好签发工作必须注意以下几方面问题：

1. 任何人不得越权签发公文。各级机关的领导者只能对属于自己职权范围内的公文负责，就是说只能签发自身权限所及的公文。

2. 必须“先核后签”。需核稿的公文必须审核完毕后再签发，而不得先签发后核稿，以提高工作效率，确保公文有效。

3. 联合行文时，必须做好会签工作，使各机关或部门领导人均履行签发手续。

4. 必须在“发文稿纸”相应栏目内批注定稿及发出意见并签注完整的姓名与日期，不要只签姓或只签名，也不要只签姓名不批注意见。如为代签应标注“代”“代签”等字样。

第四节　文稿的复核

一、复核的含义

复核，即秘书部门在公文正式印制前对影响公文质量的各个方面进行的最后一次把关检查。

二、复核工作的重点

1. 检查审批签发手续是否完备

即核查文稿的审批人、签发人是否合法，有无越权情况；是否规范地签注了发文意见、姓名和日期。

2. 检查公文管理信息是否准确

即检查公文具体的发文范围是否明确；阅读范围的级别限制是否清楚；紧急程度、保密等级是否合理；印制份数、发文字号是否有误等。

3. 检查附件材料是否齐全

即检查附件材料的件数、页数是否与附件说明一致，是否有遗漏，其内容是否完整无缺。

4. 检查格式是否统一、规范

即检查公文字体字号、标点符号、数字、公式、层次序数、页码、表格、注释等的表达格式是否符合有关规定，表达公文内容的各数据项目的结构格式是否规范。

经复核，如发现问题，确实需要对文稿进行实质性修改的，应向签发人提出请求，征得其同意后，方可修改，文稿经修改后，必须按程序重新进行审核、签发。未经签发人同意，任何人员不得对复核中发现的问题擅自修改，否则，将会追究修改人的责任。

上述公文发文办理拟稿、审核、签发、复核这四道程序，是相互联系、缺一不可的，拟稿是公文质量的基础，审核是办公室（厅）对公文内容的严格把关，签发是领导对公文全面的把关，复核是文秘部门对公文形式的最后把关，经过这四个规范化程序，才能确保公文的高质量。

第五节 缮印与用印

一、公文缮印方式

缮印主要有三种形式：

1. 手工誊写

手工誊写是指由人使用简单书写工具（各种笔）将字迹材料（墨、墨水）按一定规律转移固定在纸张上，形成与原稿一致的文字符号或图形。

2. 机械誊写

机械誊写是指用打字机、印字机等机械设备誊录文字符号。

3. 印刷

印刷是指运用专门的印刷设备和技术手段批量生产文字、图形或图像。以印刷方法制作公文的一般程序为：整理定稿；格式设计；制作印版；制作校样；校对；改版；印制；装订；检验。同一内容的公文在数量需求很大的情况下适宜采用此种方法。

二、公文缮印材料

缮印公文的物质材料包括显现符号图形的字迹材料（主要是各种印刷油墨）和承受保持、固定字迹材料的纸张两类。在公文印制过程中正确选择这两类物质材料，直接影响着公文效用的实现以及决定着公文的寿命。因此，在选择纸张与字迹材料时必须符合适用、耐久的原则。

纸张的选择，应与所采用的印刷方式相适合。为使纸张的内在质量能为适用性提供保障，需注意控制影响其质量的定量、平滑度、白度、透明度等指标。

字迹材料的选择，应使之具有强或较强的耐久性。一般来说，色素成分为炭黑、结合方式为结膜的黑色油墨的耐久性最好，色素成分为其他化学颜料的蓝色或红色的油墨，耐久性稍差一些。因此应避免使用红墨水、纯蓝墨水、圆珠笔油墨和铅笔等材料书写公文。

三、公文缮印格式与标题排列

1. 公文缮印格式

（1）版头由发文机关全称或规范化简称加“文件”二字（或加括弧标注文种名称）组成，用大字居中印在文件首页上端。联合行文可用文件主办机关一家版头，也可并用几家版头，在民族区域自治地区，版头可用自治民族的文字和汉字两种文字印制，将自治民族的文字放在上面（或前面）。版头文字一般用红色套印。

（2）发文字号由机关代字、发文年度和发文顺序号组成。联合行文时，一般只标注文件主办机关的发文字号。

（3）印制顺序号即文件的份号，标注在文件首页左上角。

（4）秘密等级标注在文件首页左上角、印制顺序号下方位置。

（5）缓急时限标注在文件首页左上角、密级下方位置。

（6）签发人姓名标注在发文字号右侧适当位置。

（7）文件标题一般由发文机关名称、内容和文种三部分组成。

（8）主送机关是指收受、办理文件的单位。

（9）正文是文件的主体部分，用来表达文件的内容。

（10）附件标题置于正文之后、发文机关名称之前；如附件较多，则在正文之后、发文机关名称之前注明附件的件数。

（11）发文机关名称应使用全称或规范性简称。

（12）成文日期以文件签发或会议通过的日期为准，标注在发文机关名称右下方。

（13）正式行文都应加盖机关印章（有特定版头的普发性文件除外）。用印位置在成文日期的上侧，要求上不压正文，下要骑年盖月。

（14）阅读（传达）范围，标注在成文日期的左下方。

（15）文件抄送（含抄报、抄发）范围标注在文件结尾下方位置。除主送机关外，对其他需要了解文件内容的上级机关用“抄报”，同级机关和不相隶属机关用“抄送”，下级机关用“抄发”。

（16）印制版记包括文件制发（翻印）单位名称、制发（翻印）日期和印刷份数。制发（翻印）单位名称和日期置于文件末页下端，印刷份数置于下间隔线右下方。

2. 公文中标题的排列

公文中大小标题的排列形式，可根据重要程度和字数居中排布，排列对称，间距恰当。字数不多时排一行，字数较多时，可排两行或多行，外形可呈正梯形、倒梯形、“除号”形、齐肩形等。

公文标题排列时应避免“切词”现象，即将由两个或两个以上的字组成的词或词组拆开分置在两行。此外还应注意避免“背题”现象，即将标题排在页面的最后一行，使题下无正文文字。避免正文标题“背题”的方法是空行，将标题移至下一版面；或者通过加行或缩行来解决。公文主标题和正文中的标题排列时，为使标题突出和醒目，应注意使其行距大于正文文字的行距。标题的占行或空行是按正文行空计算的。公文主标题应在红色反线下方空两行标注。标题下空一行标注主送机关。

四、公文校对

公文校对是指对校样誊写完毕即将发出的文稿进行的全面校对，主要校对有无与原稿不相符的字词或符号，包括体例，一般要校对2～3遍，方法是：对校、折校、读校，以防止出差错。校对工作的主要内容是：校正与文稿不符的各种错字、倒字、横字、残字；校正与文稿不符的被颠倒的字句、行段；删除多余成分，补正被遗漏部分；校正标点符号、公式、图表方面的错漏；纠正格式方面的差错；解决统行、缩面等一般版式的问题，以及图表与正文，注码与注文的衔接和页码编排问题；进一步审核文稿中的疏漏，发现问题并提交有关领导人或撰稿人处理（但绝不能擅自改动）。

校对方法有对校法、折校法和读校法三种。

1. 对校法

对校即将原稿与校样对比着进行校对。其优点是一人操作，差错较少；其缺点是速度较慢。

2. 折校法

折校即将原稿轻折使其每一行文字压在校样要校的那行文字上，逐字、逐行进行校对。其优点是易于发现原稿与校样中的不同，速度亦较快；缺点是有些麻烦。

3. 读校法

读校即一人朗读原稿，一人看校样。其优点是速度快，合作性强；其缺点是对校对人员素质要求较高，否则难以保证质量。

公文装订：经校对无误后打印出的正式文本，应予以装订，以免散失，方便传递和公文的办理。

五、公文用印

1. 用印注意事项

党和国家机关印发的正式文件，必须一律加盖公章，用印需要注意的事项有：用印前必须经领导批准；原则上用谁的名义制发的公文就用谁的印章；用印次数，以领导者批准印发的份数或常规规定的份数为准，不得随意增加；印章及供拼装的印版上使用的印模须保管在文书部门专人手中，使用时必须由其监印，用毕迅速退回。以照相、静电复印制成的印模用毕应尽快退回文书部门或就地监销；印章应盖在成文日期上方，骑年盖月。应使用质量较好的印泥作为字迹材料，除专用章外，印泥应为红色。印迹必须端正、清晰、完整。用印情况必须做正式记录，以备日后核查，即使在特殊情况下当时没有记录，过后也要及时补记。

2. 用印方法要求

（1）印章位置

①单一机关制发的公文，在落款处不署发文机关名称，只标志成文时间。成文时间右空四字，加盖印章应上距正文 2cm ~ 4cm，端正、骑年盖月。当印章下弧无文字时，仅以下弧压在成文时间上（下套方式）；当印章下弧有文字时，印章中心线压在成文时间上（中套方式）。“下套”的盖印方法，可以显示印章的庄重性。

②联合行文的情况：需加盖两个印章时，应将成文时间拉开，左右各空七字，主办机关印章在前，两个印章均压成文时间，两印章间互不相交或相切，相距不超过 3cm。联合行文需加盖三个以上的印章时，应将各发文机关名称（可用简称）排在发文时间和正文之间，以防止出现空白印章。主办单位印章在前，每排最多排三个印章，最后一排如余一个或两个印章，均居中排布；印章之间互不相交或相切；在最后一排印章之下右空二字标志成文时间。两个或两个以上印章的排列应采用同一种加盖方式，即要下套均下套，要中套均中套，以保证印章排列整齐、美观。

（2）印章颜色与字迹

印章的颜色，除专用章外，印泥应为红色。应使用质量较好的印泥作为字迹材料，印迹必须端正、清晰、完整，即指印章加盖在纸面上时，其字迹必须是端正地自左而右环行，完整、清楚地表达发文机关的名称。

同时，为了维护公文的严肃性和有效性，禁止出现印章字迹歪歪斜斜或者模糊不清的现象。

第六节 登记与分发

公文的登记与分发是发文处理工作中的最后环节，如有失误，前功尽弃，所以必须善始善终地认真做好这一环节的工作。

一、发文登记

公文的发文登记，是指将拟发出公文正本中的信息和发送对象、范围等情况登录在案，以备查案的活动。

规范无误的公文正本用印后，在发出前还需对公文进行逐项、逐份登记，并正确填写《发文登记簿（表）》。

1. 发文登记的形式

发文登记时应将同一机关的发文依次登记在一起，不同发文机关的发文分别登记。发文登记的形式有卡片式登记、联单式登记和计算机登记。

（1）卡片式登记

卡片式登记是指使用单张卡片，每张卡片只登记一份公文的登记形式。其优点：一是可以根据公文管理和工作需要，将登记好的卡片灵活地进行分类排列存放，不仅可按发文机关、发文月份，而且还可按公文内容、承办单位、是否清退等分类排放，并可随时调整排列位置；二是只要在卡片上加填一项归入的卷号，移交档案室就可作为检索档案公文的工具。缺点：一是容易丢失，不易保密；二是如果分类排放时插错，会给查找公文带来困难。

（2）联单式登记

联单式登记是用比较软而薄的纸张印刷联单，采取一次复写两联或多联的方式登记。其优点是可以减少重复登记，文秘人员只要在登记时一次复写几联，既可自己保存备查，又可将另外几联和公文一道送承办部门或在归档时送档案室，并可按需要灵活装订成册。联单式登记的缺点是由于张数较多，容易散失，且由于是用比较薄的纸张复写而成，不利于长期保管。

（3）计算机登记

计算机登记就是将需要登记的公文目录乃至全文通过一定的形式输入计算机。计算机登记一般采取两种形式：一是图文输入，即将需要登记的公文目录或全文进行摄像或用电子扫描仪扫描下来，通过图文信号与数字信号的转换，最终将信号输入计算机储存；二是键盘输入，即在收发室的微机上由文书处理人员通过键盘将公文目录输入计算机储存。

计算机登记的优点很多，首先，容量大，如果用光盘或移动存储盘代替磁盘，储存就更方便，储存量就更大，可以大大地压缩档案库房；其次，便于保存，将公文目录保存在磁盘或移动存储盘上，可以保存许多年，如果储存在光盘上便可永久保存；最后，便于查找，只要知道文号、发文机关单位或文件标题中的任何一项，通过计算机检索，便可以很容易地查到公文的去处与公文的全部内容。

2. 登记范围

哪些公文该登记，哪些公文不该登记，应该有一个比较明确的范围。尽管由于各级机关的情况有较大差异，登记的范围也不尽相同，但就整个机关办公系统而言，登记的范围大致包括以下几方面：上级机关或上级机关职能部门的正式公文（含各种会议上印发的有关材料）；直属下级机关的请示、报告；各级党政及其内设部门的重要来文；其他平行机关单位和部门需要签复或办理的来文；具有密级的内部刊物和资料。

3. 登记时应注意的事项

要逐项填写收文时间、来文单位、来文字号、来文份数、成文日期、公文标题和处理情况，需转交其他单位办理的公文应连同来信一起转出，不得破坏信封上的任何标志。

（1）收到公文，应于收文当日登记处理。所以，收文日期应登记收文当日的日期，不要误登为公文的成文日期。

（2）来文字号的登记，根据工作需要，可以全登（包括机关代字、年号和序号），也可以只登记序号，不登记机关代字和年号。

（3）收文号即本机关收文登记的顺序号，登记收文号切记不要漏号或重号。收文号必须同时登记在所登公文加盖的收文项内。

（4）来文单位的登记应注意以下几点：一是要准确，特别要防止随意简化。如“省计委”，不能简略为“计委”，因为这样就看不出是省计委，还是国家计委，或是市计委。二是部门简称要规范化。如“省对外经济贸易厅”简称“省外经贸厅”，不要登记为“省外经厅”，要做到统一、规范。用微机管理公文的部门，这一点尤为重要。三是几个部门联合发文的公文，可只登记主要部门和联合发文的机关数，如“省计委、经贸委、财政厅等七部门”。

（5）公文标题登记，是收文登记中的一个重要项目。如遇收到的公文发文标题过长的，可在不影响主要内容的情况下简略登记。对没有标题的来文，可视公文内容自拟标题，而不应只登记“通知”“函”，以免题不达意，日后难以查找。

（6）公文份数的登记，应注意分清公文的主件、附件，以主件的份数作为登记的收文份数。

（7）秘密公文，均应注明秘密等级及保密期限。

二、公文分发

将已装封的公文，经过登记后以多种方式传递给受文单位。发出文件采用的方法有：

1. 普通邮寄

只用于无保密要求的文件。

2. 专人送达

机要通信员向对方机关投送文件，也可设文件交换站，定时到交换站交换文件。

3. 机要通信

送机要通信部门寄送，用于秘密文件。

4. 机要交通

通过专设机要交通系统传递。

传递秘密公文，必须采取保密措施，确保安全。利用计算机、传真机等传输秘密公文，必须采用加密装置。绝密级公文不得利用计算机、传真机传输。

文件发出以后要在发文登记簿上注明发文的具体情况。

第七节　发文文稿管理

发文办理中运转的是公文的文稿，保存完好的公文文稿，对全面准确地反映公文的形成过程十分重要。相关人员在工作中应注意以下几点。

一、底稿的保存

有的文稿，几经修改后会形成几个修改稿，对重要的政策性文件的修改稿、领导审改稿，要保存好原件，与正式文件一并归档。

二、会签意见的保存

有的部门在会签时会附上专门的会签意见；有的会在送请会签的文稿上修改，这些都必须原貌保存，防止缺漏。

三、签发及审签意见的保存

要将有关审核、审签、签发的全部材料保存齐全，特别是签发人的签署件，要确保完好。如遇特殊情况需传真到外地请领导同志签发公文时，事后要请其正式补签，不可只保存传真复印件。

四、联合发文的文稿保存

联合发文的，文稿原件应保存在主办单位（编写公文字号的单位），会办单位保存复印件。

五、送印文稿的管理

发文文稿送印时，印制部门应保管好文稿。公文印制完毕后，随正文一起交给办文部门文书人员保存。部门文书人员应负责检查文稿是否完整、无误，然后保存，以备归档。未经办文部门允许，不得将文稿和印成文件交给其他人员取走或捎转。

六、文稿与印成件一并保存

公文印成文件要与正文、附件及有关材料一并整理，按档案管理的要求归档。

第十三章 收文办理

收文是公文的收进，对收进的公文按照一定程序进行办理，直接为领导决策与机关的工作运转服务，即是“收文办理”。收文办理指对收到公文的办理过程，包括签收、登记、审核、拟办、承办、催办等程序。

第一节 收文签收、登记与审核

签收、登记与审核是收文办理中的最早环节，事关以后各个环节的质量、效率甚至成败，十分重要；传阅是对所收阅文件的办理。因此，也放在本章内作介绍。

一、收文签收

签收，是指收到文件后收件人在对方的文件投递单或送文簿上签字，以示收到。目的是明确交接双方的责任，保证文件运行的安全可靠。签收是收文处理的第一个环节，包括“收到”“签名”两层意思，一般由办公室负责文件处理工作的人员承担。

签收有两种情况：一种是不接触文件内容，只点收多少信封或文件包，即通常所说的“外收发”；另一种是逐份清点接收文件，通常由“内收发”或文件处理部门来做。

签收主要有三种方式：

1. 签字

机关各部门之间交换文件，收方的办公室主任应在对方的送文簿上签字。

2. 盖章

接收邮局和机要通信部门送达的文件，收方的办公室主任除在文件投递单上签字外还要加盖公章。

3. 收条

收方办公室主任在接收文件时，也可向发文单位出具收条。

清点收件总数与清单上标注的总数是否一致。如有不符，在未查明原因之前，可暂不签收，待送文单位查明原因后再予签收，以防出错。

清点时如遇几种不同的文件装在一起，首先要按文号区别开，注意有无夹带别的文件，有无文件缺少的情况。

阅后按页清退的绝密文件，接收时要逐页清点，注意有无缺页。

经清点、检查无误后方可在送件簿或清单上签上收件人姓名和收到日期。签名要用钢笔或毛笔，不能图省事，要签姓名全称，字迹清晰、易于辨认。时间一般注明收到的月、日，特急件应注明几份，以备查考。

收发室与文书人员交换信件使用簿册的登记项目要尽量简化通用，只包括月、日、来件单位、来件编号、送交单位、签收人即可。因为签收是文件处理过程中最常见的工作，交换时无须登记文件的标题，只需记个编号就可以了。

签收的常用方式是在《签收登记表》的相应栏目内签上收件人姓名，或加盖收件人的专用章（公文数量较多时），要求写清姓名全称、收到日期（快件和急件要写明收文的确切时间），以备查考。

内收发核对检查无误，向外收发办理签收手续，加盖收文章之后，即可进行收文登记。

二、收文登记

收文登记，即对收文的内容信息进行分门别类的登录活动。

凡收到的重要公文和资料都要进行登记，文秘人员将文件清点、分类后，将所收文件记载入册。

公文登记形式分为簿式登记、活页式登记和计算机登记三种。

1. 簿式登记可以按上级文件、下级文件、不相隶属机关文件等几个类型分类登记，也可以按工作性质进行分类登记，这种分类登记的优点是便于查找、检查。

2. 活页式登记分为卡片式登记和联单式登记两类，卡片式登记指用单张卡片进行登记，其优点是可以根据工作需要灵活进行分类排列，如可按发文机关、文件内容、承办部门等分类排列；联单式登记采取一次复写两联或三联的方式，其中一联或两联随同收文送给承办机关或承办人，签收人直接在联单上签字，可以减少重复登记的手续。

3. 计算机登记，即将公文的主要数据信息输入电子计算机。这是现代化的登记方式，优点是一次输入，可多次输出，便于多途径查找、储存公文。除机密公文外，其他公文皆可输入公用公文夹，实现信息共享。各单位可根据需要自行调阅公文目录，减少查阅公文环节，提高机关工作效率。随着办公自动化的日益普及，这种登记方式将成为主要和最佳的方式。

对来文登记要注意：一是随到随登，对收到的公文，应于收文当日登记处理。所以，收文日期应登记收文当日的日期，不要误登为文件的成文日期。二是要准确，防止随意简化，特别是用计算机管理公文，甚至一个标点符号使用不慎就可以导致错误。三是几个部门联合发文的公文，可只登记主要部门和联合发文的机关数。机密以上秘密等级的公文，均应注明密级，但保密期可以不登录。

三、收文的审核

收文的审核，主要是指按照有关规定和规范对收文进行检查核实，以确保收文办理的有效性。

收到下级机关上报的需要办理的公文，文秘部门应当对收文进行认真阅读审核。

审核的重点有五个方面：

1. 是否应由本机关办理。这是第一步，将不应由本机关办理的公文首先筛选出来。

2. 是否符合行文规则，如是否有越级请示、是否在报告中夹带请示内容等。

3. 内容是否符合国家法律、法规及其他有关规定。这一条是最重要，也是具有一定难度的审核，需要有关工作人员有非常好的业务素养。

4. 涉及其他部门或地区的事项是否已协商、会签，就是说，对涉及其他部门、地区的公文必须在与有关部门、地区进行协商，并且是在取得一致意见后，才能行文。

5. 文种使用、公文格式是否规范。

实际上，审核的结果无非是分办、拟办和退办，是有关人员在接到文件后，通过筛选，根据公文的性质、重要性、各部门和领导的职责分工以及有关制度规定，将来文分送有关领导和部门进行阅读和处理。它实质上是为公文确定运转方向，决定公文能否准确、迅速、有效地得到实质性办理的环节。分发公文应注意分清主次缓急，分清哪些是阅件，哪些是办件；哪些是重要需优先办理的公文，哪些是相对次要办理的公文；哪些是必须呈送领导办理的公文，哪些是没有必要呈送的公文。对于退办的公文也不能简单地一退了之，也要分情况进行处理。

第二节 拟 办

经审核，对符合国家规定需要办理的公文，文秘部门应当及时提出拟办意见，拟办是文秘部门参与决策，发挥好参谋和助手作用的重要途径。

一、拟办概述

拟办是指有关领导或具体办文的有关人员，对收到的公文进行认真阅读分析，并提出建设性意见，以供有关领导审核决策的工作。实际上是一种辅助决策活动，其目的是为领导者快速、准确地决策做好参谋和辅助工作。拟办是公文处理的前期工作，又是实质性的环节，拟办意见提得如何，直接关系到公文办理的效率和质量。公文登记、审核之后，公文处理人员就应根据来文内容，提出拟办意见，并将意见写在《文件办理批办单》“拟办意见”一栏内。具体内容是：

1. 摘写“内容提要”

把来文中长达数百字、数千字的内容，用准确、简练的文字表述出来，为领导锤炼文字。要尽量将内容加以浓缩，把文中的“水分”挤干，做到语言简练，画龙点睛。

2. 提出“拟办意见”

凡需请领导人批示的文件，一般都应有拟办意见，并附有关背景材料，供领导同志审批时参考。拟办意见，又称“办文预案”，是秘书人员在办文中根据文件内容和要求，预先为领导人提出的办理意见或设想的方案，供领导人审批时选择、参考，意见要简明、具体、得体，如果所提方案有两个或两个以上时，应将倾向性意见排在前面。特别是对公文中所涉及的有关问题处理有一定的把握时，可以直接草拟复文文稿供审核定夺。

二、拟办范围

凡需本机关及其各职能部门贯彻执行、具体办理或阅知的公文均需拟办，具体包括：

①要求贯彻落实或办理的公文，或重要的需本机关领导或有关部门阅知的公文；

②下级机关的请示及重要报告；

③要求本机关办复的公文；

④几个业务部门联合办理的公文；

⑤重要的群众来信等。

三、拟办意见

拟办的直接结果形成拟办意见，即拟请领导同志批示的文件，先由办公室进行详尽研究，提出处理意见，并附以有关参考资料和背景材料。有几种方案的还需分别说明利弊，供领导同志抉择。

拟办意见是否准确恰当，对领导批办、文件执行和机关工作效率有直接影响。为此，要努力吃透所要拟办文件的内容和需要解决的问题，根据不同问题、不同要求和不同情况，分别提出具体的、切实可行的拟办意见。

1. 对上级机关主送本机关并需要贯彻落实的文件，要根据文件的要求和需要落实的问题，提出拟请哪位领导同志批示、由哪个部门承办以及送哪些领导和部门阅知的意见。对上级下发的阅知性文件，也应根据文件内容提出分发意见。

2．对本机关所属部门及下级机关主送本机关的请示性文件，要根据所请示的问题和要求，提出由哪个部门承办和如何办理的拟办意见。对涉及面比较广，内容又比较复杂的请示性文件，要根据具体情况，提出不同的拟办意见，不要按一个模式都写成“请×××同志阅示”“请×××同志批示”。

3．在处理请示性文件时，常常会遇到多头主送、越级上报的问题，此时应根据不同情况分别处理。对多头主送的请示，要看请示的问题是否属于本机关职责范围，如确属本机关职责范围的事，应按来文机关的请示提出拟办意见；对不属本机关职责范围的事，可不写拟办意见，只分送有关领导阅知。对越级上报的请示性文件，一般不予处理。但属重大紧急的，亦应提出拟办意见。对抄送本机关的请示性文件，一般不需提出拟办意见，分送有关领导和部门阅知即可。

4．对平行机关和不相隶属机关主送本机关并需答复的商洽性文件，要根据文件所提出的需要办理的事项、商洽的问题，提出应由哪位领导审批或由哪一部门承办和如何办理的拟办意见。

5．若请示的问题需要几个部门承办的来文，在提出拟办意见时要写明主办部门或主办人，并请主办部门牵头与其他部门商办。

6．对一些难以提出拟办意见，或认为所提意见没有把握时，应先与来文机关或有关部门联系商洽，确有把握时再提出拟办意见，以免自己的拟办意见不准而造成公文旅行。

7．对承办部门提出处理意见后转回来的文件，应根据承办部门所提意见和要求再次提出拟办意见。

8．提拟办意见要注意把好政策关。

9．拟办意见的表述，文字要准确，观点要鲜明，书写要工整，并且要简明扼要，使人一目了然。拟办意见要写在“文件处理单”上，切不可在文件上随意乱写。

10．为使领导同志准确地批办，拟办意见要随同有关资料、政策依据和背景材料一并呈送，供领导同志批办时参考。

第三节　批　办

批办就是将公文批交承办部门办理。这是一项由法定责任者履行法定的事务位置权的决策性活动，它规定了对具体公文的处理方法、程序、具体承办责任、承办原则与要求等，对公文效用的实现具有决定性影响。

一、批办的范围

批办工作是有一定范围的，并非所有公文都需批办。批办的范围主要包括：

上级颁发的重要指示、决定、工作部署，针对本机关的批示、批复、通报等；平行或其他不相隶属机关重要的协调性工作的公文；下级机关重要的请示、报告等。

二、批办方法

批办属于决策性活动，是执行和实施各项管理活动的前提条件，批办意见直接影响公文办理和执行公文内容的质量，直接关系着机关管理的效率。工作中，应准确、及时地批办公文。不同的公文，有不同的批办方法。

1. 按常规传送的例行公文

对于按常规传送的例行公文，如统计报表、临时性、事务性公文等，应在年初做一次性批办，以后来文依此办理，简化重复性批办手续；领导人因故不能批办的，应及时委托或授权其他领导人批办，以免积压公文，影响运转。

2. 已提出具体方案的公文

对于已有具体请示事项或拟办意见中已提出具体方案的公文，主批人应当明确签署意见、签署姓名和审批日期，其他审批人圈阅视为同意；没有请示事项的，圈阅表示已阅知。

3. 随机传送的非常规性公文

对于随机传送的非常规性公文，必须根据公文的内容，提出相应的、准确的批办意见；对需要贯彻执行的上级公文要提出贯彻执行的具体措施；对需要具体办理的公文应批示承办部门及承办的要求与时限等；对需要两个或两个以上部门会同办理的公文，应批明主办单位与协办单位以及承办要求等；对需要阅知的公文应批示传阅或传达的范围与时间。

4. 批办意见主要包括：

（1）指明承办部门或承办人，如需要两个以上部门办理的，还要指明主办单位和协办单位；

（2）对来文所述问题的处理意见、办法及需要注意的问题；

（3）对于紧急公文，应当提出承办期限，以免贻误工作；

（4）签署批办意见后，应注明批办人姓名和日期。

批办意见应规范地书写在《公文处理单》的批办栏内，一般不要写在公文的白边区上（对呈请性的上行公文，必要时，可将批办意见工整地写在公文首页天头白边区，但必须预留出立卷时的装订位置），以保持公文文面的庄重与整洁，便于归档保存。

三、批办时的注意事项

批办公文时应注意：不得越权批办公文；严格控制批办范围；批办意见必须

明确、肯定、具体，前后一致、切实可行。不能只阅不批，仅画圈而不签注意见，不能使用模棱两可、似是而非的语言。批办公文，对领导者来说，要求批的意见要明确，针对性要强，轻重缓急时间要求要具体，以保证公文能够准确、及时地得到处理；涉及两个以上部门共同承办的，批办时要指定牵头单位；对需要传阅或传达的文件，应批明传达对象、传达范围和传达时间，等等。对秘书来说，送批公文要按程序，先送分管领导阅批，然后送主要领导阅批。如果把送批程序颠倒过来，先送主要领导人审定了，就可能出现三种情况：一是分管领导认为主要领导定得对，表示同意，这很好办；二是分管领导认为主要领导定得不对，但为了维护主要领导的威信，将错就错，看着工作受损失；三是分管领导如果签上不同意见，必然在一份公文上反映出领导意见的分歧，既影响对全局工作的指导，又影响领导人之间的团结。这就要求有关人员必须注意。在批办过程中，如发现公文所涉及的问题是自己无权确定或无法处置的，可将批办改为拟办，实事求是地提出建设性意见，提供给上级领导定夺。

第四节　分送与传阅

一、分送的含义

分送（转办）是指单位领导人对有关公文批示给某部门后，由文秘人员转给该承办部门进行办理的行为。

二、分送时应注意的问题

1．要将领导人的批示或批复附在承办公文上。如果领导人按正常情况在公文处理单上批示，则将公文处理单随公文一并送承办部门；如果领导人不是在公文处理单上批示，应将领导人的批示附在公文上，并在公文处理单上注明后送承办部门（如涉及几个部门应和公文一道印送有关部门），以备承办人承办时参考。

2．要对分送（转办）工作提出具体要求。如要求承办部门指定承办人、规定承办时间等，以便明确责任和催办。

3．对涉及几个部门承办的公文，分送（转办）时要将公文印送各有关部门，在对主办部门提出要求的同时，对协办部门也要提出要求。对一些较为复杂且时间紧迫的公文，应由办公室负责人召集有关部门共同开会研究，取得统一意见后由主办部门承办。

4．办公室要积极支持和配合主办部门做好承办工作，如提供必要的资料和文件等，必要时可共同研究。

三、传阅的含义

传阅，是指由文秘处理部门负责组织，将经过处理、加工或整理的公文在多个部门或多位领导（工作人员）之间传递、运转，使其了解、知悉公文所述内容的活动。传阅工作是文秘部门为领导和机关其他人员提供信息服务的重要手段和途径。

传阅属于拟办的一个附属部分。为使组织传阅活动能取得更好的效果，应注意以下问题：

1. 传阅路线

选择合理的传阅路线，避免文件在阅文者手中“自动”横传。

2. 传阅顺序

文件传阅要正确排序，灵活调整。要根据阅文者实际责任而不仅仅是以级别高低确定传阅顺序。一般情况下，参与办理者在先，单纯知晓者在后；主管领导者、主管部门、主管人在先，其他人在后；涉及先决条件者在先，利用条件者在后。传阅次序并非是一成不变的，需根据不断变化着的情况，随时加以调整。

3. “阅”“办”分流

按其工作职责，一份公文的阅文者不外乎有这样两大类：一是既阅又办的；二是只阅不办的。为提高效率可以多种形式使“阅”“办”分流。

4. 方式多样

积极利用并发展多种传阅方式。如开辟阅文室；设置内部布告栏；应用传真机、计算机网络等通信手段传阅公文；以及以会议形式集中传达文件，等等。

5. 传阅登记

建立严格而简便易行的传阅登记手续，使阅文者阅毕后能简便而有效地签阅。

6. 传阅检查

及时检查阅读情况与结果，及时将阅毕公文投入具体办理过程，有效地组织落实有关领导者阅后批示的意见。

四、传阅的方式

1. 分送传阅法

是指由办公室负责文件处理的秘书人员和专职负责传阅的人员，将需要传阅的文件直接送给应阅人员的一种方法。其办理流程是：先送第一应阅人，第一应阅人退回后，再送第二应阅人，依次传阅。应阅人相互之间不横传文件，均由秘书人员采用一送一退的办法直接传阅。

2. 集中传阅法

这种传阅办法是利用单位领导集中学习或开会的机会将紧急而又简短的传阅文件集中传阅。这项工作常常由负责组织会议的办公室主任来承担。为了不影响领导同志学习和开会，传阅尽量利用会前或会后进行。文字较长的文件，不宜采用这种办法，以免影响领导开会。利用会议传阅文件，可使那些急而短的文件，得到很快处理。

3. 设立阅文室法

有条件的机关，应建立机要阅文室，由办公室秘书（文书）工作人员管理，有关应阅人员应尽量到阅文室阅读文件。阅文后也应在传阅单上签名，便于管理人员掌握谁看了、谁还没有看，防止漏阅。

4. 横传法

又称“接力式传阅”。即文件从文秘部门送出后，第一应阅人（甲）阅后再传至第二应阅人（乙），传阅文件像接力棒一样逐次传递，直至由最后一位阅文人将文件退回办公室。这种传阅方式走的是直线，减少了中间环节，因此可以加快传阅速度。其缺点是容易失控，因而只有在特殊情况下，比如时间紧迫、两个阅文人办公地点又比较近，由中心点周转不如由两个阅文人之间直接交接来得快时，方可进行横传。横传交接，阅文双方必须在办公室“挂号”和“销号”，让办公室及时掌握文件的去向。

5. 回传法

后边阅批人的批示意见需要向前边已经作过批示的领导同志通报，这个倒流传阅的过程称作回传。回传是文件传阅工作中的一种重要的不可缺少的形式。

6. 专传法

由专人将传阅文件送给有关领导同志审批的过程称为专传。这种传阅方式只有在两种比较特殊的情况下采用：一是特急件；二是绝密件。指定执行专传任务的人应是头脑清楚、办事谨慎的秘书工作人员。他的职责是严格按照限定的知密范围，亲自将特急件或绝密件按指定时间迅速送达有关领导阅处，坐等领导同志阅完后马上送其他领导，直到传完为止。采用专传方式可以减少中间环节，节省时间，大大加快传阅速度，避免费时误事。同时，又可以缩小知密范围，确保文件的绝对安全。

第五节　承办、催办与查办

承办是收文办理中的核心部分，也是收文办理程序中的关键性环节，它关系到文件内容的落实和问题的解决。

一、公文的承办

1. 承办的含义和作用

承办，是指通过对公文的阅读、贯彻执行与办理（或回复），而使公文内容所针对的事务与问题得以处理和解决的活动。其作用如下：

（1）承办是收文办理工作的中心环节

收文办理包括签收、登记、审核、拟办、批办、承办、催办等程序，签收登记是否完整，审核是否合格，拟办方案是否可行，批办意见是否科学，只有通过承办，才能得到充分体现。

（2）承办工作真正实现公文的实际效用

承办使批办意见最终落到实处，在承办过程中，如发现批办决策的偏差或错误，可以及时从速修正；如若有不足，可予以补充、完善。没有承办活动，批办意见就只能是纸上谈兵，无法实现。

2. 承办的范围

（1）上级下达事项

即上级来文、来电、来函传达的各项工作任务，交办的各项工作，转办的有关事项或案件等。这些对全局都带有指导性，必须送领导阅知。

（2）下级请办事项

即下级为了解决某个问题、贯彻某项指示、开展某项工作、实施某项政策、颁发某些规定等，向领导机关行文，请求给予明确答复或批示的文件。这些下级组织向上级组织的请示性文件，秘书不能擅自处理。

（3）同级转办事项

即同级有关部门，为了取得某项工作的步调一致，转来公文会商、会签，或者要求协助解决某个问题而转来的文件。这些都要以组织的名义去答复处理。

（4）外地函办事项

即友邻地区、兄弟单位为了通报某些情况、协调某项业务、开展某些协作而来函请求办理的事项。这类来函，涉及与兄弟地区关系，必须由领导亲自阅处。

（5）社会动态事项

即社会各单位、各部门反映的有关两个文明建设情况，社会治安情况，人民群众关心的某些问题，突发性事件，苗头性、倾向性问题，以及改革开放中出现的新情况、新经验、新问题，等等。这些都是领导人所重视和关心的，必须随时送阅。

3. 承办的要求

办公室收到需要办理的文件后，要及时提出拟办意见，送办公室主任处批办，然后按领导批示意见转送承办部门或承办人。此时这份文件就进入了承办阶段。

负责承办的部门和人员收到承办文件后，首先要认真研究文件内容和批办意见，弄清是否属于自己的承办范围。对不属于自己承办范围的文件，要及时退回，并说明情况，不要因为不属于自己的承办范围，就放置一边不管，影响该文件运行。凡属自己承办范围之内的，都要按照领导批示及时提出具体处理意见（有前案材料的应将前案材料附在后面），报本部门领导审批后立即处理，并将处理结果及时报告领导。凡领导批办意见中明确提出由某部门牵头承办的，牵头部门要先准备好处理意见，邀请协办部门协商会签，由牵头部门负责将有关部门提出的意见归纳整理，报领导审批。如有分歧，应报送领导裁决，或按领导意见再次会商，得出处理结果。承办人要将处理结果填写在《文件承办单》上，或另写一份材料附在承办文件上（注明承办部门和承办人），然后将承办文件转回文秘部门拟复。

4. 做好承办工作应注意的问题

（1）承办人员接到交办文件后，首先要阅读、研究文件的内容，然后分轻重缓急安排处理。

（2）在仔细研究来文内容、要求和领导批办意见的基础上，认真办理。凡属自己承办范围的文件，如有领导批示意见，可以根据领导批办意见办理。未经领导批办的公文，可以遵循有关的方针、政策、规定或惯例等，酌情办理。凡领导批办意见中明确提出由某部门牵头承办的，牵头部门要先准备好处理意见并邀请协办部门会商、会签，再由牵头部门负责将有关部门提出的意见归纳整理，报领导审批。

（3）承办要讲究效率，分清主次先后，有条不紊，并落实责任到人。收到承办文件后，要及时处理，急件要当即办理。对有时限要求的文件，要在规定的时间内办完，对需要几个部门联合办理的文件，主办部门要主动牵头，协办部门要积极配合，抓紧办理，不能互相推诿，久拖不决。对确难按期办完的文件，要及时向有关领导反映，以便采取相应措施。对所有的承办文件，都要有个答复，即使不能办理的也要向交办部门说明情况。

（4）有些文件不能一次办结，需要一个再次办理或多次办理的过程。比如，有时下级请示的问题，本级解决不了，还需要转报上级批准或答复。上级来文要求报送的情况和材料，还需向下级要情况，然后汇总上报。

（5）承办人员对已经办理结案的文件要向交办机关（一般指办公部门）报送结案报告，并做好注办工作。所谓“注办”，就是指承办人员在文件的适当位置（比如在文尾或公文处理单上）作简要注明。如果是行文答复的，则应注明行文的文号。如果是用其他方式答复的，则应注明答复的时间、地点、交办的人员及主要内容四个方面的情况，并签署承办人姓名及日期。注办是为以后的收集归卷工作做准备，以便于检索和利用。

二、公文的催办

这里所说的催办，是指文件处理过程中的催办。催办工作从广义上来说，是对上级领导机关和领导同志的指示、本机关所做的重要决定和领导同志交办的事项以及机关所属部门和下级机关的请示等项在承办落实过程中的查询督促工作。它是避免积压，加速文件运行的手段。通过催办不仅可以提醒承办部门及承办人员在规定的时限内把事情办完，而且可以使单位领导同志及时了解文件承办的进展情况，保证圆满完成领导批办的事项。党政机关建立健全文件催办制度，对克服文牍主义、官僚主义，提高工作效率，保证党和国家各项方针政策的贯彻实施，都有重要意义。这项工作虽然十分重要，但却往往被人们所忽略。有些办公室文件送出后就算完事大吉，对文件承办情况不闻不问，结果使有些文件长期积压在公出、请假人员手里，误时误事。这个问题目前虽已引起各部门的重视，但仍是文件处理工作中的一个薄弱环节。办公室主任应在催办工作上狠下功夫。

催办工作一般都由负责文件处理的秘书人员承担。在较大机关，由于催办的文件较多，涉及面广，也可以配备专职催办人员。

1. 催办范围

文件处理过程中的催办，是指在需要办复文件的承办过程中的督促检查工作。它的具体范围应当包括：

（1）上级机关主送本机关并需要具体实施、贯彻执行的文件；

（2）所属部门及下级机关主送本机关的请示及其他需要办理的文件；

（3）平行或不相隶属机关发来商洽、征询事务需办理或答复的函件。

2. 催办方式

目前机关公文催办有内催办和外催办两种形式：内催办是由本机关专职或兼职催办工作机构或有关人员对机关内部各承办人所进行的有关公文的承办过程实施催促检查；外催办是由发文机关内承办文件的部门或有关工作人员对文件在有关收文机关具体办理情况所进行的了解、催询和检查督促。但在实际催办过程中，要根据不同情况和对象，选择不同方式，或发函，或打电话或上门。催办，还要注意工作方法：一是建立科学的登记制度；二是完备催办手续；三是语气要谦和；四是注意信息反馈。催办工作的一般过程为：明确对象与对承办工作的要求（时限、方式、原则等），将有效进行催办工作所需要的情况以《文件催办单》等形式记录在案，作为催办依据；定期或随时向承办部门或人员催询，检查承办工作进展情况；及时协助制定和实施解决问题的方法、措施，保证公文迅速有效地运转；验收办毕公文综合反映承办工作实际情况与结果，注销已办结公文。

3. 如何做好催办工作

催办工作直接关系文件处理速度与机关工作效率。要做好催办工作，必须做到以下几点：

（1）重视催办工作

在较大机关的办公室要设专人负责催办，在一般机关也要有人兼管。

（2）健全催办制度

办公室在催办工作中要根据文件的具体情况，对承办部门分别提出办理时限要求。一般来说，紧急件要在当日内办理完毕，一般件也不能超过一周。

（3）催办文件要有登记

办公室对需要催办的文件应当单独进行登记，做到心中有数。翻开登记，一目了然，便于催办，避免遗忘。登记的方法主要有两种：一是利用收文登记簿兼做催办登记簿，可以在收文登记簿上取出一部分账页专门登记催办性文件。二是拟制《文件催办单》，对需催办的文件逐件登记。

（4）加强催办检查工作

办公室要定期对需要催办的文件进行检查。对尚未办完的文件，要加强催办，并将催办检查情况及存在的问题尽快向主管领导同志汇报。要做到件件有着落，事事有回音，防止漏办。

三、公文的查办

查办是指对重要公文的实际内容全面落实、办理核查、督促控制的活动。它是公文处理的管理机关或其他专门组织对一些重要公文实际执行情况所进行的核查协办工作。

查办的一般过程如下：

1. 立案

确定查办对象，决定对哪些公文所涉及的事务进行办理结果的检核或推动。

2. 交办

向有关部门布置查办任务，履行注册登记手续，落实查办人、查办要求等。

3. 核查

向承办部门催询办理情况，核查办理结果。

4. 反馈

由查办人将查办情况和结果反映给有关领导。

5. 落实

采取措施（领导授意或请示其后获准）解决实际困难和问题，指导或协助落实文件精神。

6. 结办

将查办结果上报给领导人。

7. 销办

注销已获结果的承办事项，对办毕公文作出处置。

四、查办和催办的区别

公文查办与催办都是带有监督性质的管理活动，但二者的区别也比较明确。催办是对承办公文过程的监督控制，重点在于使公文按“时”办毕。查办不仅要监控承办过程，还要检查公文产生实效的全部过程，按时、按质、按量地将有关事项办理完毕。催办一般是以一份具体公文为单位展开；查办则是以一件件“事情”为单位进行。在若干份公文反映同一“事情”的情况下，查办往往就围绕这样一组公文而展开。

第六节　办　复

办复是指需要办理的文件在办理完毕后，对来文机关所做的答复。它体现收文处理过程的最终结果。办复通常由文秘部门承担，但有些承办文件，承办部门也可依据领导同志的指示或经文秘部门同意后直接办复。办复的形式，可根据需要确定，一般有如下几种。

一、函复

即用行文的形式答复。这有两种情况，一种是由承办人代拟文稿，经部门负责人审查签署后，连同交办文件及领导批示一并退回交办机关的办公室审核后送领导签发。另一种是以职能部门的名义行文，即由承办人拟好文稿后，送交部门领导人签发，交办文件可留本部门立卷存查。这种情况不多，必须有领导授权方可。

二、口头答复

对于下级机关来文请示的比较简单的问题，或者不同意来文所请示的问题，可以不必行文，而以口头方式答复。口头方式，有的用电话，有的用面谈，但传达处理意见后都要做记录。记录要包括时间、方式、受话人、处理意见四个方面，以备查考。

三、传送领导批示

有些下级来文领导批示了具体的处理意见，就不需要再行办理。这时就可以将领导的批示直接复印后发送来文机关，以减少程序，提高办事效率。

四、就地研究处理

有些比较复杂的问题，需要承办人或承办部门负责人出面，带着审定的处理方案前往来文机关就地研究解决问题，传达处理意见。必要时，要形成会谈纪要，作为结案的依据。如无纪要，也要有处理记录以备查用。

五、统筹回复

有些请示性文件，不能来一件回复一件，需要从整个地区或部门的全局来统筹考虑。比如，关于请批基建项目，关于申请把某一事业列入计划，关于申请某项经费，等等，这类问题虽然也需要办理，但需要通盘考虑，一般可以在年终或年初经过研究确定方案，一次性通知各地。

第十四章 立卷和归档

公文办理完毕后，应当根据《中华人民共和国档案法》和其他有关规定，对具有查考利用价值的公文，及时立卷、归档，按照有关规定定期向档案部门移交。个人不得保存应当归档的公文。

第一节 立 卷

一、公文立卷概述

公文立卷就是按照公文的特征和联系将若干具有共同点和联系密切的公文组合成有机联系的集合体的活动。从公文的组成结构中概括出来的为所有公文都共有的共同点，如作者、内容、地区等，是立卷工作的依据。立卷工作主要包括两项工作：分类和组卷。

分类是将机关产生的公文按照一定的特点分成若干部分，组卷则是把每一小类的局部公文，按照共同特点组成保管单位。但两者又有相似之处：分类的方法主要是分析，分中有合，其分类结果是将具有不同特点的公文分别集合为不同类别；组卷的方法主要是综合，合中有分，其结果是将具有共同特征的单份公文集合为一个集合体（案卷）。

二、公文的分类

公文的分类应该符合分类的逻辑原则，力求简明、严密。每一分类层次上只能使用一个分类标准，也就是将一大组公文划分成若干小组时，只能使用一个相同的标准，不允许同时使用几种标准。通常，机关公文分类可以划分为四个层次：分年度—分组织机构—分问题—分保管期限。

1. 分年度

即按照公文形成、处理的年度特征将同一年度的公文分为一类，不同年度的公文分为不同的类别。在现行机关，其工作的计划、总结等都是按照一个自然年度来安排，将每年的1月1日~12月31日作为一个工作周期，其工作周期中同步产生的公文，也就自然而然形成了以年度为单位的独立类别，因此，按年度分类，纵向反映了机关工作的特点和逐年变化、发展的客观情况，有利于现行机关的利用和归档之后其他机关的利用。

年度分类，要求根据公文准确日期归入相应的年度。不同年度的公文一般不得放在一起立卷，否则会打乱公文的时序，给日后的查找利用工作带来极大不便。但是，由于工作的连续性，有时也会出现跨越两个或两个以上年度的公文，针对这类跨年度公文可采用的常规处理方法有：

（1）回复性公文

放在复文年度，如2000年的请示与2001年的批复，应将请示批复均放入2001年立卷。

（2）规划性公文

应放在计划或规划针对的第一年立卷，如“2000～2005年科研工作规划”可以放在2000年立卷。

（3）总结性公文

应放在其内容针对的最后一年立卷，如2001年完成的“1999～2000年×××项目财务决算”应放入2000年。

（4）会议公文

应放入召开会议的年度。

（5）规范类公文

应放入公文针对的第一年。

（6）两项内容的公文

应归入主要内容针对的年度，如“2000年工作总结及2001年工作安排”，可视内容侧重归入相应年度。

2. 分组织机构

按机关的内部组织机构进行分类立卷。

机关中组织机构的框架，是根据本机关的职能设立的，每一个部门又有各自相对独立的职权、职责，由各部门自身产生或承办的公文在内容性质上也就是相对独立的一个类别。在一个年度内，按照内部各组织机构分类，自然能够保持公文之间内容上的主要联系，有利于专题查找和利用档案。

根据国家有关规定，我国党政档案实行统一管理的原则。因此一个机关一个年度内的公文按照组织机构标准分类的步骤是：将公文分成党、政、工、团四大类别；在四大类别中每一类别再按组织机构继续分类。这种分类的结果，使一个机关的党、政、工、团等组织的公文与各行政、业务部门的公文分开，公务员部门（办公室）的公文与业务部门的公文分开，各内部机构的公文也相互分开，各自形成不同的类别，按组织机构的性质从各个方面层次清楚地反映整个机关各项工作活动的历史面貌。

在按组织机构分类时，要注意把握好立卷点的深度，一般不要将立卷点确定在最基层的执行层，而应该根据文秘工作的组织形式，将立卷点确定在能掌握本部门公文运转，控制本部门公文信息的机构层次上。

3. 分问题

分问题，就是按照公文内容所反映的问题特征来划分类别。

问题分类，可以使性质、内容相同的公文相对集中，较好地保持同一问题公文之间的联系性，为利用者提供关于某一问题、事件或人物等的系统、完整的公文信息。减少或避免了同一问题公文的分散现象。

在选用问题分类时，特别要考虑使用的机关对象和分类层次。由于人们知识水平不同，认识事物的角度不同，对同一“问题”的看法各异，往往更多地掺入了个人主观成分在内，致使同一份公文产生的分类结果也可能出现多种归类，使分类时难以给公文准确定位。因此问题分类的方法，适用于第三、四层次的分类标准，通常在组织机构分类下使用。适宜在第一层次采用问题分类的，往往是一些内部机构设置比较简单或者不太稳定、机构分工不明确而且公文数量较少的机关。一些大、中型组织机关，其内部组织机构较多且相对稳定，各部门职能相对独立，公文数量较多，应该采取先按组织机构分类，再按问题分类的方法，一般不要轻易打乱组织机构采取问题分类。

问题分类时应遵循问题的伸缩性规律。每一个机构对本部门产生和处理的公文总是有主有从、有多有少，立卷时应根据具体情况，灵活掌握。公文多时，可将一个大问题分解为几个小的具体问题；公文少时，又可以把几个具体问题概括为一个大问题。

4. 分保管期限

按照公文的保存价值不同，将公文划分成不同的类别。分保管期限，通常是在同一个问题之下进行，一般不作为一个机关第一层次的分类标准。

保管期限，是根据各类公文客观存在的保存价值确定。国家档案局《关于机关档案保管期限的规定》将应归档公文的保管期限确定为永久、长期（16～50年）和短期（15年以下）三种期限。这三种期限只是一个大致规定，各个机关在具体的工作中根据本机关的地位、职能和业务活动等客观情况，制定出更加详细、准确的保管期限表。如有必要，还可以针对公文具体情况，将长期、短期的保存时间划分得更准确、更具体，如5年、10年、20年、25年等。

分保管期限时，应该密切注意同一问题公文的完整性。由于公文自身的真实记录性、原始性，决定了公文的价值（对现行机关的现实凭证价值和对历史的参考价值）。划分保管期限应该以此为依据。同时公文的价值往往不是单份公文所能体现的，更多是相互联系的一组公文中的展现。这是公文形成的联系性所决定的，因此在立卷时应维护同一问题公文的完整性。一般情况下，机关公文完整程度较高，划分保管期限应从严，反之，则应适当提高残存的不完整公文的保管期限，从宽处理这些公文。

三、公文立卷的作用

公文立卷的目的在于完整、系统、安全地管理办理完毕的文件材料，具有以下几点作用：

1. 有利于对公文进行科学管理

机关在各项工作活动中，产生了大量的文件材料，立卷可以把散乱的文件材料，按照它们在形成过程中的联系和规律组成案卷，使文件不再是无序零散的而是一个有机的文件组合体，避免了公文的散失、破损，保证了公文的齐全、完整和安全，有利于集中科学管理。

2. 有利于对公文进行查找和利用

机关处理完毕的公文，具有历史记录和查证参考的价值，是今后工作可查证和借鉴的重要资料，立卷保持了公文之间的历史联系，使之有章可循，有据可查，便于查找和利用。

3. 为档案工作打好基础

公文立卷是公文归档的前提，公文立卷的质量，直接影响和决定公文归档的质量。公文立卷归档以后，公文就转化为档案，公文处理程序转入档案管理程序。因此，做好公文的立卷、归档工作，就为本机关档案工作创造了条件，打好了基础。

四、公文立卷的原则

归档范围内的公文，不是杂乱无章地堆砌在一起，而是应当遵循一定的归档原则，即根据其相互之间的联系、特征和保存价值等整理（立卷），要保证归档公文的齐全、完整，能正确反映本机关的主要工作情况，便于保管和利用。

公文立卷的原则包括联系原则、完整原则、保管原则、利用原则。立卷时，不坚持联系原则，就无法顺利查找到需要的公文，也就无法为利用者提供有效服务；不坚持完整原则，公文的内容或形式残缺不全，显然不能维持公文之间的有机联系，无法全面反映本机关的工作活动，也就无法实现利用的目的；不坚持保管原则，公文的物质载体和信息内容容易遭受各种物理和化学等因素的破坏，影响公文的可读性、保存寿命的长久性，就谈不上公文的联系、完整和利用；而不坚持利用原则，有机联系的归档公文无论保管得多么完整齐全，都无法实现公文立卷的根本目的，立卷工作也就毫无意义。因此，以上原则之间是相互联系、彼此制约的辩证关系，前三个原则是利用原则的基础，利用原则是前三个原则的最终归宿，只有正确运用这些原则，才能做好立卷工作。

1. 联系原则

联系原则，即遵循公文材料自然形成的规律和特点，按照公文材料之间的有机联系进行立卷工作。

从公文产生的过程来看，机关公文都是随着一定的职能活动的开展而逐渐产生的。可以说，各种管理活动的过程就是公文一份份同步产生的过程。一项管理活动从开始到结束的过程，就是有关该项活动的公文从无到有的“自然生长”过程，前一份公文引申出后一份公文，而后一份公文又接续着前一份公文，这样，逐渐累加而成大量的公文。因此，公文之间存在一种围绕本机关职能活动而展开的内在“天然”联系，这就是公文形成的自然规律和特点。在公文立卷时，人们不能随意割断这种联系，必须遵循公文形成规律和特点，保持公文之间的联系，才能够维护机关活动的历史面貌。

从利用者的利用特点来看，利用者需要全面、系统的公文材料。公文的查考凭证作用往往不是单份公文所能决定的，而是在与别的公文相互联系中体现出来的。只有提供反映机关历史发展来龙去脉的有机联系的原始记录，才能使利用者在联系中从整体上去观察、分析研究事物，才能揭示事物的本质特征。目前本机关以及社会各领域对公文和档案的这种利用趋势，客观上要求各机关在公文立卷时，自觉地保持公文之间的联系，使所立案卷成为系统的、有序的有机整体，使之有规可循，方便检索和使用。

坚持公文立卷的联系原则，按照历史的本来面貌收集、整理一个机关、一个单位形成的公文，保持一项工作或工程、一个问题、一个人物、一个案件、一次会议形成公文的联系性，是实事求是地尊重历史事实形成的客观性。人为地割断公文之间的联系，就会给本机关或社会各类利用者的查找利用工作带来混乱和不便。

2. 完整原则

完整原则，即保证归档公文在内容和形式上的齐全完整。

公文信息内容是指公文所表达的发文作者的思想和意图，它是归档公文价值的客观基础，一经形成，就不允许任意改动，应忠实地保存其原文原意，即使原公文中有错误，这种错误也反映了发文机关当时当地的意图，应尊重事实本身面貌；公文形式主要是指其外在格式、制成材料与制成技术形态、处理标记、印章等的形式，客观地反映了公文形成时的社会状况、生产力水平等多种因素，都应准确予以保存。公文内容与其形式是有机整体，内容决定形式，形式表达内容，因此要保证归档公文的完整，必须保证这两个方面的完整。

坚持公文立卷的完整原则，是保证公文信息内容和形式原始性、真实性的前提条件，是日后归档公文保管工作、利用工作有效展开的必要基础。

3. 保管原则

保管原则，即对不同保管期限、不同保管要求的公文，按照不同的方式和方法分别立卷。

保管期限是由公文的保存价值决定的，按不同的保存价值划定公文的保管期限，根据不同的保管期限合理有区别地保管公文，便于高效、经济地分配人力、财力、物力和时间，降低保管成本。同时在遇到火灾、水灾等突发事件时，可以有重点地保护和抢救具有重要价值的永久保存类公文，有利于将灾害带来的损失降至最低。立卷时，应将保管期限相同的公文组合在一起，不同保管期限的公文分开立卷。

随着科技的发展，公文制成材料的种类越来越丰富多彩，除传统的纸张外，还产生了大量的以胶片、磁带、磁盘、光盘等为载体的公文材料，这些制成材料的公文，较之于传统的纸质公文，有更加严格的保管条件，如录音录像公文只适合在温度为15～25℃，相对湿度为40%～60%，远离磁场，避免光线直射的环境中保管；照片公文要求的适宜温度是13～15℃，适宜相对湿度为40%～60%，电子公文和光盘公文也都有其相应的环境和温度、湿度要求。立卷时，应考虑公文的制成材料，提供恰当适宜的环境条件，使之得到良好的保管。

坚持保管原则，就是要针对不同种类、不同类型的公文，灵活地采取不同的保管方法，提供适宜的保管条件，以确保公文的可读性、可据性，尽力延长档案公文的寿命。

4. 利用原则

利用原则，即归档公文的分类组合应便于及时、准确地提供利用服务。

利用原则是公文立卷的中心原则、立卷归档工作归根结底就是为了利用，没有利用的需要，也就没有立卷的必要。所以，在整个立卷的分类、组合工作中应始终贯彻“便于利用”的原则。利用原则是公文立卷的最终目的和检验案卷质量的重要标准。

在坚持分类组合工作中特别要注意以下问题的处理：秘密公文与非秘密公文分开立卷，秘密公文具有严格的阅读范围，均有不同程度的安全要求。如果不分密级立卷，在提供非秘密公文利用时，容易造成泄密，给国家和机关带来重大损失。装订成册的案卷卷内公文数量的适宜程度也直接影响利用，卷内公文太多，不便装订、翻阅和复印，数量太少，又会增加卷皮比重和填写卷皮时间，又不便案卷排架。“文（公文）电（电报）合一”立卷，可以保证立卷公文的系统性，公文和电报均为机关在工作活动中形成的反映其工作活动的文字记录，理应统一立卷归档，若分开保管，往往会打破有关同一问题的文电之间的联系，给查考利用带来许多不便。

五、公文立卷的基本要求

1. 保持文件之间的有机联系

公文立卷，首先应当将文件材料收集齐全完整，其次要遵循文件材料的形成规律和特点，保持文件之间的历史联系，从而进行具体的立卷工作。如先有请示，后有批复；先有意见，后有批转；先有致函，后有复函；先有计划，后有总结等。立卷要保持公文形成的来龙去脉，避免文件的残缺不全或随意拼凑组合，保持文件之间的历史联系才能反映出本机关各项工作的历史面貌，才能确保案卷的质量要求。

2. 正确区分文件的不同价值

文件的保存价值即文件对日后查考利用的价值，表现形式就是保管期限，区分文件的不同价值，就是在立卷时确定文件的保管期限。根据国家档案局的有关规定，文件保管期限分为三种，即永久（无止期地保管）、长期（16~50年）和短期（15年以下），凡是反映机关主要职能活动和基本历史面貌，对本机关、国家建设和历史研究有长远利用价值的文件材料，列为永久保管；凡是反映机关一般工作活动，在较长时间内对本机关工作有查考利用价值的文件材料，列为长期保管；凡是在短时间内对本机关有查考利用价值的文件材料，列为短期保管。

公文立卷时要依据上述原则区分文件的保存价值，制定本单位的保管期限表，具体操作时将价值不同的文件材料分别立卷，这是公文立卷的重要原则。

3. 便于保管和利用

为了使公文立卷更好地发挥作用，便于随时查找利用，要注意以下几点：

一是抓好案卷排列和编目工作；

二是每个案卷的文件要适量，案卷厚薄要适度；

三是录音带、录像带、光盘等声像记录材料，根据保管条件的不同要求，分别妥善整理保管；

四是绝密文电与一般文电分开立卷，以利保守国家机密，也便于保密和利用。

六、公文立卷的程序

机关的立卷工作一般分为四个阶段：

1. 准备

编制归卷类目录，将当年形成的文件材料，包括：上级机关的文件材料、本机关的文件材料、不相隶属机关的文件材料、下级机关的文件材料，按照归卷类目录进行存放和积累。

2. 平时归档（预立卷）

将办理完毕的文件材料根据归卷类目录，分门别类地加以整理归类，及时归入相应的卷宗，使公文立卷工作日常化，为年终调整和组卷打好基础。

3. 调整和组卷

在第二年年初对前一年形成的文件，在平时归档的基础上根据立案的要求和方法，对文件加以调整，组合成案卷，拟写案卷标题，确定保管期限，标明卷内文件的起止日期等。

4. 编目装订

对立卷进行一系列的编目工作，如排列卷内文件顺序，编写卷内文件件号和页号，填写文件目录、卷内备考表等，之后填写案卷封面，案卷封面要按照国家标准的统一格式填全规定项目，用毛笔填写，字迹要工整清楚，最后装订成册。

经过上述四个阶段，立卷工作即告完成，之后就可进行案卷的分类排列和编制移交目录，并向机关档案部门归档。

七、公文组卷的方法

公文组卷，即对分类后的各属类按照其共同特征和主要联系，将其组合成一个个案卷的活动。

组卷的依据是从公文结构中概括出来的作者、问题、时间、名称、地区、通信者等诸要素，它们体现了公文在这些方面特有的联系及形成规律。因此组卷的常用方法有：

1. 按作者特征组卷

将同一作者制发的公文组合成案卷。作者指制发公文的机关、部门及其领导人。特别强调“同一作者”，本机关的发文、直接领导机关、某一个下级机关的来文，都可以采用作者特征组卷。按此特征组卷，有利于反映同一公文作者的工作状况及本机关与某机关之间的工作联系，有利于依据公文来源确定其重要程度和保存价值。

2. 按问题特征组卷

将反映同一事件、案件、人物、问题、业务活动和同一性质工作的公文集中在一起组卷。此处所言的“问题”，是指公文内容反映的主题，包括事件、案件、人物的处理、具体问题的发生与解决、某项工作业务活动的开展等。按问题特征立卷，将同一主题的一系列关系密切的公文组合成一个整体，正好反映了“同一问题”发生、发展以及解决的全过程，既能保持公文之间的有机联系，又能符合利用者按问题（主题）检索公文的习惯，是一种主要常用的组卷方法。

3. 按时间特征组卷

按照某一问题下公文产生的时间顺序将公文编立成案卷。时间特征，是指公文形成的时间（同一年度、同一时期、月份、日期）。按时间特征组卷，可以反映出一个机关（部门）在不同时期的工作特点和发展状况，有利于保持同一时间公文的联系，可以使利用者从“纵”的（历史）联系中去把握、认识事物的发生、发展、影响等，为那些需要依据时间特征检索公文的人们提供方便。

4. 按名称特征组卷

将名称相同或性质、作用相同、相近的公文集中组卷。公文名称即文种，它反映了公文的性质、效能和价值，因此，按公文的名称特征组卷，可适当区分公文的重要程度和保存价值，还可以把名称相近、保存价值相近的公文合并组卷，但要注意名称相同，而其性质不同的一名多用的情况。按名称特征组卷，可以满足人们从文种角度利用公文的需求。

5. 按地区特征组卷

将公文内容涉及同一地区或作者所在同一地区的公文集中组卷。此处所言的“地区”，是指我国的省级、地（市）级、县级、乡（镇）级等各级行政区域，这种方法多用于上级机关对下属机关的来文、调查统计材料和某些专门公文的组卷工作中。运用地区特征组卷，便于反映该地区的工作情况或有关该地区问题的处理，方便人们按地区特征检索公文。

6. 按通信者特征组卷

将本机关与某一机关之间就一定问题进行工作联系而形成的来往公文集中组卷。通信者特征是指两个机关之间针对同一个问题的问复性质往来文书，一般与名称特征的统称“往来文书”同时使用。通信者特征是作者特征的一种特殊表现形式。适合于按通信者特征检索公文的情况。

以上六种方法可以单独使用，但更多的情况是两种或两种以上的方法结合使用，由于卷内公文的联系和人们检索公文的习惯，常用的结合运用有作者—问题—名称、年份—问题—名称或地区—问题—名称等形式。结合几个特征组卷，卷内公文就具有几个方面的共同点和联系，结合特征越多，公文联系的紧密性、专指性就越大，成分越单一，特点越明显。因此，在组卷时应该认真分析公文特点，发现公文的内在规律联系，尽量结合多种方法组卷。

第二节　归　档

一、公文的归档范围

公文归档范围，是指应予立卷归档的公文范围。立卷归档就是将办毕公文按照一定的原则和特征进行系统化整理后移交给档案部门的活动。

1. 归档范围的确定

立卷归档的范围包括：按照有关《档案法》及其配套法规的要求，属于立卷归档的文件，主要有以下几大类：

（1）本机关产生、撰写的指示、决议、请示、报告、计划、总结等；

（2）本机关收到的重要文件、电报、内部事项、电话记录等；

（3）下级报来的请示、报告；上级针对本机关工作的指示、批示、批复等；

（4）本机关编印的出版物、图表、账簿等；

（5）反映本机关活动的照片、录音、录像、影片等声像资料。

2. 不予归档范围的确定

根据国家档案局的有关规定，不予归档的公文材料包括：

（1）重份公文，即同一公文有几份甚至许多份，包括一式多份的收文或发文副本，为办理而制发的复印件等；

（2）无查考利用价值的事务性、临时性的公文；

（3）未经领导审阅签发的未生效的公文，一般公文的多次修改稿（具有非常重要查考价值的法规性公文、重要的方针政策性公文、长远规划等的历次修改稿除外，这样的修改稿必须得以保存，以反映整个公文讨论、修改的全过程）；

（4）公文起草人为撰写公文而收集的素材公文；

（5）与本机关工作活动无关的抄送类公文、无保存价值的会议公文等；

（6）一般的人民来信及无特殊保存价值的信封。

二、公文的归档时间

归档时间即向档案部门移交案卷的时间。具体时间一般在第二年上半年（即7月1日以前）向档案部门移交。有些专门性案卷由于特殊需要，还可根据具体情况另行商定归档时间。

三、公文的归档要求

根据有关规定，向档案部门移交案卷必须移交案卷（移交）目录，清点核对，接收的案卷应符合下列要求：

1. 要保证档案的齐全、完整，能正确反映本机关的主要情况。归档文件必须收集齐全完整，包括应归档的文件材料的种类、份数及每份文件的页数都应收集齐全完整，归档文件必须是经过整理、立卷、编目的案卷，能正确地反映本机关的主要工作情况和历史面貌，而不是一些散乱的文件材料，这是保证归档质量的前提。

2. 文件和电报按其内容的联系，合并整理、立卷。

3. 归档的文件材料，保持它们之间的历史联系，区分保存价值，分类整理、立卷，案卷标题简明确切，便于保管和利用。

4. 拟制、修改和签批公文，书写及所用纸张和字迹材料必须符合存档要求。

5. 联合办理的公文，原件由主办机关整理（立卷）、归档，其他机关保存复制件或其他形式的公文副本。

6. 本机关负责人兼任其他机关职务，在履行所兼职务职责过程中形成的公文，由其兼职机关整理（立卷）、归档。

四、办理归档手续

文秘部门按照案卷的排列顺序，用钢笔或毛笔填写编制案卷（移交）目录后，即向档案部门办理归档手续。交接时，档案部门要对接收的案卷进行严格检查，核对无误，双方可在案卷移交目录的备考表上签字盖章并填明交接日期，交接目录一式三份，一份留存文秘部门备查使用，另两份由档案部门保存使用。

第三节　组卷过程

一、案卷的组成步骤

1. 排列卷内公文

排列卷内公文，是对分类到恰当数量的一组组公文进行认真分析，寻找出它们之间的主要特点，按照其主要联系来排定它们的顺序，以固定每份公文在卷内公文中的位置。

卷内文件可按时间、问题、地区、作者、收发文机关、文种以及文件的重要程度、涉及人物的姓氏笔画等方法排列。无论采用哪种方法排列，必须注意保持问文与复文、正文与附件、同一文件的各种不同稿本（正本、原稿、草案等）之间不可分离的联系。

2. 编卷内页码

编卷内页码，即按卷内文件系统化排列后确定的顺序在文件正面的右上角、背面的左上角依次编写页号。目的是固定文件的顺序，方便其保护、统计和检索。文件的编号应用阿拉伯数字。

3. 填写卷内目录

卷内目录，即用以揭示卷内文件的内容与成分的一览表，主要是为了便于查找利用卷内文件，保护文件。卷内文件目录，一般包括如下项目：顺序号、文件作者、文件题名（标题）、文件日期、文件页号、备注等。

案卷目录具有重要作用：第一，固定全宗内档案的分类体系和案卷排列顺序，最后完成档案整理工作；第二，介绍全宗内案卷的内容和成分，是查找利用档案最基本的检索工具，也是编制其他检索工具的基础；第三，它是档案登记的基本形式，也是统计和检查档案的重要依据。因此，编制案卷目录是档案馆（室）业务的基本建设之一。

填写卷内目录时，应注意规范地将每一项内容填写在相应的栏目内，一般都应照实抄录，不要随意更改和简化各项目。填写文件“题名”（标题）时，没有题名的应拟写题名，虽有题名但无实质内容的，也应重新代拟，外加“〔 〕”号；日期可省略汉字“年”“月”“日”，用阿拉伯数字加上“.”号表示，如“2000.10.1”。

就案卷目录而言，一般包括以下组成部分：

（1）封面和扉页（里封）

封面和扉页的项目包括：

①档案馆（室）名称；

②全宗号（如一个全宗编若干本目录，还应有目录号）；

③全宗名称（如一个全宗编若干本目录，还应有机构或其他名称）；

④目录中档案的起止日期。

（2）目次

目次即案卷所属类目的索引，它是介绍案卷目录内容和结构的纲要。应写明案卷分类类目的名称及其起止页码，也可包括案卷的起止号。

（3）序言或说明

序言中应叙述使用案卷目录和利用档案时需要了解的情况。如目录的结构、编制方法、立档单位和全宗简史，尤其需要说明全宗内档案的完整程度。每本案卷目录是否必须编写序言，其繁简程度如何，应根据案卷目录的内容和使用情况来决定。

（4）简称表

根据需要将案卷目录中使用的名词简称，与其全称列为对照表，以便查对。简称表可以写在序言内，也可以单独编制。

（5）案卷目录表

这是案卷目录的主体，它以表格形式直接登记案卷封面上的各项内容。其格式如下：

顺序号	案卷标题	起止日期	卷内文件页数	保管期限	备注
1	2	3	4	5	6

顺序号：即案卷的编号，通常又称作“案卷号”，也简称“卷号”。它是用来固定案卷在上档中的位置和统计案卷的数量，便于迅速查找所需要的档案，监督和保护档案的完整与安全。

案卷标题：目录上的标题必须与案卷封面上的标题一致，不能随意改动和缩减。如遇相同的案卷标题，在登记时写“同上”字样即可。

起止日期：即案卷内最早的文件日期和最迟的文件日期。

卷内文件页数：即卷内文件实有的页数。

备注：用来说明个别案卷的某些特殊情况（如卷内文件字迹模糊、残破等），以及案卷的变化情况（如案卷的移出、销毁和卷内文件数量的增减等）。

(6) 备考表

附在全部案卷目录之后。

4. 装订案卷

长期和永久保存的案卷，一般均应装订成册，或采用适合的卷夹、袋、筒等形式将全卷件装封，以固定和保护卷内文件，避免散失或损坏。在案卷装封之前，须做除去文件上的金属物（如钉、针），以及必要的修补等技术处理。

5. 加贴卷末备考表

卷末备考表是用以注明卷内文件立卷与利用状况的一览表。其作用是供档案保管人员与利用者日后查考。加贴于卷内文件末页之后，卷内备考表包括：立卷人、检查人、立卷时间等。

一般情况下，有关卷内文件材料的说明，都应逐项填写在备考表里，若无情况说明，也必须将立卷人、检查人的姓名和立卷时间填上，以示对案卷负责。

6. 拟写案卷题名

案卷题名，即案卷标题，用以概括揭示卷内文件的主要内容与成分的词组。案卷标题是封面中最主要的项目，用以概括揭示卷内文件的内容与成分。标题是一个案卷的具体名字，它为查找利用提供线索，也是编制各种检索工具的基础。

拟写案卷题名要求文字简练，表达准确，基本结构力求完整。其基本结构包括文件的责任者（作者）、内容（问题）、名称（文种）三部分。必要时，应适当标明文件的时间、地区、通信者。同时应恰当地使用“文件”“材料”“案卷”“来往文书”等表示文种统称的名词。案卷题名的基本格式是：

（地区）责任者（通信者）—（时间）—（地区）内容—名称

责任者必须用全称或规范化简称，不得简称为“本部”“本局”等；两个或三个责任者应直接列出，多个责任者无法一一罗列的，可适当概括，写出 2～3 个常用责任者，其后加上“等”字，或者使用统称。如责任者是领导个人，应标明其职务、机关。责任者一般位于案卷题名的开首。

内容是卷内文件内容的集中概括，是案卷题名的主体部分。对卷内文件内容的概括要全面、恰当、确切清楚，使人能够一目了然地判断出卷内文件内容中是否有要查找的文件。

文件名称反映了文件的性质和查考价值，也应在案卷题名中予以揭示。一般案卷题名应标明卷内主要文种 2～3 个，其后加上“等”字，文件名称之间可按重要程度排列，并兼顾不同性质的文种。必要时，部分案卷题名的名称部分可按规定使用“文件”“材料”“来往文书”“案卷”等专用术语表示，但应注意使用的条件。

7. 填写案卷封面

案卷封面项目包括：全宗名称、类目名称、案卷题名、时间、保管期限、件、页数、归档号、档号。

填写案卷封面要求格式规范、页面整洁、文字简练，使用简称应规范易懂，并应用毛笔或钢笔书写，字迹要工整清晰、易于阅读，便于查找文件。

8. 编制案卷目录

案卷目录就是案卷的名册，是著录案卷内容成分并按一定次序编排的一览表。一个全宗的全部档案，经过分类、立卷并进行了系统的排列以后，应当将案卷逐个登记到案卷目录上。

案卷目录具有重要作用：

（1）固定全宗内档案的分类体系和案卷排列顺序，最后完成案卷整理工作；

（2）介绍全宗内案卷的内容和成分，是查找利用档案最基本的检索工具，是编制其他检索工具的基础；

（3）它是档案登记的基本形式，也是统计和检查档案的重要依据。

就案卷目录而言，一般包括封面和扉页、目次、序言或说明、简称表、案卷目录表、备考表。

案卷目录一般以一式四份为好。其中一份供日常查找利用，三份保存起来备用。

一个全宗如编有若干本案卷目录，必须以全宗为单位编定各本目录的顺序号，通常称作“案卷目录号”，也简称“目录号”。

二、归档文件的整理单位与装订

1. “件”的概念

归档文件整理的基本单位为“自然件”，即单份文件，就是以“件”为整理单位，进行文件整理。

2. 文件装订

文件装订是从实体上最终确定“件”的形态，可以起到固定文件页次，防止文件张页丢失，便于归档后保管和利用的作用。

单份文件直接装订，多份文件作为一件的，装订前首先必须对它们进行排序。一般来说顺序如下：正本在前，定稿在后；正文在前，附件在后；原件在前，复制件在后；转发文在前，被转发文在后；复文在前，来文在后；汉文本在前，少数民族文字文本在后。不同文字的文本，无特殊规定的，中文本在前，外文本在后。有文件处理单的，可放在最前面，这样可以作为首页加盖归档章，从而更好地保护正本的原始面貌。

装订前应将“件”内的各页按一定方式对齐，便于将来翻阅利用。一般来说，采用左上角装订的，应将左、上侧对齐；采用左侧装订的，应将左、下侧对齐。一般先用线装，也可以使用缝纫机在文件左上角或左侧轧边，或者在文件左上角或左侧穿针打结。

此外，对不符合要求的归档文件材料应进行必要的修整，如修裱或“托裱”破损文件，以恢复文件的原有面貌，增加强度，延长寿命；字迹模糊或易蜕变的文件可以采用复印的方式进行复制，以延长归档文件的寿命；超大纸张的文件，应加以折叠；易锈蚀的金属物应去除，以避免对档案的潜在危害，等等。

三、归档文件的分类和排列

1. 归档文件的分类

归档文件的分类是指将归档文件按其来源、时间、内容和形式等方面的异同，分成若干层次和类别，构成有机体系的过程。

合理选择分类方法，很大程度上决定了分类的质量。卷宗内档案分类的方法很多，《规则》中对以“件”为单位进行整理的文件规定选择年度、组织机构（问题）和保管期限作为通用的分类方法。

2. 归档文件的排列

归档文件的排列是指在分类方案的最低一级类目内，根据一定的方法确定归档文件先后次序的过程。

归档文件的排列原则：按“事由原则”排列，即同一事由的相关文件应当排列在一起。这里的事由是一个比较原则性的概念，可以是指一件具体的事，或一个具体的问题，或一段较紧密的工作过程，等等。

归档文件的排列方法：“在分类方案的最低一级类目内，按事由结合时间、重要程度等排列。会议文件、统计报表等成套性文件可集中排列。”

这里的“最低一级类目”，是指分类时所确定的类目体系中设在最低一级的类目，例如，按照“年度—机构—保管期限”分类，“保管期限”即为最低一级类目。当最低一级类目内文件数量较大时，也可用时间、重要程度等因素作为进行事由间系统排列时的选用要素。

排列的实际操作可以分为两步：

（1）同一事由内的归档文件排列

最简单的方法是按文件形成时间的先后顺序，日期在前的归档文件排列在前，日期在后的文件排列在后；或者按文件的重要程序排列，相对重要的文件放在前面，其他的文件放在后面。

（2）不同事由间的归档文件排列

不同事由间的归档文件排列方法有：

①按不同事由形成时间排列。即按事由的办结时间的先后顺序排列，要求将不同事由的文件，按其办结时间的先后顺序排列，而不必考虑其他因素。

②按事由的重要程度排列。指将主要职能或重要活动形成的文件材料排在前

面，其他工作形成的文件材料排在后面，或将综合工作材料排在前面，具体业务工作材料排在后面。

③按事由具有的共同属性分别集中排列。按责任者或承办部门分别集中排列。例如，设司的机关，一般以司为单位整理归档，不同事由的归档文件进行排列时，可以将不同处（室）形成的文件分别集中排列。

④按照不同问题分别集中排列。这里的问题是指小问题，如同一机构的不同职能。例如，机关人事部门，可以将干部调配、职称评定、出国审查等问题所属的不同事由形成的文件分别集中排列。

此外，成套性文件可集中排列，“成套性”是指某些有着较密切联系的系列文件。例如，一次会议往往包括许多事由，它们形成的文件在时间上可能跨度很大，但表现出较强的系统性，利用时需要相互参照、查证，集中排列更方便检索。统计报表、内部刊物等在形式上较为特殊，成套利用的情况也较普遍，因此也易于集中排列。

四、归档文件的编号

归档文件的编号是指将归档文件在卷宗中的位置标志作为符号，并以归档章的形式在归档文件上注明。

编号是编目工作的起点和基础，其目的是反映分类、排列这些系统化工作的成果。通过编号，使归档文件在卷宗中的位置得以确定，并为后续的编目工作以及将来查找利用时提供条件。

归档文件应以分类方案和排列顺序逐件编号，在文件首页上端的空白位置加盖归档章并填写相关内容。归档章设置多项编号项目，编号项目分为必备项和选择项，必备项目包括卷宗编号、年度、保管期限和件号。

1. 卷宗编号

卷宗编号是指档案馆对其接收范围内各立档单位所编制的代号。卷宗编号往往由各级档案馆按照进馆计划给定，有些新组建单位或暂未列入档案馆接收计划的单位，可将此项空置，留待同级档案馆给定卷宗编号后再行填写。

卷宗的编号与排列，通常涉及档案管理中三个环节：

（1）卷宗编号一般是在档案馆接收卷宗时，于卷宗名册上登记编写的，它属于统计工作中一个具体的技术项目；

（2）卷宗在库房内如何排列存放，属于保密工作的范畴；

（3）卷宗号的编写，它作为档案号的组成部分填写于案卷封面，卷宗的系统排列等也属于档案的基本编目和系统化的课题。

2. 年度

年度是指归档文件的形成年度，即形成和处理归档文件的年度。填写此项时，应采用公元纪年,以4位阿拉伯数字表示。如“一九九八年”表示为“1998年”,不能简化为“98年”。

3. 保管期限

保管期限，是指机关文秘、业务部门或档案部门在整理归档文件时，按照本单位制定的《档案保管期限表》给归档文件划定的保管期限。按照现行的国家档案局《关于机关档案保管期限的规定》，保管期限分为永久、长期、短期3种，简称为“永、长、短”，代码分别为“Y、C、D”，填写时可以直接采用简称或代码。

4. 件号

件号即文件的排列顺序号，它是反映归档文件在卷宗中的位置和固定归档文件的排列先后顺序的重要标志。件号分为室编件号和馆编件号两种。

室编件号即归档文件在分类方案的最低一级类目内的排列顺序号。

馆编件号是档案馆在接受档案室移交进馆的永久、长期档案时，对其重新编制的件号。

由于归档文件整理以“件”为基本单位，件号也应逐“件”编制，以保证归档文件目录的完整，反映卷宗内归档文件的全貌。

五、归档文件的编目

归档文件的编目是指编制归档文件目录。

编目应以“件”为单位进行，在目录中一件也只体现为一条条目。如来文与复文作为一件时，在归档文件目录中只对复文进行编目，通过检索复文来实现对相应来文的查找。

归档文件目录包括件号、责任者、文号、题名、日期、页数和备注等项目。

目录中各项目的具体填写要求如下：

1. 件号

件号包括室编件号和馆编件号两种，归档文件目录中设置的“件号”项，是指室编件号，应填写室编件号，并与档案室整理体系相吻合。

2. 责任者

责任者是指制发文的组织或个人，即公文的发文机关或署名者。填写责任者项时一般应使用全称或通用简称，注意不能使用“本部”“本局”“本公司”等含义不明、难以判断的简称。联合发文时一般应将所有责任者照实抄录，责任者过多时可适当省略。机关内部文件等“白头文件”，由于各种原因，常会出现未署责任者的情况，编目时应尽量根据文件内容、形式等特征加以考证并填写。

3. 文号

文号即发文的字号，是由发文机关按发文次序编制的顺序号。填写文号项时应照实抄录，代字、年度、顺序号都不能省略。文号栏内不得填写诸如“会议文件之一”等文件顺序号，也不得填写“情况反映”等刊物名称。

4. 题名

完整的题名结构由责任者、问题、文种三个部分组成。

文件题名应按照原样照抄下来，没有标题或标题不规范的，可以自拟标题，外加“〔　〕”。

5. 日期

日期即文件的形成时间。具体填写日期项时应以8位阿拉伯数字标注年、月、日，如1999年1月17日，标注为19990117。有的文件上未注明日期，编目时应根据文件内容加以考证并编写。实际填写目录时，为避免日期项占用的列宽过长，影响其他项目的填写，可将表示月、日的数字回行填写为两行。

6. 页数

页数项要求填写一件文件的总页数，用于统计和核对。计算页数时以文件中有图文的页面为一页，空白页不计。大张的文件或图表折叠后，仍按未折叠前有图文的页面数计算页数。来文与复文、正本与定稿等作为一件时，统计页数应将构成该件的各文件页数相加作为该件的页数，如关于××问题的请示和批复分别为4页和1页，作为一件时，该件页数应为5页。

7. 备注

备注项用于填写归档文件需要补充和说明的情况，包括密级、缺损、修改、补充、移出、销毁，等等。前面在排列、编号部分提到的零散文件排列和档案进馆前再鉴定、整理即属此中的补充、销毁情况。如果有些条目需说明的情况较多，可将其具体内容填入备考表中。

归档文件目录的格式，包括目录表头、目录表格形式、各项目在目录中的位置等。

文件目录表

件号	责任者	文号	题　名	日期	页数	备注

填写归档文件目录项目时，应使用符合档案保护要求的字迹材料，如碳素墨水等，禁止使用圆珠笔、铅笔、纯蓝墨水等不耐久的书写材料进行填写。已采用档案计算机管理的单位，可直接使用档案管理软件生成并打印出的目录。

归档文件目录应单独装订成册，并编制封面。

归档文件目录封面的格式应与目录的编制方式一致，设置卷宗名称、年度、保管期限、机构等项目。其中卷宗名称栏应使用全称或规范化简称填写立档单位的名称，其他栏目根据目录制成册的具体方式选择设置并填写。

归档文件目录

归档文件目录 ＊卷宗名称______ ＊年　　度______ ＊保管期限______ ＊机　　构______ （问题）________

六、归档文件的装盒

装盒包括将归档文件按件号顺序装入档案盒、填写备考表、编制档案盒封面及盒脊项目等工作内容。

归档文件应严格按照件号的先后顺序装入档案盒，与归档文件目录中相应条目的排列顺序相一致，保证检索到文件条目后能对应地找到文件实体。档案利用完毕后归位时，同样要注意将其按件号顺序装入相应档案盒中。

1. 档案盒的规格

档案盒的规格为：长 310mm，宽 220mm 的长方体，厚度一般为 20mm、30mm、40mm，此规格是按照可放入纸张幅面为国际通用 A4 型（297mm × 210mm）的文件，并能够较方便地取出盒内文件而设计的。

2. 档案盒的摆放

档案盒的摆放方式可以分为竖式和横式。同一机关档案部门，两种格式的档案盒只能选用一种，以保持档案盒上架后整体的整齐、美观。

3. 档案盒的封面填写

(1) 卷宗名称：应使用全称或规范化简称标明（即立档单位名称），下加双横线；

(2) 卷宗号：一般卷宗暂未给定的可先空置；无进馆任务的单位（如某些企事业单位），可以不印制卷宗号一栏；

(3) 年度栏：填写盒内文件的形成年度；

(4) 保管期限栏：填写盒内文件所属保管期限，一般以汉字全称表示；

(5) 机构（问题）栏：填写分类方案中相应机构（问题）的类目名；不按机构（问题）分类的单位，盒脊上可以不印制机构（问题）项；

(6) 起止件号栏：填写盒内排列最前和排列最后的归档文件的件号，其间用“—”号连接；

(7) 盒号：一般按照档案盒上架排列后顺序流水编制，可以每年一断号，也可以4位数为限几年一断号；

(8) 备考表：将所有归档文件放入盒内之后，用以对盒内归档文件进行必要的注释说明。

备考表上设置的项目包括盒内文件情况说明、整理人、检查人和日期，各项填写要求请参见第三节第一题第3小题中“填写卷内目录”中规定的填写方法。

档案盒备考表

盒内文件情况说明   整理人： 检查人： 年　月　日

第十五章 日常管理

公文管理是指在一定的公文管理原则和制度的指导、制约下对公文及其办理过程中各个要素、工作环节以及人、财、物、信息的运动过程进行科学、系统的规划、组织、监督、控制、协调的活动。

第一节 管理制度

公文管理制度，是为了顺利实现公文效用、有效运行公文程序而制定的各项规则、办法等。

根据国家的有关规定和公文管理工作的特点，公文管理中应遵守以下主要制度。

一、保密制度

保密制度，是指在公文管理活动中严格执行有关保密工作的法律、法规和规章，严守党和国家的秘密，确保公文安全的系列规范。

保密制度具体包括：

1. 合理划定公文的秘密等级和保密期限，并予以明显标示；

2. 不随便将秘密公文携带出办公室、阅文室；

3. 不用普通邮递或电子邮件方式传递秘密公文；

4. 未经批准不得转借、复印、摘录、私存、传播秘密公文等，以避免丢失、泄露秘密。

二、登记制度

登记制度，是指对公文发出、收进、运转、处理等各环节的情况进行登录的各种原则、方法和规程等。

登记制度具体包括：准确记录公文标题、文号、发文机关、成文时间、抄送机关等文件自身各种数据，记录文件发生位置变动情况的动态，阅文人、批办人、承办人员的有关情况等。登记工作贯穿于公文形成、办理和管理的整个过程中，是公文管理的重要环节。

三、分类归卷制度

分类归卷制度，是指在日常管理活动中，将已经办理完毕的公文随时或定期收集、集中，分门别类地放入预先设定的卷夹（盒）中，卷夹（盒）上注明公文分类的条目或分类号的系列规程。

平时归卷有助于机关日常的公文管理有条不紊，方便对现行公文的查找利用，同时，也为年终公文的立卷归档工作奠定良好的基础。

四、阅文制度

阅文制度，是指机关根据工作人员的职级、职务、职权、职责而对其阅读公文的范围、内容、顺序、方式等所作的规定。其目的是避免时间的无效消耗，提高公文处理的速度和实现公文的效用。

五、公布和翻印制度

公布和翻印制度，是指对公文公布和翻印的范围、方式、审批手续等方面的规定。

公布翻印制度应明确以下内容：对上级机关的公文，除绝密级和注明不准翻印的以外，下一级机关经负责人或者办公厅（室）主任批准，可以翻印，翻印时应当注明翻印的机关、日期、份数和印发范围；公开发布行政机关公文，必须经发文机关批准，经批准公开发布的公文，同发文机关正式印发的公文具有同等效力；公文复印件作为正式公文使用时，应当加盖复印机关印章。

六、催办查办制度

催办查办制度是指根据承办时限和内容要求对公文的办理和贯彻情况进行督促检查的各种规定。

催办查办的范围、方式方法、程序等都应予以明确规定，以更好地实现其监督反馈功能。

七、清退制度

清退制度，是指明确清退文件的范围、原则、程序和具体方法等方面的规定。其初衷和目的是通过将办理完毕的公文定期或不定期退还原发文机关或由其指定的专门部门，以防止公文遗失，保证公文的安全，提高公文的运转速度。

八、销毁制度

销毁制度是指对不具备归档和存查价值的公文进行毁灭处置的范围、方式等作出的规定。

经过鉴定，并经办公厅（室）负责人批准的无保存价值的公文予以销毁。秘密公文的销毁，应当到指定场所由两人以上监销，保证不丢失、不漏销，其中销毁绝密公文应当进行登记。

九、移交归档制度

移交归档制度，是指公文处理部门将属于归档范围的公文编立成案卷，移交给档案部门的各项规定。

一般机关均应按归档范围进行归档。对机关合并的，其全部公文应当在合并时随之合并管理；机关撤销的，在撤销时需要归档的公文整理后按有关规定移交档案部门；秘书人员调离工作岗位时应当将本人保管、借用的公文按照有关规定移交、清退给有关部门或人员。

十、借阅利用制度

借阅利用制度，是指对公文提供利用的范围、方式、时间、审批手续等的一系列规定和要求。

借阅利用制度主要是指公文在向档案部门归档移交之前，由公文承办部门或综合办公厅（室）提供公文日常借阅时的范围、方式、时间、审批手续等的一系列规定和要求。借阅时，应按照有关规定，严格地履行应有的借阅手续。

第二节　信息加工

公文信息加工，即公务员在收到公文后，对其进行筛选分类、编辑加工，提取有效信息的活动。

一、公文信息加工的原则

1. 及时原则

及时的要求是，快速收集、加工、反映行政事务、对象和环境变化发展的最新信息。这些信息体现了各机关在现阶段工作发展的新情况、新动态、新典型，是具有新意的，有代表性、方向性的信息，这些信息最能反映事物本质特征与规律。如果收集和处理迟缓，一旦时过境迁，其原有价值再大，其现实价值也所剩无几，甚至一无所取，这也就失去了公文信息加工的意义。“及时”是公文信息的价值保障。

2. 真实原则

真实的要求是，加工中保持公文信息的准确真实，实事求是地反映原文的真实思想，保持其原意，切忌凭个人好恶主观地断章取义，妄行校改。公文信息的失真，会给领导人或管理者的决策工作造成失误，甚至带来严重损失。“真实”是公文信息的生命。

3. 适用原则

适用，是指强调公文信息的针对性，毫无目的、不分轻重缓急加工编辑公文信息，结果是工作中根本用不上，既加重工作负担，又浪费人力物力和时间。“适用”是公文信息加工根本的出发点和最终的落脚点。

二、公文信息加工的方式

1. 分类加工

分类加工即将繁杂混乱的公文信息按业务性质、重要程度、紧急程度、主题内容、时间特征等标准，予以分门别类，有针对性地采取不同的处理方法。对公文进行分类加工，有助于公文信息的定向合理流通、运转，便于及时快捷地办理公文。

2. 比较加工

比较加工即对同类型或者连续的公文信息进行比较，为领导人或管理者分析某一管理对象或事物的历史、现状及趋势提供客观依据。对公文进行比较加工，浓缩了公文信息，扩大了公文信息量值，可使更多领导人或管理者获得大量信息，有利于提高阅文效率。

3. 综合加工

综合加工即将不同时间、不同侧面的公文信息经过综合归纳，产生具有新质的概念或结论。对公文进行综合加工，有助于领导人或管理者对具有动态性、预测性重要信息的把握，对其进行决策具有重要参考价值。

第三节 平时归卷

一、平时归卷的含义

平时归卷，是指机关各部门及其人员在日常管理中，按照本单位预先编制的公文的归档范围和不归档范围，对办理完毕的公文进行分类、集中，组织起一个日常公文的直接查找系统。这个“直接查找系统”可以方便、快捷地实现按“号”索“文”，同时又能为次年初的公文立卷归档工作奠定良好的基础。

二、平时归卷的方法

1. 准备卷夹

在新的一个年度开始时，根据归档范围和不归档范围，为每一个类别的公文准备一个或几个公文盒，并在其卷脊上注明条款名称、类别、属类、条款顺序号，也可直接标明其条款的数字代码，如“1－1－2”表示第一个大类的第一个属类中的第二条款的公文盒。这个数字代码即是归档号。秘书人员在收文处理时，在公文首页加盖收文章，并在收文章中标明这份公文在本机关公文分类方案或归档范围中的类别属类的条款数字代码。

2. 收集公文

将公文日常管理活动中已经办理完毕的公文收集起来，要求做到齐全、完整。如对外发文，应在公文发出的同时将定稿和正本一起收集；收文办理各环节中应催办，监控公文的运转环节，注意随时收集办结公文；同时，还应注意对未履行公文处理程序的会议记录、领导发言稿等公文的收集，以保证反映本机关职能活动的公文完整齐全。

3. 分类归卷

将收集的公文，按照其在本机关公文分类方法或归档范围中所属的类别属类，或者对照办结公文首页上收文章中的归档号，将其分别放入预置的卷盒中保管。归卷工作最好能够随收随归，如条件不允许，也可以采用一周、两周或一个月进行定期归卷。

三、平时归卷的作用

机关公文经过平时归卷后，类别清楚，系统有序，查找时，只要查到公文收文簿上公文的归档号，即可在文件柜中对号入座地找到相应的卷盒，取出所需的公文。

第四节　办结处置

无论是收文处理，还是发文处理过程，都有一个处置办理完毕公文的活动。

办结公文处置，是指对已经发出或承办完毕的公文，根据其不同情况予以分门别类决定其归宿的活动。在机关中对办结公文的处置方法主要有：公文的立卷归档、清退、销毁、暂存。

一、公文的立卷归档

立卷归档是指从已办毕的大量公文中，通过科学、合理的加工整理，将其中有价值的部分挑选出来，按照它们的联系和规律，组成一个案卷，供日后查考和利用。

公文立卷，可以维护公文之间的联系，防止公文的磨损、散失，保护公文安全、完整，方便管理，有利于检索、查阅与利用。同时，立卷归档能够为国家档案事业奠定基础，为国家积累档案财富。

公文立卷是公文运转处理的终点，也是一切公文的归宿。

二、公文的清退

清退即经过清理将有关办毕的收文按期退归原发文机关或由其指定的有关单位。

公文清退工作的目的在于保证重要公文或机密公文信息内容的安全，避免公文的丢失或失密、泄密现象的发生；保证公文郑重性、严肃性、权威性与有效性，避免无用或错误公文信息的扩散给各项工作造成负面影响。

需要清退的公文包括：绝密公文、有重大错漏的公文、被明令撤销的公文、仅供征求意见或审阅的公文、一些未经领导本人审阅的讲话稿、其他发文机关指定需要清退的公文。清退公文的办法，或按规定成批定期进行，或随时清退。但不论以何种方式清退，都应该办理一定的手续。对要清退的公文，任何人不允许私自摘要或复制。

清退办法：

1. 注明清退日期的绝密公文及其他公文材料

对注明清退日期的绝密公文及其他公文材料，应由机要部门或文秘部门按制发机关要求的清退时限退还。清退时应逐件核对清点、退还，同时要在《收文登记簿》或者《公文清退清单》上注明清退日期和清退编号；下级机关报送的绝密公文，一般不予退回，由上级机关销毁或暂存备查。

2. 未注明清退要求但不宜在收文机关久存的重要公文材料

对虽未注明清退要求但属不宜在收文机关久存的重要公文材料，收文机关秘书部门应及时主动与公文制发机关联系，按照发文机关的意见处理。

3. 需要清理的会议公文

需要清理的会议公文（包括征求意见稿、讨论稿），由会务组负责找持件人清退。本机关内部征求意见稿，由承办单位的承办人或公文管理人员直接清退。外单位征求意见的公文（文稿），由本机关的文秘部门定期或不定期地统一清退。

4. 公文清退要求

需清退的公文（文稿）一般应与其他公文（文稿）分别保管；任何人不得私自翻印、摘录、复印。清退公文时，应认真清点、防止夹带其他公文，交接双方应履行交接手续，出具书面凭据；成批清退时，应附一式两份的《公文清退清单》，双方均应在此清单上签注姓名和时间，以示对清退工作负责。

三、公文的销毁

销毁是指对没有保存价值和可能性的办毕公文所作的毁灭性处理。需要销毁的公文主要包括：所有没有留存价值的公文，没有留存必要的重份公文，不立即销毁有可能造成失密或损坏的公文，一般性的没有保存价值的草稿，印制公文中形成的校样、印版等。

公文销毁必须经有关领导批准后方可予以销毁。一般来说，销毁一般公文，由文秘部门与业务部门负责人审核，机关保密部门审查批准，定期销毁；销毁秘密公文及重要公文，填写《公文销毁清单》后，由各机关文秘部门负责人审核，机关保密部门与分管领导人审查批准。销毁计算机储存的公文材料，可经有关部门或领导人审查批准后定期清洗软盘。未经审查批准，任何部门和个人均不得私自销毁公文。待销公文平时由文秘部门妥善保存。

销毁的方式有：焚毁、变成纸浆、粉碎、清洗消磁等。但对要销毁的文件必须按照规定履行有关手续，个人不得私自销毁文件。

四、公文的暂存

公文的暂存，是指对既不应立卷归档或清退，又暂不宜销毁的公文，仍需再留存一段时间以备查用。部分公文暂时留存保管，能方便日常工作中的查阅参考，可以减轻业务部门频繁查找归档公文带给档案部门的压力，以及带给档案本身的磨损，还可以节约大量的人力和时间。

暂存公文的范围：凡不需立卷归档或清退，对本机关工作仍具有一定参考利用价值的公文材料，均可列入暂存公文范围，具体包括：频繁查阅的已立卷归档公文的重份文本与复印本；具有参考价值的公文、简报等；一时难以准确判定是否留存或销毁的公文；反映一般情况的公文、报表，等等。

暂存公文应由各机关的文秘部门统一、集中保管，并按一定的方法加以管理，重要常用的暂存公文，应根据立卷原则与方法进行系统整理并组成案卷，如不便或不能装订成卷（册），也应置于公文夹内妥善存放，防止散失。可以编制简便的案卷目录或公文目录，以便于日常的查找利用。在提供利用时，必须建立必要的借阅制度，严格办理借阅登记手续。

第五节　处理过程管理

公文处理过程管理，是指对公文从形成、运行、办理、利用到存放、销毁等过程的组织、监督工作。公文处理过程管理直接关系整个机关、部门的工作效率及国家秘密的安全，是公文处理的一个重要环节。

一、发文办理的管理

发文办理的管理，是指对以本机关名义制发公文过程的管理。这一阶段的管理，其任务是确保公文的质量。主要是把好三关：一是把好内容关，在公文内容上确保符合国家的法律、法规及其有关规定，反映的情况准确无误，提出的措施和方法具有可操作性等；二是把好规范体式关，检查公文是否符合行文规则，使用的格式是否规范等；三是把好文字关，对文字进行润色修改，使用文字准确无误、标点正确、符合语法规范，写作结构严谨、条理清楚、直述不曲、篇幅简短等。

二、收文办理的管理

收文办理的管理，是指对收到公文办理过程的管理。这一阶段的管理主要是确保公文办理的效率，一是了解核实情况，把握政策依据，保证拟办意见的正确性；二是及时传递，加强催办，保证公文及时办理；三是保证公文的安全运行。

三、公文归档的管理

公文归档的管理，是指对办理完毕后的公文管理，包括将公文办理完毕后具有查考价值的公文及时整理（立卷）、归档；将不具备归档和存查价值的公文销毁，这一阶段的管理主要是确保归档文件的完整性、安全性、保密性，并能及时为机关提供有效服务。

根据《党政机关公文处理工作条例》的规定：机关合并时，全部公文应当随之合并管理。机关撤销时，需要归档的公文整理（立卷）后按有关规定移交档案部门。工作人员调离工作岗位时，应当将本人暂存、借用的公文按照有关规定移交、清退。密码电报的使用和管理，按照有关规定执行。

四、公文的组织管理

1. 由专职人员统一集中管理

公文由文秘部门或专职人员统一收发、审核、用印、归档和销毁。要求公文由文秘部门或专职人员统一管理，这是加强公文组织管理的关键，只有建立统一的公文管理机构和专职人员，才能协调和保证公文管理工作高效率、高质量、高效能地运行。

随着公文管理科学化的深入和现代科学技术的不断进步，机关公文逐渐趋向一体化管理，这既反映了机关管理对信息综合利用的需求，也反映了公文管理工作发展的内在规律。专设文秘部门或专职人员统一集中管理公文，实施统一的文件运行机制，是与公文处理的程序相适应的，公文处理是一个严密的系统，其公文的收发运转，上承下联是有机衔接、环环相扣的处理流程，建立一个统一的管理组织，既可防止因管理分散、环节过多而影响工作效率，又可防止因环节的脱节而贻误工作。

公文实行统一集中组织管理，要抓好五个环节：

（1）统一渠道。即一个机关的公文，无论是接收还是发出，都应从文秘部门一个口子进出。

（2）统一处理程序。如收文办理、发文办理等都应由文秘部门按统一的程序办理。

（3）统一查办反馈。凡需办理的公文，均由文秘部门统一审核、拟办、催办等。

（4）统一行文制度。严格遵行统一的行文制度行文。

（5）统一文件管理。即公文的收、发、传、存、销应由文秘部门按统一规定进行。

2. 建立健全有关制度

“文秘部门应当建立健全本机关公文处理的有关制度。”建立健全本机关公文处理的各项规章制度，使公文管理制度规范化，做到公文处理的各个环节都有章可循，手续清楚，责任明确，严防文件丢失和泄密。

建立健全有关制度包括三个方面：

（1）定岗位职责。做到各个岗位的工作任务明确，每个文秘人员的职责明确固定。

（2）定操作程序和操作要领。使各岗位人员统一按规范操作。

（3）定工作标准。工作标准包括数量标准、质量标准和时效标准，各项标准应尽可能做到量化，具有可操作性。

五、文件的管理方法

为了使文件便于利用，能随时查取，文件的日常管理要尽量做到科学化、规范化。

1. 文件的跟踪管理法

公文在运转使用中，为利于查找和保密，要准确掌握其流向。主要措施就是搞好登记，登记可设专簿或采取勤记勤销的“日记实”办法。

“日记实”，是指对办公室文件在传阅、承办过程中每个落脚点的当天记录。它是文秘处理人员在查找、调阅文件时的得力工具。一般用文件跟踪单记录。

文件跟踪单呈卡片形式，每一类型的文件跟踪单放在一起。以县委办公室为例，中央文件、内刊，省委文件、内刊，省政府文件、内刊，市委文件、内刊，市政府文件、内刊分别放在各自的盒子里。清文收回后，跟踪单自行作废。

2. 文件的定位管理法

把送阅、送办的文件取回后按照预先给它们规定好的位置存放起来，即所谓定位管理。具体办法是：

按文件长、宽制作厚度适当的文件盒（塑料盒或自制的夹板纸盒均可），并将本机关所有文件名称按一定的规律（参考收文登记簿类目）分别标注在盒上，把文件柜分上半年与下半年两个或几个使用期，柜内再用横挡板分出层次（中央级、省级、市级等）。然后依文件盒标清的名称，本着由上到下的等级次序，将盒放在柜内相应的层次，运转回来的文件，分层次按序入位。

3. 文件的卡片管理法

在文件管理工作中，为了便于查找，文件可采取编制“文件卡片”形式管理。“文件卡片”是以卡片形式揭示本单位文件内容和成分的一种检索工具。把浩瀚的文件信息储存起来，加以科学的分类，使同一问题和专题性的内容信息汇集在一起，排列在一起，组成一个有机的整体，便于主动为领导提供利用信息。“文件卡片”是当前手工检索工具中较为广泛运用的一种。

编制文件卡片应注意以下几种情况：

（1）凡遇到按文件标题填写不合逻辑时，要按照实际情况更改标题。例如，有些统计表，往往是上级组织直接统一印发的，标题往往用“全国×××统计表”，这类表格如果用在县级单位时，其标题就应改写成“××县×××统计表”。

（2）遇到无标题或文件名称作标题的文件，则要根据文件的内容拟制一个简明确切的标题。

（3）有的文件虽有标题，但要加上一个副标题才比较确切，使人一目了然。

（4）对文字太长的标题，在不影响文件原意的情况下，可以适当简略，使人一看就懂。

卡片分类后，要根据一定的方法固定类内每张卡片的前后次序和排列的位置，保持文件之间的历史关系，使之有规可循，有目可查。每个单位每年所编制的卡片格式标准要一致，这样才不会失散，同时又便于查找利用。文件卡片的排列主要是属类与小类内文件卡片的排列，可按类—属类—小类（问题）—年度—作者—时间的顺序排列。这样排列，同一性质的文件集中在一起，便于迅速、准确、完整、系统地查找。在同一年度里，卡片排列的次序习惯是：先上级后平级再下级；先党委后行政；先领导机关后业务部门。卡片经过排列，位置固定后放进卡片柜，并设属类、小类、问题或年度、作者等的索引卡，最后拟写一个“查阅须知”。这样基本上既能克服文件保管、利用的混乱现象，同时又保证了文件卡片的编制质量，使“文件卡片”这项检索工具更好地起到为领导当好参谋和助手的作用。

4. 文件的制度管理法

要建立文件借阅、传递、归档制度，以便发现丢失、损坏等问题时，进行核对和查找。

建立文件借阅、传递、归档制度一般包括下列内容：

（1）建立文件借阅簿

建立文件借阅簿，是指把各种文件分门别类、有科有目地编排成簿，方便阅览时查找。

（2）借阅文件注意的问题

①认真。无论何人、何故、何时借阅文件或资料，再急、再忙都要在“借阅簿”上一丝不苟地履行登记、签字手续。

②严密。规定借阅时间，控制“密级”文件阅知范围。特别对标有“密级”文件的外借，随时请示领导，借出前要当面交代注意事项。

③勤查。对所管理的文件一周一小清、一月一大清、一季一核对、半年一整理，一有问题就主动、及时上报，求得迅即解决。

（3）规定文件借阅范围

列明本簿所属文件仅供何人何时查阅。

附录一

党政机关公文处理工作条例

（中办发〔2012〕14号）

（2012年4月16日由中共中央办公厅和国务院办公厅联合印发）

第一章　总　　则

第一条　为了适应中国共产党机关和国家行政机关（以下简称党政机关）工作需要，推进党政机关公文处理工作科学化、制度化、规范化，制定本条例。

第二条　本条例适用于各级党政机关公文处理工作。

第三条　党政机关公文是党政机关实施领导、履行职能、处理公务的具有特定效力和规范体式的文书，是传达贯彻党和国家的方针政策，公布法规和规章，指导、布置和商洽工作，请示和答复问题，报告和交流情况等的重要工具。

第四条　公文处理工作是指公文拟制、办理、管理等一系列相互关联、衔接有序的工作。

第五条　公文处理工作应当坚持实事求是、准确规范、精简高效、安全保密的原则。

第六条　各级党政机关应当高度重视公文处理工作，加强组织领导，强化队伍建设，设立文秘部门或者由专人负责公文处理工作。

第七条　各级党政机关办公厅（室）主管本机关的公文处理工作，对下级机关的公文处理工作进行业务指导和督促检查。

第二章　公文种类

第八条　公文种类主要有：

（一）决议。适用于会议讨论通过的重大决策事项。

（二）决定。适用于对重要事项作出决策和部署、奖惩有关单位和人员、变更或者撤销下级机关不适当的决定事项。

（三）命令（令）。适用于公布行政法规和规章、宣布施行重大强制性措施、批准授予和晋升衔级、嘉奖有关单位和人员。

（四）公报。适用于公布重要决定或者重大事项。

（五）公告。适用于向国内外宣布重要事项或者法定事项。

（六）通告。适用于在一定范围内公布应当遵守或者周知的事项。

（七）意见。适用于对重要问题提出见解和处理办法。

（八）通知。适用于发布、传达要求下级机关执行和有关单位周知或者执行的事项，批转、转发公文。

（九）通报。适用于表彰先进、批评错误、传达重要精神和告知重要情况。

（十）报告。适用于向上级机关汇报工作，反映情况，回复上级机关的询问。

（十一）请示。适用于向上级机关请求指示、批准事项。

（十二）批复。适用于答复下级机关请示事项。

（十三）议案。适用于各级人民政府按照法律程序向同级人民代表大会或者人民代表大会常务委员会提请审议事项。

（十四）函。适用于不相隶属机关之间商洽工作、询问和答复问题、请求批准和答复审批事项。

（十五）纪要。适用于记载会议主要情况和议定事项。

第三章　公文格式

第九条　公文一般由份号、密级和保密期限、紧急程度、发文机关标志、发文字号、签发人、标题、主送机关、正文、附件说明、发文机关署名、成文日期、印章、附注、附件、抄送机关、印发机关和印发日期、页码等组成。

（一）份号。公文印制份数的顺序号。涉密公文应当标注份号。

（二）密级和保密期限。公文的秘密等级和保密的期限。涉密公文应当根据涉密程度分别标注“绝密”“机密”“秘密”和保密期限。

（三）紧急程度。公文送达和办理的时限要求。根据紧急程度，紧急公文应当分别标注“特急”“加急”，电报应当分别标注“特提”“特急”“加急”“平急”。

（四）发文机关标志。由发文机关全称或者规范化简称加“文件”二字组成，也可以使用发文机关全称或者规范化简称。联合行文时，发文机关标志可以并用联合发文机关名称，也可以单独用主办机关名称。

（五）发文字号。由发文机关代字、年份、发文顺序号组成。联合行文时，使用主办机关的发文字号。

（六）签发人。上行文应当标注签发人姓名。

（七）标题。由发文机关名称、事由和文种组成。

（八）主送机关。公文的主要受理机关，应当使用机关全称、规范化简称或者同类型机关统称。

（九）正文。公文的主体，用来表述公文的内容。

（十）附件说明。公文附件的顺序号和名称。

（十一）发文机关署名。署发文机关全称或者规范化简称。

（十二）成文日期。署会议通过或者发文机关负责人签发的日期。联合行文时，署最后签发机关负责人签发的日期。

（十三）印章。公文中有发文机关署名的，应当加盖发文机关印章，并与署名机关相符。有特定发文机关标志的普发性公文和电报可以不加盖印章。

（十四）附注。公文印发传达范围等需要说明的事项。

（十五）附件。公文正文的说明、补充或者参考资料。

（十六）抄送机关。除主送机关外需要执行或者知晓公文内容的其他机关，应当使用机关全称、规范化简称或者同类型机关统称。

（十七）印发机关和印发日期。公文的送印机关和送印日期。

（十八）页码。公文页数顺序号。

第十条　公文的版式按照《党政机关公文格式》国家标准执行。

第十一条　公文使用的汉字、数字、外文字符、计量单位和标点符号，按照有关国家标准和规定执行。民族自治地方的公文，可以并用汉字和当地通用的少数民族文字。

第十二条　公文用纸幅面采用国际标准 A4 型。特殊形式的公文用纸幅面，根据实际需要确定。

第四章　行文规则

第十三条　行文应当确有必要，讲求实效，注重针对性和可操作性。

第十四条　行文关系根据隶属关系和职权范围确定。一般不得越级行文，特殊情况需要越级行文的，应当同时抄送被越过的机关。

第十五条　向上级机关行文，应当遵循以下规则：

（一）原则上主送一个上级机关，根据需要同时抄送其他相关上级机关和同级机关，不抄送下级机关。

（二）党委、政府的部门向上级主管部门请示、报告重大事项，应当经本级党委、政府同意或者授权，属于部门职权范围内的事项应直接报送上级主管部门。

（三）下级机关的请示事项，如需以本机关名义向上级机关请示，应当提出倾向性意见后上报。不得原文转报上级机关。

（四）请示应当一文一事，不得在报告等非请示性公文中夹带请示事项。

（五）除上级机关负责人直接交办事项外，不得以本机关名义向上级机关负责人报送公文，也不得以本机关负责人名义向上级机关报送公文。

（六）受双重领导的机关向一个上级机关行文，必要时应当抄送另一个上级机关。

（七）不符合行文规则的上报公文，上级机关的文秘部门可退回下级呈报机关。

第十六条　向下级机关行文，应当遵循以下规则：

（一）主送受理机关，根据需要抄送相关机关。重要行文应当同时抄送发文机关的直接上级机关。

（二）党委、政府的办公厅（室）根据本级党委、政府授权，可以向下级党委、政府行文，其他部门和单位不得向下级党委、政府发布指令性公文或者在公文中向下级党委、政府提出指令性要求。需经政府审批的具体事项，经政府同意可由政府职能部门行文，文中需注明已经政府同意。

（三）党委、政府的部门在各自职权范围内可以向下级党委、政府的相关部门行文。

（四）涉及多个部门职权范围内的事务，部门之间未协商一致的，不得向下行文；擅自行文的，上级机关应当责令其纠正或者撤销。

（五）上级机关向受双重领导的下级机关行文，必要时抄送该下级机关的另一个上级机关。

第十七条　同级党政机关、党政机关与其他同级机关必要时可以联合行文。属于党委、政府各自职权范围内的工作，不得联合行文。党委、政府的部门依据职权可以相互行文。部门内设机构除办公厅（室）外不得对外正式行文。

第五章　公文拟制

第十八条　公文拟制包括公文的起草、审核、签发等程序。

第十九条　公文起草应当做到：

（一）符合国家的法律法规和党的路线方针政策，完整准确体现发文机关意图，并同现行有关公文相衔接。

（二）一切从实际出发，分析问题实事求是，所提政策措施和办法切实可行。

（三）内容简洁，主题突出，观点鲜明，结构严谨，表述准确，文字精练。

（四）文种正确，格式规范。

（五）公文涉及其他部门职权范围事项的，起草单位必须征求相关部门意见，力求达成一致。

（六）深入调查研究，充分进行论证，广泛听取意见。

（七）机关负责人应当主持、指导重要公文起草工作。

第二十条　公文文稿签发前，应当由发文机关办公厅（室）进行审核。审核的重点是：

（一）行文理由是否充分，行文依据是否准确。

（二）内容是否符合国家法律法规和党的路线方针政策；是否完整准确体现发文机关意图；是否同现行有关公文相衔接；所提政策措施和办法是否切实可行。

（三）涉及有关地区或者部门职权范围的事项是否经过充分协商并达成一致意见。

（四）文种是否正确，格式是否规范；人名、地名、时间、数字、段落顺序、引文等是否准确；文字、数字、计量单位和标点符号等用法是否符合规定。

（五）其他内容是否符合公文起草的有关要求。

需要发文机关审议的重要公文文稿，审议前由发文机关办公厅（室）进行初核。

第二十一条　经审核不宜发文的公文文稿，应当退回起草单位并说明理由；符合发文条件但内容需作进一步研究和修改的，由起草单位修改后重新报送。

第二十二条　公文应当经本机关负责人审批签发。重要公文和上行文由机关主要负责人签发。党委、政府的办公厅（室）根据党委、政府授权制发的公文，由受权机关主要负责人签发或者按照有关规定签发。签发人签发公文，应当签署意见、姓名和完整日期；圈阅或者签名的，视为同意。联合行文由所有联署机关的负责人会签。

第六章　公文办理

第二十三条　公文办理包括收文办理、发文办理和整理归档。

第二十四条　收文办理主要程序是：

（一）签收。对收到的公文应当逐件清点，核对无误后签字或者盖章，并注明签收时间。

（二）登记。对公文的主要信息和办理情况应当详细记载。

（三）初审。对收到的公文应当进行初审。初审的重点是：是否应当由本机关办理，是否符合行文规则，文种、格式是否符合要求，涉及其他地区或者部门职权范围的事项是否已经协商、会签；是否符合公文起草的其他要求。经初审不符合规定的公文，应当及时退回来文单位并说明理由。

（四）承办。阅知性公文应当根据公文内容、要求和工作需要确定范围后分送。批办性公文应当提出拟办意见报本机关负责人批示或者转有关部门办理；需要两个以上部门办理的，应当明确主办部门。紧急公文应当明确办理时限。承办部门对交办的公文应当及时办理，有明确办理时限要求的应当在规定时限内办理完毕。

（五）传阅。根据领导批示和工作需要将公文及时送传阅对象阅知或者批示。办理公文传阅应当随时掌握公文去向，不得漏传、误传、延误。

（六）催办。及时了解掌握公文的办理进展情况，督促承办部门按期办结。紧急公文或者重要公文应当由专人负责催办。

（七）答复。公文的办理结果应当及时答复来文单位，并根据需要告知相关单位。

第二十五条　发文办理主要程序是：

（一）复核。已经发文机关负责人签批的公文，印发前应当对公文的审批手续、内容、文种、格式等进行复核；需作实质性修改的，应当报原签批人复审。

（二）登记。对复核后的公文，应当确定发文字号、分送范围和印制份数并详细记载。

（三）印制。公文印制必须确保质量和时效。涉密公文应当在符合保密要求的场所印制。

（四）核发。公文印制完毕，应当对公文的文字、格式和印刷质量进行检查后分发。

第二十六条　涉密公文应当通过机要交通、邮政机要通信、城市机要文件交换站或者收发件机关机要收发人员进行传递，通过密码电报或者符合国家保密规定的计算机信息系统进行传输。

第二十七条　需要归档的公文及有关材料，应当根据有关档案法律法规及机关档案管理规定，及时收集齐全、整理归档。两个以上机关联合办理的公文，原件由主办机关归档，相关机关保存复制件。机关负责人兼任其他机关职务的，在履行所兼职务过程中形成的公文，由其兼职机关归档。

第七章　公文管理

第二十八条　各级党政机关应当建立健全本机关公文管理制度，确保管理严格规范，充分发挥公文效用。

第二十九条　党政机关公文由文秘部门或者专人统一管理。设立党委（党组）的县级以上单位应建立机要保密室和机要阅文室，并按有关保密规定配备工作人员和必要的安全保密设施。

第三十条　公文确定密级前，应当按照拟定的密级先行采取保密措施。确定密级后，应当按照所定密级严格管理。绝密级公文应当由专人管理。公文的密级需要变更或者解除的，由原确定密级的机关或者其上级机关决定。

第三十一条　公文的印发传达范围应当按照发文机关的要求执行；需要变更的，应当经发文机关批准。涉密公文公开发布前应当履行解密程序。公开发布的时间、形式和渠道，由发文机关确定。经批准公开发布的公文，同发文机关正式制发的公文具有同等效力。

第三十二条　复制、汇编机密级、秘密级公文，应当符合有关规定并经本机关负责人批准。绝密级公文一般不得复制、汇编，确有工作需要的，应当经发文机关或者其上级机关批准。复制、汇编的公文视同原件管理。

复制件应当加盖复制机关戳记。翻印件应当注明翻印的机关名称、日期。汇编本的密级按照编入公文的最高密级标注。

第三十三条　公文的撤销和废止，由发文机关、上级机关或者权力机关根据职权范围和有关法律法规决定。公文被撤销的，视为自始无效；公文被废止的，视为自废止之日起失效。

第三十四条　涉密公文应当按照发文机关的要求和有关规定进行清退或者销毁。

第三十五条　不具备归档和保存价值的公文，经批准后可以销毁。销毁涉密公文必须严格按照有关规定履行审批登记手续，确保不丢失、不漏销。个人不得私自销毁、留存涉密公文。

第三十六条　机关合并时，全部公文应当随之合并管理；机关撤销时，需要归档的公文整理后按照有关规定移交档案管理部门。

工作人员调离岗位时，所在机关应当督促其将暂存、借用的公文按照有关规定移交、清退。

第三十七条　新设立的机关应当向党委、政府的办公厅（室）提出发文立户申请。经审查符合条件的，列为发文单位，机关合并或者撤销时，相应进行调整。

第八章　附　　则

第三十八条　党政机关公文含电子公文。电子公文处理工作的具体办法另行制定。

第三十九条　法规、规章方面的公文，依照有关规定处理。外事方面的公文，依照外事主管部门的有关规定处理。

第四十条　其他机关和单位的公文处理工作，可以参照本条例执行。

第四十一条　本条例由中共中央办公厅、国务院办公厅负责解释。

第四十二条　本条例自 2012 年 7 月 1 日起施行。1996 年 5 月 3 日中共中央办公厅印发的《中国共产党机关公文处理条例》和 2000 年 8 月 24 日国务院发布的《国家行政机关公文处理办法》停止执行。

附录二

党政机关公文格式（GB/T 9704—2012）

1　范围

本标准规定了党政机关公文通用的纸张要求、排版和印制装订要求、公文格式各要素的编排规则，并给出了公文的式样。

本标准适用于各级党政机关制发的公文。其他机关和单位的公文可以参照执行。

使用少数民族文字印制的公文，其用纸、幅面尺寸及版面、印制等要求按照本标准执行，其余可以参照本标准并按照有关规定执行。

2　规范性引用文件

下列文件对于本标准的应用是必不可少的。凡是注日期的引用文件，仅所注日期的版本适用于本标准。凡是不注日期的引用文件，其最新版本（包括所有的修改单）适用于本标准。

GB/T 148　印刷、书写和绘图纸幅面尺寸

GB 3100　国际单位制及其应用

GB 3101　有关量、单位和符号的一般原则

GB 3102（所有部分）　量和单位

GB/T 15834　标点符号用法

GB/T 15835　出版物上数字用法

3　术语和定义

下列术语和定义适用于本标准。

3.1

字 word

标示公文中横向距离的长度单位。在本标准中，一字指一个汉字宽度的距离。

3.2

行 line

标示公文中纵向距离的长度单位。在本标准中，一行指一个汉字的高度加3号汉字高度的7/8的距离。

4 公文用纸主要技术指标

公文用纸一般使用纸张定量为60 g/m^2 ~80 g/m^2 的胶版印刷纸或复印纸。纸张白度80%~90%，横向耐折度≥15次，不透明度≥85%，pH值为7.5~9.5。

5 公文用纸幅面尺寸及版面要求

5.1 幅面尺寸

公文用纸采用GB/T 148中规定的A4型纸，成品幅面尺寸为：210mm×297mm。

5.2 版面

5.2.1 页边与版心尺寸

公文用纸天头（上白边）为37mm±1mm，公文用纸订口（左白边）为28mm±1mm，版心尺寸为156mm×225mm。

5.2.2 字体和字号

如无特殊说明，公文格式各要素一般用3号仿宋体字。特定情况可以作适当调整。

5.2.3 行数和字数

一般每面排22行，每行排28个字，并撑满版心。特定情况可以作适当调整。

5.2.4 文字的颜色

如无特殊说明，公文中文字的颜色均为黑色。

6 印制装订要求

6.1 制版要求

版面干净无底灰，字迹清楚无断划，尺寸标准，版心不斜，误差不超过1mm。

6.2 印刷要求

双面印刷；页码套正，两面误差不超过2mm。黑色油墨应当达到色谱所标BL100%，红色油墨应当达到色谱所标Y80%、M80%。印品着墨实、均匀；字面不花、不白、无断划。

6.3 装订要求

公文应当左侧装订，不掉页，两页页码之间误差不超过4mm，裁切后的成品尺寸允许误差±2mm，四角成90°，无毛茬或缺损。

骑马订或平订的公文应当：

a）订位为两钉外订眼距版面上下边缘各70mm处，允许误差±4mm；

b）无坏钉、漏钉、重钉，钉脚平伏牢固；

c）骑马订钉锯均订在折缝线上，平订钉锯与书脊间的距离为3mm～5mm。

包本装订公文的封皮（封面、书脊、封底）与书芯应吻合、包紧、包平、不脱落。

7　公文格式各要素编排规则

7.1 公文格式各要素的划分

本标准将版心内的公文格式各要素划分为版头、主体、版记三部分。公文首页红色分隔线以上的部分称为版头；公文首页红色分隔线（不含）以下、公文末页首条分隔线（不含）以上的部分称为主体；公文末页首条分隔线以下、末条分隔线以上的部分称为版记。

页码位于版心外。

7.2 版头

7.2.1 份号

如需标注份号，一般用6位3号阿拉伯数字，顶格编排在版心左上角第一行。

7.2.2 密级和保密期限

如需标注密级和保密期限，一般用3号黑体字，顶格编排在版心左上角第二行；保密期限中的数字用阿拉伯数字标注。

7.2.3 紧急程度

如需标注紧急程度，一般用3号黑体字，顶格编排在版心左上角；如需同时标注份号、密级和保密期限、紧急程度，按照份号、密级和保密期限、紧急程度的顺序自上而下分行排列。

7.2.4 发文机关标志

由发文机关全称或者规范化简称加“文件”二字组成，也可以使用发文机关全称或者规范化简称。

发文机关标志居中排布，上边缘至版心上边缘为35mm，推荐使用小标宋体字，颜色为红色，以醒目、美观、庄重为原则。

联合行文时，如需同时标注联署发文机关名称，一般应当将主办机关名称排列在前；如有“文件”二字，应当置于发文机关名称右侧，以联署发文机关名称为准上下居中排布。

7.2.5 发文字号

编排在发文机关标志下空二行位置，居中排布。年份、发文顺序号用阿拉伯数字标注；年份应标全称，用六角括号“〔　〕”括入；发文顺序号不加“第”字，不编虚位（即1不编为01），在阿拉伯数字后加“号”字。

上行文的发文字号居左空一字编排，与最后一个签发人姓名处在同一行。

7.2.6 签发人

由“签发人”三字加全角冒号和签发人姓名组成，居右空一字，编排在发文机关标志下空二行位置。“签发人”三字用3号仿宋体字，签发人姓名用3号楷体字。

如有多个签发人，签发人姓名按照发文机关的排列顺序从左到右、自上而下依次均匀编排，一般每行排两个姓名，回行时与上一行第一个签发人姓名对齐。

7.2.7 版头中的分隔线

发文字号之下4mm处居中印一条与版心等宽的红色分隔线。

7.3 主体

7.3.1 标题

一般用2号小标宋体字，编排于红色分隔线下空二行位置，分一行或多行居中排布；回行时，要做到词意完整，排列对称，长短适宜，间距恰当，标题排列应当使用梯形或菱形。

7.3.2 主送机关

编排于标题下空一行位置，居左顶格，回行时仍顶格，最后一个机关名称后标全角冒号。如主送机关名称过多导致公文首页不能显示正文时，应当将主送机关名称移至版记，标注方法见7.4.2。

7.3.3 正文

公文首页必须显示正文。一般用3号仿宋体字，编排于主送机关名称下一行，每个自然段左空二字，回行顶格。文中结构层次序数依次可以用“一、”“（一）”“1.”“（1）”标注；一般第一层用黑体字、第二层用楷体字、第三层和第四层用仿宋体字标注。

7.3.4 附件说明

如有附件，在正文下空一行左空二字编排“附件”二字，后标全角冒号和附件名称。如有多个附件，使用阿拉伯数字标注附件顺序号（如“附件：1. ×××××”）；附件名称后不加标点符号。附件名称较长需回行时，应当与上一行附件名称的首字对齐。

7.3.5 发文机关署名、成文日期和印章

7.3.5.1 加盖印章的公文

成文日期一般右空四字编排，印章用红色，不得出现空白印章。

单一机关行文时，一般在成文日期之上、以成文日期为准居中编排发文机关署名，印章端正、居中下压发文机关署名和成文日期，使发文机关署名和成文日期居印章中心偏下位置，印章顶端应当上距正文（或附件说明）一行之内。

联合行文时，一般将各发文机关署名按照发文机关顺序整齐排列在相应位

置，并将印章一一对应、端正、居中下压发文机关署名，最后一个印章端正、居中下压发文机关署名和成文日期，印章之间排列整齐、互不相交或相切，每排印章两端不得超出版心，首排印章顶端应当上距正文（或附件说明）一行之内。

7.3.5.2 不加盖印章的公文

单一机关行文时，在正文（或附件说明）下空一行右空二字编排发文机关署名，在发文机关署名下一行编排成文日期，首字比发文机关署名首字右移二字，如成文日期长于发文机关署名，应当使成文日期右空二字编排，并相应增加发文机关署名右空字数。

联合行文时，应当先编排主办机关署名，其余发文机关署名依次向下编排。

7.3.5.3 加盖签发人签名章的公文

单一机关制发的公文加盖签发人签名章时，在正文（或附件说明）下空二行右空四字加盖签发人签名章，签名章左空二字标注签发人职务，以签名章为准上下居中排布。在签发人签名章下空一行右空四字编排成文日期。

联合行文时，应当先编排主办机关签发人职务、签名章，其余机关签发人职务、签名章依次向下编排，与主办机关签发人职务、签名章上下对齐；每行只编排一个机关的签发人职务、签名章；签发人职务应当标注全称。

签名章一般用红色。

7.3.5.4 成文日期中的数字

用阿拉伯数字将年、月、日标全，年份应标全称，月、日不编虚位（即1不编为01）。

7.3.5.5 特殊情况说明

当公文排版后所剩空白处不能容下印章或签发人签名章、成文日期时，可以采取调整行距、字距的措施解决。

7.3.6 附注

如有附注，居左空二字加圆括号编排在成文日期下一行。

7.3.7 附件

附件应当另面编排，并在版记之前，与公文正文一起装订。“附件”二字及附件顺序号用3号黑体字顶格编排在版心左上角第一行。附件标题居中编排在版心第三行。附件顺序号和附件标题应当与附件说明的表述一致。附件格式要求同正文。

如附件与正文不能一起装订，应当在附件左上角第一行顶格编排公文的发文字号并在其后标注“附件”二字及附件顺序号。

7.4 版记

7.4.1 版记中的分隔线

版记中的分隔线与版心等宽，首条分隔线和末条分隔线用粗线（推荐高度为

0.35mm），中间的分隔线用细线（推荐高度为0.25mm）。首条分隔线位于版记中第一个要素之上，末条分隔线与公文最后一面的版心下边缘重合。

7.4.2 抄送机关

如有抄送机关，一般用4号仿宋体字，在印发机关和印发日期之上一行、左右各空一字编排。“抄送”二字后加全角冒号和抄送机关名称，回行时与冒号后的首字对齐，最后一个抄送机关名称后标句号。

如需把主送机关移至版记，除将“抄送”二字改为“主送”外，编排方法同抄送机关。既有主送机关又有抄送机关时，应当将主送机关置于抄送机关之上一行，之间不加分隔线。

7.4.3 印发机关和印发日期

印发机关和印发日期一般用4号仿宋体字，编排在末条分隔线之上，印发机关左空一字，印发日期右空一字，用阿拉伯数字将年、月、日标全，年份应标全称，月、日不编虚位（即1不编为01），后加“印发”二字。

版记中如有其他要素，应当将其与印发机关和印发日期用一条细分隔线隔开。

7.5 页码

一般用4号半角宋体阿拉伯数字，编排在公文版心下边缘之下，数字左右各放一条一字线；一字线上距版心下边缘7mm。单页码居右空一字，双页码居左空一字。公文的版记页前有空白页的，空白页和版记页均不编排页码。公文的附件与正文一起装订时，页码应当连续编排。

8 公文中的横排表格

A4纸型的表格横排时，页码位置与公文其他页码保持一致，单页码表头在订口一边，双页码表头在切口一边。

9 公文中计量单位、标点符号和数字的用法

公文中计量单位的用法应当符合GB 3100、GB 3101和GB 3102（所有部分），标点符号的用法应当符合GB/T 15834，数字用法应当符合GB/T 15835。

10 公文的特定格式

10.1 信函格式

发文机关标志使用发文机关全称或者规范化简称，居中排布，上边缘至上页边为30mm，推荐使用红色小标宋体字。联合行文时，使用主办机关标志。

发文机关标志下4mm处印一条红色双线（上粗下细），距下页边20mm处印一条红色双线（上细下粗），线长均为170mm，居中排布。

如需标注份号、密级和保密期限、紧急程度，应当顶格居版心左边缘编排在第一条红色双线下，按照份号、密级和保密期限、紧急程度的顺序自上而下分行排列，第一个要素与该线的距离为3号汉字高度的7/8。

发文字号顶格居版心右边缘编排在第一条红色双线下，与该线的距离为3号汉字高度的7/8。

标题居中编排，与其上最后一个要素相距二行。

第二条红色双线上一行如有文字，与该线的距离为3号汉字高度的7/8。

首页不显示页码。

版记不加印发机关和印发日期、分隔线，位于公文最后一面版心内最下方。

10.2 命令（令）格式

发文机关标志由发文机关全称加“命令”或“令”字组成，居中排布，上边缘至版心上边缘为20mm，推荐使用红色小标宋体字。

发文机关标志下空二行居中编排令号，令号下空二行编排正文。

签发人职务、签名章和成文日期的编排见7.3.5.3。

10.3 纪要格式

纪要标志由“×××××纪要”组成，居中排布，上边缘至版心上边缘为35mm，推荐使用红色小标宋体字。

标注出席人员名单，一般用3号黑体字，在正文或附件说明下空一行左空二字编排“出席”二字，后标全角冒号，冒号后用3号仿宋体字标注出席人单位、姓名，回行时与冒号后的首字对齐。

标注请假和列席人员名单，除依次另起一行并将“出席”二字改为“请假”或“列席”外，编排方法同出席人员名单。

纪要格式可以根据实际制定。

11　式样

A4型公文用纸页边及版心尺寸见图1；公文首页版式见图2；联合行文公文首页版式1见图3；联合行文公文首页版式2见图4；公文末页版式1见图5；公文末页版式2见图6；联合行文公文末页版式1见图7；联合行文公文末页版式2见图8；附件说明页版式见图9；带附件公文末页版式见图10；信函格式首页版式见图11；命令（令）格式首页版式见图12。

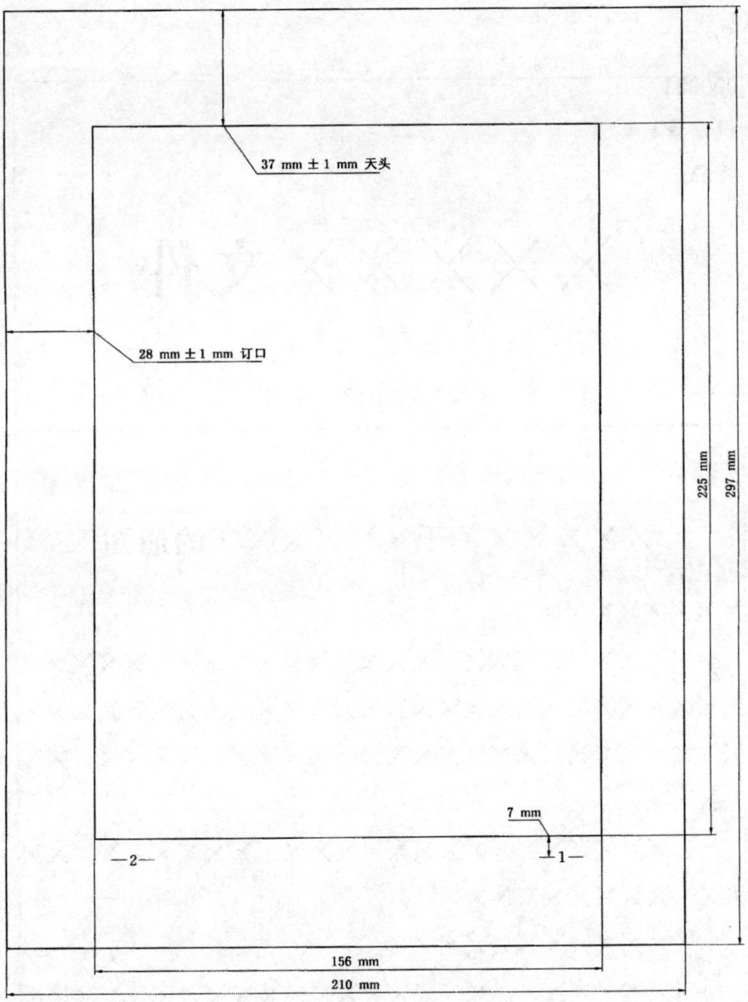

图 1 A4型公文用纸页边及版心尺寸

000001

机密★1年

特急

×××××文件

×××〔2012〕10号

×××××关于××××××的通知

××××××××：

　　××。

　　××××××××××××××××××××××××××××××××××××××。

　　××××××××××××。

　　×××××××。××

— 1 —

图2　公文首页版式

注：版心实线框仅为示意，在印制公文时并不印出。

000001

机密★1 年

特急

××××××
×　×　× **文件**
××××××

×××〔2012〕10 号

××××××关于×××××××的通知

×××××××：

××××××××××××××××××××××××××。

××。

×××××××××××××××××××××××××××

— 1 —

图 3 联合行文公文首页版式 1

注：版心实线框仅为示意，在印制公文时并不印出。

000001
机　密
特　急

××××××
×　×　×
××××××

签发人：×××　×××
×××〔2012〕10号　　　　×××

××××××关于×××××××的请示

××××××××：

××。

××××××××××××××××××××××××××

— 1 —

图 4　联合行文公文首页版式 2

注：版心实线框仅为示意，在印制公文时并不印出。

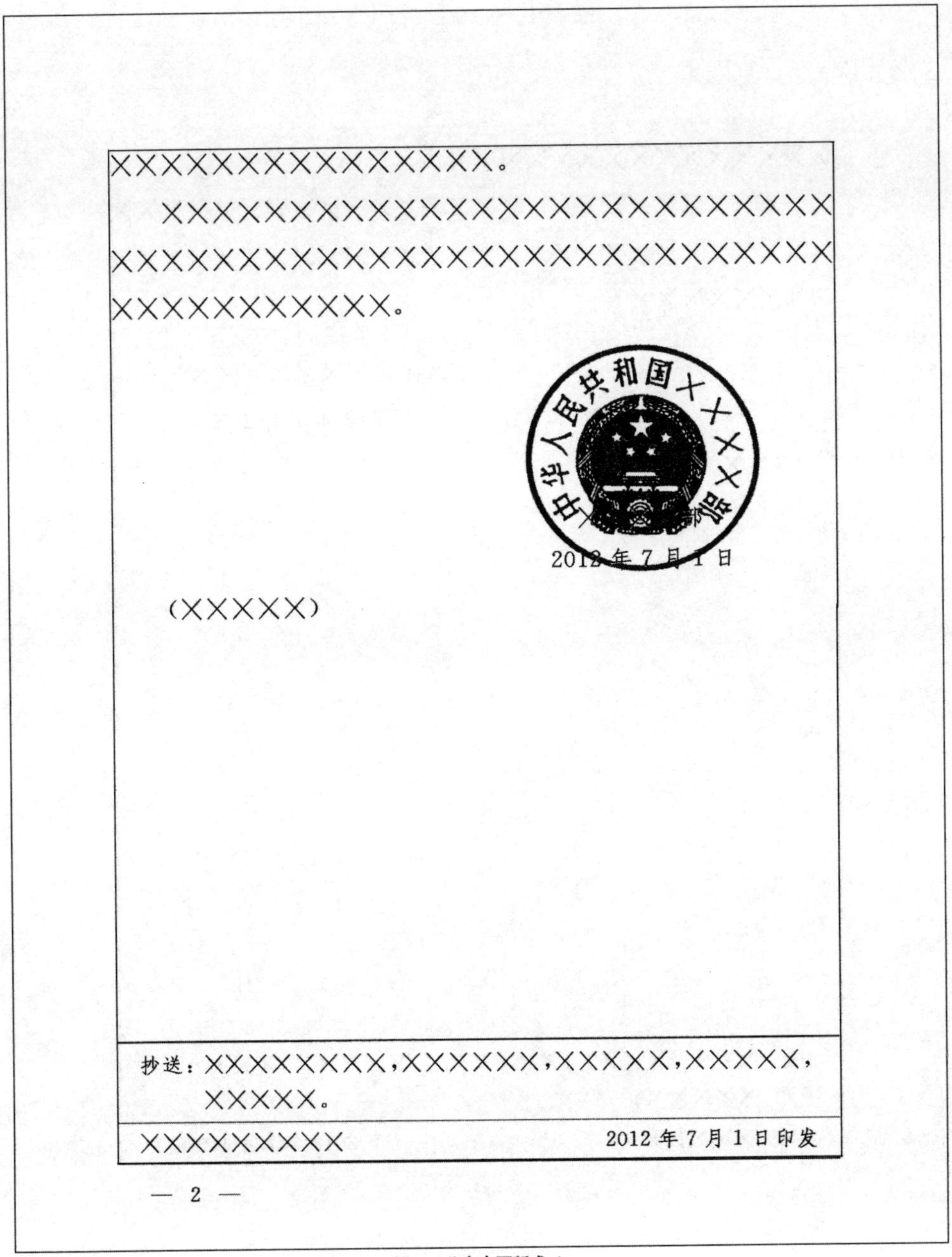
××××××××××××××××。

××。

2012年7月1日

（×××××）

抄送：××××××××，××××××，×××××，×××××，×××××。

×××××××××　2012年7月1日印发

— 2 —

图5　公文末页版式1

注：版心实线框仅为示意，在印制公文时并不印出。

XXXXXXXXXXXXXXX。

XXXXXXXXXXXXXXXXXXXXXXXXXX
XXXXXXXXXXXXXXXXXXXXXXXXXXXX
XXXXXXXX。

XXXXXXXXXXXX

2012 年 7 月 1 日

（XXXXX）

抄送：XXXXXXXX，XXXXXX，XXXXX，XXXXX，XXXXX。

XXXXXXXXX　　2012 年 7 月 1 日印发

— 2 —

图 6　公文末页版式 2

注：版心实线框仅为示意，在印制公文时并不印出。

××××××××××××××××。

××××××××××××××××××××××××××

××××××××××××××××××××××××××××

××××××××××××。

2012年7月1日

（×××××）

抄送：×××××××××，××××××，×××××，×××××，
×××××。

×××××××××　　2012年7月1日印发

— 2 —

图7　联合行文公文末页版式1

注：版心实线框仅为示意，在印制公文时并不印出。

××××××××××××××××。

××。

2012年7月1日

（×××××）

抄送：××××××××，××××××，×××××，×××××，×××××。

×××××××××　　2012年7月1日印发

— 2 —

图 8　联合行文公文末页版式 2

注：版心实线框仅为示意，在印制公文时并不印出。

×××××××××××××××。

　　×××××××××××××××××××××××××××

×××××××××××××××××××××××××××××

××××××××××××。

　　附件：1. ××××××××××××××××××××××

　　　　　　×××××

　　　　　2. ×××××××××××××

　　　　　　　　　　　　　　　　×××××××

　　　　　　　　　　　　　　　　× × × ×

　　　　　　　　　　　　　　　　　　2012年7月1日

　　（×××××）

— 2 —

图9 附件说明页版式

注：版心实线框仅为示意，在印制公文时并不印出。

附件 2

XXXXXXXXXXXXXX

XXXXXXXXXXXXXXXXXXXXXXXXXXXXXXXXXXXXXXXXXXXXXXXXXXXXXXXX。

XXXXXXXXXXXXXXXXXXXXXXXXXXXXXXXXXXXXXXXXXXXXXXXXXXXXXXXXXXXXXXXXXXXXXXXXXXXXXXXXXXXXXXXXXXXXXXXXXXXXXXXXXXXXXXXXXXXXXXXXXXXXXXXXXXXXXXXXXXXXX。

抄送：XXXXXXXX，XXXXXX，XXXXX，XXXXX，XXXXX。

XXXXXXXXX　　2012 年 7 月 1 日印发

— 2 —

图 10　带附件公文末页版式

注：版心实线框仅为示意，在印制公文时并不印出。

中华人民共和国×××××部

000001　　　　　　　　　　　　×××〔2012〕10 号

机　密

特　急

×××××关于××××××××的通知

××××××××：

××××××××××××××××××××××××××
××××××××××××××××××××××××××××
××××××××××××××××××××××××××××
×××××××××××××××××××××××××。

××××××××××××××××××××××××××
××××××××××××××××××××××××××××
××××××××××××××××××××××××××××
××××××××××××××××××××××××。

××××××××××××××××××××××××××
××××××××××××××××××××××××××××
××××××××××××××××××××××××××××
××××××××××××××××××××××××××××
××××××××××××××××××××××××××××
××××××××××××××××××××××××××××
×××××××××××××××××××××××××。

图 11　信函格式首页版式

注：版心实线框仅为示意，在印制公文时并不印出。

××××××令

第×××号

××。××。

部　长　×××

2012年7月1日

— 1 —

图12　命令(令)格式首页版式

注：版心实线框仅为示意，在印制公文时并不印出。